Zoë von Dohnányi

Einwanderung und Einbürgerung aus demokratietheoretischer Perspektive

Ideen & Argumente

—

Herausgegeben von
Anna Goppel, Daniel Eggers, Wilfried Hinsch
und Thomas Schmidt

Zoë von Dohnányi

Einwanderung und Einbürgerung aus demokratietheoretischer Perspektive

—

DE GRUYTER

ISBN 978-3-11-153615-6
e-ISBN (PDF) 978-3-11-078888-4
e-ISBN (EPUB) 978-3-11-078890-7
ISSN 1862-1147

Library of Congress Control Number: 2022944153

Bibliografische Information der Deutschen Nationalbibliothek
Die Deutsche Nationalbibliothek verzeichnet diese Publikation in der
Deutschen Nationalbibliografie; detaillierte bibliografische Daten sind im
Internet über http://dnb.dnb.de abrufbar.

Umschlagsgestaltung: Martin Zech, Bremen
Umschlagskonzept: +malsy, Willich

www.degruyter.com

Meinen Eltern

Danksagung

Zuallererst danke ich der Studienstiftung des Deutschen Volkes für die mir zu-
teilgewordene Promotions- und Auslandsförderung sowie der Graduate School of
Arts and Sciences der Harvard University für die Bezuschussung meines For-
schungsaufenthaltes, welche mir den finanziellen Rahmen geboten haben, dieses
Projekt zu verwirklichen.

Darüber hinaus gilt mein besonderer Dank meinem Erstbetreuer Prof. Dr.
Stefan Gosepath, der mich stets vorausschauend beraten hat und mir zu jeder Zeit
bei aufkommenden inhaltlichen oder formalen Problemen zur Seite stand. Sehr
herzlich möchte ich auch meinem Zweitbetreuer Prof. Dr. Mathias Risse dafür
danken, dass er mir einen spannenden Forschungsaufenthalt in Cambridge ermöglicht und sich, alles andere als selbstverständlich, die Zeit genommen hat,
mir detailliertes Feedback zu meinem Projekt zu geben.

Für die intensive und höchst angenehme Zusammenarbeit danke ich außerdem den Mitgliedern und Gästen des Kolloquiums der Praktischen Philosophie an
der Freien Universität Berlin, darunter insbesondere Mitsy Barriga-Ramos, Va-
lentin Beck, Anderson Borges, Hilkje Haenel, Henning Hahn, Daniel Häuser,
Sören Hilbrich, Tamara Jugov, Felix Koch, Jekaterina Markow, Mirjam Müller, Tully
Rector, Clemens Schlink, Marcel Twele, Marie Wachinger und Saskia Welde. Auch
die fachliche Expertise von Svenja Ahlhaus und Andreas Cassee sowie die Teilnahme an Seminaren von Tommie Shelby und Gina Schouten haben mein Projekt
außerordentlich bereichert.

Des Weiteren möchte ich mich bei Kristian Ebert, Marcel Knöchelmann, Pa-
loma Saalbach, Friedrich Siemers und Manos Theodosis dafür bedanken, dass sie
während der Promotion mit mir zusammengearbeitet bzw. mir mit aufschluss-
reichen Kommentaren oder technischer Unterstützung in entscheidenden Mo-
menten weitergeholfen haben.

Schlussendlich möchte ich meiner Familie, darunter insbesondere meinen
Eltern Maximiliane und Justus, aber auch meinem Bruder László, meiner
Schwägerin Cleo sowie meinem Mann Max danken, ohne die diese Arbeit nicht
zustande gekommen wäre.

https://doi.org/10.1515/9783110788884-001

Inhalt

Einleitung

Derzeit leben mehr als zehn Millionen Personen, teilweise seit dem frühesten Kindesalter dauerhaft ohne Aufenthaltsgenehmigung in den USA.[1] Zu diesen Personen gehört der philippinisch-stämmige New York Times Journalist und Pulitzer Prize Gewinner Jose Antonio Vargas, der seit seinem zwölften Lebensjahr in den USA zur Schule ging, studierte, arbeitete und sich schließlich öffentlich als *undocumented citizen* outete.[2] Vargas hat damit weder eine Aufenthaltsgenehmigung, noch politische Partizipationsrechte in dem Land, in dem er seit seinem Kindesalter lebt. Dies wirft Fragen auf: Sollte ein demokratischer Territorialstaat die Kompetenz besitzen, einen Teil seiner dauerhaft ansässigen Bevölkerung von der Teilnahme an Wahlen zu exkludieren und nach langem Aufenthalt abzuschieben? Wer gehört aus demokratischer Perspektive zum Volk und muss an demokratischen Entscheidungen beteiligt werden und wie verhält sich dies bei migrationspolitischen Entscheidungen, welche die Zusammensetzung des Volkes selbst verändern?

Um diese Fragen beantworten zu können, soll die vorliegende Arbeit untersuchen, welche Entscheidungskompetenzen demokratische Territorialstaaten in Bezug auf ihre Mitgliedschaftspolitik besitzen müssen und welche normativen Implikationen hieraus für territoriale und politische Ausschlussrechte gegenüber Migrantinnen und Migranten folgen. Diese Kernfrage, in der bereits vieles unausgesprochen mitschwingt, soll im Folgenden schrittweise näher erläutert werden.

Erstens bezieht sich diese Frage bereits auf die Existenz eines Systems multipler Territorialstaaten[3] mit territorialen und politischen Grenzen. Der Fokus

---

1 Die genaue Zahl für das Jahr 2019 wird zwischen 10, 5 und 12 Millionen geschätzt und hängt von der verwendeten Methodologie ab. Vgl. The Brookings Institute. *How many undocumented immigrants are in the United States and who are they?* 12.11.2019. URL: https://www.brookings.edu/policy2020/votervital/how-many-undocumented-immigrants-are-in-the-united-states-and-who-are-they/ (letzter Zugriff: 09.11.2020).
2 Zuerst outete sich Vargas in einem Artikel des New York Times Magazines als *undocumented immigrant*, später bezeichnete er sich in seinen Memoiren als *undocumented citizen*. Vgl. Jose Antonio Vargas. „My Life as an Undocumented Immigrant". In: *The New York Times Magazine* (2011). URL: https://www.nytimes.com/2011/06/26/magazine/my-life-as-an-undocumented-immigrant.html (letzter Zugriff: 09.11.2020) und Jose Antonio Vargas. *Dear America: Notes of an Undocumented Citizen.* New York: Dey Street Books, 2018.
3 Ein Staat ist in rechtlicher Hinsicht dadurch ausgezeichnet, dass er eine Bevölkerung, ein Territorium, eine Regierung und die Fähigkeit besitzt, in Beziehung mit anderen Staaten zu treten. Vgl. United Nations. „Convention on Rights and Duties of States adopted by the Seventh Inter-

https://doi.org/10.1515/9783110788884-002

dieser Fragestellung liegt somit nicht darauf, systemische Alternativen zu dem gegenwärtigen System multipler Territorialstaaten zu erörtern, in denen es gar keine Mitgliedschaftsgrenzen gibt, wie beispielsweise in einem Weltstaatsszenario oder einer Welt ohne Staaten, da sich die spezifischen Fragen, die Vargas Fall aufwirft, in diesen Fällen nicht in vergleichbarer Form stellen würden.[4] Diese Untersuchung fragt somit, welche normativen Implikationen aus der Tatsache folgen, *dass* es territoriale und politische Grenzen zwischen Territorialstaaten gibt.

Zweitens bezieht sich diese Fragestellung nicht auf die breitere Frage nach der *all things considered* moralischen Rechtfertigung, sondern politischen Legitimität[5] demokratischer Mitgliedschaftspolitik und staatlicher Ausschlussrechte. Während eine *all things considered* moralische Bewertung staatlicher Ausschlussrechte danach fragen würde, ob die staatliche Verabschiedung von Einwanderungsbeschränkungen inhaltlich zulässig ist, fragt eine legitimitätstheoretische Untersuchung prozeduralistisch danach, ob der Staat die richtige Instanz ist, Einwanderungsbeschränkungen zu verabschieden und mittels Zwang durchzusetzen. Hierbei muss geklärt werden, ob Territorialstaaten die Souveränität, also die uneingeschränkte Hoheit, besitzen sollten, über ihre Mitgliedschaftspolitik unilateral, d. h. einseitig und ohne Absprache mit anderen Staaten, zu entscheiden.[6] Die Diskussion dieser Untersuchung verläuft somit größtenteils

---

national Conference of American States". In: *United Nations Treaty Series* 165.3802 (26.12.1933), S. 19–31.

4 Obwohl ein föderal strukturierter Weltstaat zwar interne Untereinheiten mit administrativen Grenzen besitzen könnte, hätte dieser kein politisches und territorialrechtliches Externalitätsproblem, da er allen Personen gegenüber politisch rechenschaftspflichtig wäre und keine territorialen Jurisdiktionsansprüche über partikuläre Gebiete erheben würde.

5 Das Konzept (normativer) politischer Legitimität und insbesondere dessen Verhältnis zu dem Konzept normativer Autorität und politischer Verpflichtungen ist umstritten. Im Folgenden bezeichne ich mit politischer Legitimität die exklusive moralische Kompetenz eines Staates, Normen zu verabschieden und mittels Zwang durchzusetzen. Für eine starke Auslegung des Konzeptes der Legitimität, welche normative Autorität und politische Verpflichtungen impliziert, vgl. A. John Simmons. „Justification and Legitimacy". In: *Ethics* 109.4 (1999), S. 739–771. Für eine breite Auslegung des Konzeptes der Legitimität, welche sich auf die Existenz hinreichender Handlungsgründe (*authoritativeness*) bezieht, vgl. Joseph Raz. *The Morality of Freedom*. New York: Clarendon Press, 1986, S. 56. Für Ansätze, welche das Konzept politischer Legitimität so fassen, dass dieses nicht mit politischen Verpflichtungen korreliert, vgl. Allen Buchanan. „Political Legitimacy and Democracy". In: *Ethics* 112.4 (2002), S. 689–719 und Arthur Isak Applbaum. „Legitimacy without the Duty to Obey". In: *Philosophy & Public Affairs* 38.3 (2010), S. 215–239.

6 Ich gehe hier nicht von einem absolutistischen Souveränitätsverständnis aus, welches keinerlei Beschränkungen für die interne und externe Souveränität von Staaten erlaubt, sondern von einem begrenzten Souveränitätsverständnis, welches intern eine rechtsstaatliche Gewaltenteilung und

orthogonal zu der migrationsethischen Debatte um ein Recht auf globale Bewegungsfreiheit bzw. der Frage nach offenen oder geschlossenen Grenzen.[7] Diese Untersuchung fragt somit genauer, *wer* bestimmen sollte, dass die existierenden territorialen und politischen Grenzen zwischen Territorialstaaten dort verlaufen, wo sie verlaufen.

Drittens bezieht sich diese Fragestellung darauf, welche Kompetenzen nicht nur politisch legitimierte, sondern politisch in einer bestimmten – nämlich demokratischen – Weise legitimierten Regime in Bezug auf ihre eigene Mitgliedschaftspolitik besitzen müssen.[8] Demokratisch legitimierte Entscheidungsverfahren zeichnen sich konzeptuell dadurch aus, dass sie allen Beteiligten einen gleichen Anspruch auf Autorität an kollektiv bindenden Entscheidungen zu-

---

die Wahrung fundamentaler liberaler Rechte voraussetzt und extern mindestens durch die Anerkennung der gleichen Souveränität anderer Staaten begrenzt ist. Zu der Unterscheidung von absolutistischen und revisionistischen Souveränitätskonzeptionen vgl. Anna Stilz. *Territorial Sovereignty: A Philosophical Exploration.* New York: Oxford University Press, 2019, S. 13 – 14.

7 Für Ansätze, die für offene Grenzen bzw. ein Menschenrecht auf globale Bewegungsfreiheit argumentieren, vgl. u. a. Joseph Carens. *The Ethics of Immigration.* New York: Oxford University Press, 2013, Phillip Cole. „Open Borders: An Ethical Defense". In: *Debating the Ethics of Immigration: Is There a Right to Exclude?* Hrsg. von Christopher H. Wellman und Phillip Cole. New York: Oxford University Press, 2011, S. 157 – 313, Kieran Oberman. „Immigration as a Human Right". In: *Migration in Political Theory: The Ethics of Movement and Membership.* Hrsg. von Sarah Fine und Lea Ypi. New York: Oxford University Press, 2016, S. 32 – 56 und Andreas Cassee. *Globale Bewegungsfreiheit: Ein philosophisches Plädoyer für offene Grenzen.* Berlin: Suhrkamp, 2016. Für Ansätze, die für staatliche Ausschlussrechte argumentieren, vgl. u. a. Michael Blake. *Justice, Migration, and Mercy.* New York: Oxford University Press, 2020, Michael Walzer. *Spheres of Justice: A Defense of Pluralism and Equality.* New York: Basic Books, 1983, S. 31 – 63, David Miller. *Strangers in Our Midst: The Political Philosophy of Immigration.* Cambridge: Harvard University Press, 2016, Christopher H. Wellman. „Freedom of Association and the Right to Exclude". In: *Debating the Ethics of Immigration: Is There a Right to Exclude?* Hrsg. von Christopher H. Wellman und Phillip Cole. New York: Oxford University Press, 2011, S. 11 – 155 und Ryan Pevnick. *Immigration and the Constraints of Justice: Between Open Borders and Absolute Sovereignty.* New York: Cambridge University Press, 2011.

8 Obwohl der Zusammenhang von politischer Legitimität und Demokratie umstritten ist, gehe ich hier aus Gründen der Argumentation von einem minimalistischen Legitimitätsverständnis aus, welches nicht notwendigerweise bereits demokratische Institutionen impliziert. Für unterschiedliche Ansätze in der Frage, ob es ein Menschenrecht auf Demokratie geben sollte, vgl. Joshua Cohen. „Is there a Human Right to Democracy?". In: *The Egalitarian Conscience: Essays in Honour of G. A. Cohen.* Hrsg. von Christine Sypnowich. New York: Oxford University Press, 2006, S. 226 – 250, Thomas Christiano. „An Instrumental Argument for a Human Right to Democracy". In: *Philosophy & Public Affairs* 39.2 (2011), S. 142 – 176 und Thomas Christiano. „Self-Determination and the Human Right to Democracy". In: *Philosophical Foundations of Human Rights.* Hrsg. von Rowan Cruft, Matthew S. Liao und Massimo Renzo. New York: Oxford University Press, 2015, S. 459 – 480.

schreiben. Der Grund für diese Zuspitzung auf demokratische Regime besteht darin, dass es, wie diese Arbeit argumentieren wird, gute Gründe gibt, anzunehmen, dass demokratische Regime anspruchsvolleren normativen Bedingungen bezüglich der Regelung ihrer Mitgliedschaftspolitik unterliegen, als undemokratische Regime, da erstere im Einklang mit den normativen Idealen politischer Gleichheit und kollektiver Selbstregierung stehen sollten.[9] Diese Untersuchung fragt somit konkreter, wer *aus demokratischer Sicht* bestimmen sollte, dass die existierenden territorialen und politischen Grenzen *demokratischer* Territorialstaaten dort verlaufen, wo sie verlaufen.

Schlussendlich bezieht sich diese Fragestellung viertens darauf, welche Ausschlusskompetenzen demokratische Territorialstaaten in Bezug auf Nicht-Mitglieder besitzen, also auf Personen ohne entsprechende Staatsbürgerschaft, zu denen auch (nicht eingebürgerte) Migrantinnen und Migranten zählen. Während ein Mitglied eines demokratischen Territorialstaates die Staatsbürgerschaft, also den Vollmitgliedschaftsstatus in einem Staat, innehat, besitzen Nicht-Mitglieder keine entsprechende Staatsbürgerschaft.[10] Zu der Kategorie der Nicht-Mitglieder zählen u. a. internationale Migrantinnen und Migranten, also Personen, welche sich längerfristig außerhalb den Grenzen ihres Herkunftslandes aufhalten.[11] Internationale Migrantinnen und Migranten sollten hierbei nicht mit Geflüchteten verwechselt werden, welche aufgrund einer Gruppenzugehörigkeit in ihrem Herkunftsland politisch verfolgt werden und sich aus Furcht vor Verfolgung außerhalb der Grenzen desselben befinden,[12] da im migrationsethischen Diskurs, anders als in der Realpolitik, ein weitreichender Konsens darüber besteht, dass Staaten kein Recht haben, Geflüchtete an ihrer Grenze abzuweisen.[13] Um somit

9 Vgl. Kapitel 1.
10 Für die Bestimmung der Staatsbürgerschaft als Vollmitgliedschaft in einer politischen Gemeinschaft von Gleichen vgl. Ayelet Shachar. *The Birthright Lottery: Citizenship and Global Inequality.* Cambridge: Harvard University Press, 2009, S. 2.
11 Die Abteilung Bevölkerungsfragen der Vereinten Nationen spezifiziert dabei ein Jahr als Mindestdauer. Vgl. Rainer Bauböck. „Migration and Citizenship: Normative Debates". In: *Oxford Handbook of the Politics of International Migration.* Hrsg. von Marc R. Rosenblum und Daniel J. Tichenor. New York: Oxford University Press, 2012, S. 595.
12 United Nations. „Convention relating to the Status of Refugees". In: *United Nations Treaty Series* 189.2545 (28.07.1951), S. 137–184, Artikel 1 A(2). Für Kritik an der gängigen Beschränkung der Flüchtlingsdefinition auf Personen mit politischen Fluchtgründen, die sich außerhalb ihres Landes befinden, vgl. Andrew E. Shacknove. „Who Is a Refugee?". In: *Ethics* 95.2 (1985), S. 274–284.
13 Im migrationsethischen Diskurs gibt es jedoch Ausnahmen, wie beispielsweise Christopher H. Wellman, laut welchem Staaten ein Recht haben, ihren humanitären Pflichten auf anderem Wege nachzukommen. Vgl. Christopher H. Wellman. „Freedom of Association and the Right to Exclude", S. 120–121. Im internationalen Recht deklariert die rechtlich nicht bindende Allgemeine Erklä-

untersuchen zu können, inwiefern politische Partizipations- und territoriale Aufenthaltsrechte aus demokratischer Sicht zusammenhängen, und welche territorialrechtlichen Konsequenzen für territorial exkludierte potenzielle Migrantinnen und Migranten aus dem politischen Ausschluss von Nicht-Mitgliedern folgen, soll diese Arbeit in dieser Hinsicht breiter angelegt sein. Zusammengenommen fragt sie daher, wer aus demokratischer Sicht bestimmen sollte, dass die existierenden territorialen und politischen Grenzen demokratischer Territorialstaaten, welche Nicht-Mitglieder – darunter *Migrantinnen und Migranten* – exkludieren, dort verlaufen, wo sie verlaufen.

Knapp ausgedrückt stellt sich daher die Frage, ob staatliche Souveränität in Mitgliedschaftsfragen – insbesondere in Fragen der Einwanderungspolitik – demokratisch ist, oder unilaterale Einwanderungsbeschränkungen ein Demokratiedefizit darstellen.

Der Blickwinkel, den eine Erörterung dieser nun näher spezifizierten Frage eröffnet, beinhaltet Vorteile, welche entfallen würden, sofern bei der in der Migrationsethik prominenter diskutierten Frage, ob Staaten ihre Grenzen gegenüber Migrantinnen und Migranten öffnen oder schließen sollten, angesetzt würde. Erstens sind die normativen Ideale einer globalen Gerechtigkeitstheorie, welche universelle Gültigkeit für unterschiedliche Regime und Kontexte beanspruchen, aller Voraussicht nach inhaltlich umstrittener, als normative Ideale, welche ein inhaltlich gefordertes Mindestmaß dafür spezifizieren, ab wann eine politische Instanz die Kompetenz besitzen sollte, Normen zu verabschieden und mit Zwang durchzusetzen. Insbesondere bei stark umstrittenen Themen wie migrationspolitischen Fragen besitzt ein Perspektivwechsel von der inhaltlichen Frage, welche Maßnahmen richtig oder falsch sind, zu der Frage, wer die Kompetenz haben sollte, richtige oder falsche Maßnahmen zu treffen und durchzusetzen, produktives Potenzial. Zweitens sind viele Zielstaaten empirischer Migrationsbewegungen Demokratien, welche ihrem Selbstverständnis nach bereits fundamentale demokratietheoretische Ideale teilen, sodass selbst migrationsethische Konsequenzen, welche sich auf demokratische Regime beschränken, drastische (normative) Folgen haben können. In diesem Zusammenhang bietet eine demokra-

---

rung der Menschenrechte der Vereinten Nationen ein Recht auf Asyl. Vgl. United Nations. *Universal Declaration of Human Rights*. General Assembly resolution 217 A. A/RES/217 (III) A, 10.12. 1948, Artikel 14(1). Die rechtlich bindende Genfer Flüchtlingskonvention vom 28. Juli 1951 und das Protokoll über die Rechtsstellung der Flüchtlinge vom 31. Januar 1967 gewähren hingegen kein Recht auf Asyl, sondern normieren den Rechtsstatus eines Flüchtlings, d. h. einer Person, deren Asylgesuch rechtlich stattgegeben wurde. Vgl. United Nations. „Convention relating to the Status of Refugees" und United Nations. „Protocol relating to the Status of Refugees". In: *United Nations Treaty Series* 606.8791 (31.01.1967), S. 267–276.

tietheoretische Untersuchung die Chance, sich migrationsethischen Fragen unter Voraussetzung breit geteilter, prozeduralistischer Ideale zu nähern. Schlussendlich entmystifiziert und entromantisiert eine Untersuchung über die Legitimität der bestehenden migrationspolitischen Ordnung die Genese kollektiver Entscheidungssubjekte, wie beispielsweise demokratisch organisierter Nationalstaaten, was einen aufgeklärten politischen Diskurs begünstigt.

Im Folgenden wird die vorliegende Untersuchung daher versuchen, diese enger gesteckte Fragestellung mit den Mitteln der angelsächsisch orientierten, normativen Politischen Philosophie zu beantworten und danach streben, realistisch utopische Vorschläge – also Vorschläge für günstige, aber mögliche historische Bedingungen – zu entwickeln.[14] In diesem Sinne soll vor dem Hintergrund der Existenz eines Systems multipler Territorialstaaten für normativ geforderte Ziele argumentiert werden. Hierzu soll aus einer liberal-demokratischen Perspektive untersucht werden, ob gezeigt werden kann, wie die Legitimation politisch-territorialer Grenzen demokratischer Territorialstaaten unter Voraussetzung gewisser idealisierender Bedingungen prinzipiell aussehen könnte, oder ob retrospektive Rationalisierungsversuche historisch-kontingenter Institutionen aus prinzipiellen Gründen scheitern und welche normativen Implikationen dies für die existierende migrationspolitische Ordnung hat. Der Anspruch der vorliegenden Untersuchung besteht somit in erster Linie darin, zu beurteilen, ob spezifische Argumente für ein bereits existierendes institutionelles Design in einem aufgeklärten politischen Diskurs sinnvoll austauschbar sind und ob sich realistische normative Aspirationen für dieses Design aus intuitiven und breit geteilten Idealen ableiten lassen. Dabei wird versucht, die Grundzüge einer idealtheoretischen[15] Argumentation für die demokratische Legitimität der existierenden migrationspolitischen Ordnung zu untersuchen, ohne zu beanspruchen, mit einer Theorie rektifikatorischer oder transitionaler Gerechtigkeit konkrete historische Ungerechtigkeiten einfangen und in einen gerechten Zustand überführen zu können. Um von möglichst unstrittigen Voraussetzungen zu beginnen und möglichst wenige Vertreterinnen und Verteter spezifischer Demokratiekonzeptionen im Vorfeld der Analyse zu verprellen, soll diese Untersuchung dabei, soweit es möglich ist, freistehend von einer spezifischen normativen Demokratietheorie argumentieren. Hierfür werde ich mich auf zwei fundamentale demokratietheo-

---

14 Vgl. John Rawls. *Justice as Fairness: A Restatement*. Cambridge: The Belknap Press of Harvard University Press, 2001, S. 4.

15 Ich folge hier John Rawls' Unterscheidung zwischen idealer und nicht-idealer Theorie, nach welcher idealtheoretische Analysen voraussetzen, dass Personen im Einklang mit Gerechtigkeitsprinzipien handeln und gerechtigkeitstheoretische Anforderungen historisch möglich sind. Vgl. John Rawls. *Justice as Fairness: A Restatement*, S. 13.

retische Ideale beziehen, mittels derer spezifische Demokratiekonzeptionen den intrinsischen Wert demokratischer Entscheidungsverfahren i. d. R. begründen,[16] und kohärentistisch,[17] also unter Rekurs auf widerspruchsfreie explanatorische Beziehungen zwischen diesen intuitiven Idealen und möglichen Konstitutions- oder Inklusionsprinzipien, argumentieren.

Die Untersuchung wird sich dabei in zwei Teile gliedern, wobei der erste Teil erörtern wird, ob politisch-territoriale Einheiten demokratisch konstituiert werden können und dafür argumentieren, dass dies nicht möglich ist. Im ersten Kapitel werde ich hierfür die konzeptionellen Voraussetzungen der folgenden Analyse aufzeigen und die Fragestellung motivieren, indem ich argumentieren werde, dass sich der intrinsische Wert demokratischer Entscheidungsprozesse nicht rechtfertigen lässt, ohne zugleich erklären zu können, wie deren politisches Subjekt aus demokratischer Perspektive beschaffen sein muss. Daran anschließend werde ich in Kapitel 2 und 3 unterschiedliche Vorschläge dafür untersuchen, wie das politische Subjekt einer Demokratie unter Rekurs auf demokratische Ideale konstituiert werden kann. Während das zweite Kapitel untersuchen wird, ob die Konstitution des politischen Subjektes unter Rückgriff auf interne Eigenschaften der Mitgliederzusammensetzung selbst, wie beispielsweise vorpolitische Merkmale oder die Kompetenz bzw. gegenseitige Akzeptanz der Mitglieder begründet werden kann, wird das dritte Kapitel erörtern, ob die Konstitution des politischen Subjektes unter Rekurs auf dessen externe Wirkungen bestimmt werden kann, also beispielsweise in Anlehnung daran, wen demokratische Entscheidungen betreffen oder adressieren.[18] Das Ziel des ersten Teiles ist es somit, zu zeigen, dass es aus demokratischer Sicht keine plausiblen Konstitutionsprinzipien gibt, welche die ursprüngliche Verteilung politischer Mitgliedschaftsrechte in einem hypothetischen Gründungszustand erfolgreich regeln, sodass die Möglichkeit einer rein verfahrensgerechten Redistribution dieser Rechte negiert werden muss.

---

16 Ich möchte hier nicht ausschließen, dass demokratische Entscheidungsverfahren auch instrumentell wertvoll sein können, wie Amartya Sen an dem Beispiel von Hungersnöten aufzeigt. Vgl. Amartya Sen. *Development as Freedom*. New York: Alfred A. Knopf, 1999, S. 152.
17 Eine kohärentistische Vorgehensweise stellt nach reichlicher Reflexion ein Überlegungsgleichgewicht zwischen intuitiven Prinzipien und Überzeugungen her. Vgl. John Rawls. *A Theory of Justice*. 2. Aufl. Cambridge: The Belknap Press of Harvard University, 1999. (Ersterscheinung 1971), S. 18.
18 Ich stütze mich in dieser Gliederung zwischen internen und externen Lösungswegen auf Francis Cheneval. „Constituting the dêmoi democratically". In: *Challenges to Democracy in the 21st Century*. 50. National Centre of Competence in Research, 2011, S. 1–23. David Miller trifft eine ähnliche Unterscheidung in David Miller. „Democracy's Domain". In: *Philosophy & Public Affairs* 37.3 (2009), S. 206–207.

Von dieser negativen These ausgehend, wird der zweite Teil argumentieren, dass die Unmöglichkeit, das politische Subjekt im Gründungszustand unter Rekurs auf demokratische Ideale zu konstituieren, dafürspricht, strukturelle, gewohnheitsrechtliche Inklusionskriterien für die demokratische Legitimität staatlicher Ausschlüsse heranzuziehen. Das vierte Kapitel wird fragen, welche Personen aus demokratischer Perspektive in das politische Subjekt bereits bestehender demokratischer Territorialstaaten inkludiert werden müssen und dafür argumentieren, Staatsbürgerschaftsrechte an alle faktischen Mitglieder mit sozialen oder ortsabhängigen Bindungen an die entsprechende Gemeinschaft oder den infrage stehenden Lebensraum zu verleihen sowie extraterritoriale Normadressatinnen und Normadressaten von Mitgliedschaftsnormen deliberativ zu repräsentieren. Daran anschließend werde ich in Kapitel 5 und 6 erörtern, welche Entscheidungskompetenzen bestehende demokratische Territorialstaaten bezüglich der Regulierung ihrer eigenen Mitgliederzusammensetzung besitzen müssen. Das fünfte Kapitel wird daher die territorialrechtlichen Externalitäten politischer Exklusion untersuchen und dafür argumentieren, dass territoriale Jurisdiktionsrechte über partikuläre Gebiete eine egalitaristische Verteilung natürlicher Ressourcen voraussetzen, welche die Befriedigung basaler Grundbedürfnisse sowie eine proportionale Nutzung natürlicher Ressourcen unter Berücksichtigung ortsabhängiger Lebenspläne erlauben sollte. Das sechste Kapitel wird schließlich aufzeigen, wie eine egalitaristische Verteilung natürlicher Ressourcen mit dem Wert kollektiver Selbstbestimmung in Einklang gebracht werden kann, indem für ein gewohnheitsrechtliches juridisches korporatives Gruppenrecht des Staates auf kollektive Selbstregierung argumentiert wird, welches Pflichten auf Seiten institutionalisierter Gruppen, nicht Individuen begründet. Das Argumentationsziel des zweiten Teils ist somit revisionistisch, da aufgezeigt werden soll, dass die Migrationspolitik demokratischer Territorialstaaten nicht bereits dann demokratisch legitimiert ist, wenn den formalen Mitgliedern eines demokratischen Territorialstaates gleiche Autorität bei migrationspolitischen Entscheidungen zugeschrieben wird, sondern wenn diese Entscheidungen durch alle Personen mit genuinen sozialen oder ortsabhängigen Bindungen verabschiedet wurden und die politischen und territorialrechtlichen Externalitäten dieser Mitgliedschaftsentscheidungen durch eine deliberative Repräsentation extraterritorialer Normadressatinnen und Normadressaten sowie eine egalitaristische Territorialrechtsverteilung berücksichtigt wurden.

Während demokratietheoretische Analysen über das normativ geforderte politische Subjekt demokratischer Entscheidungsprozesse die Tendenz besitzen,

Mitgliedschaftsfragen in einem territorialrechtlichen Vakuum zu beantworten,[19] haben territorialrechtliche Begründungen territorialer Jurisdiktions- und Ausschlussrechte über partikuläre Gebiete Schwierigkeiten, den Rechtsträger territorialer Jurisdiktions- und Ausschlussrechte normativ abzugrenzen, da sie entweder die partikulären Grenzen des politischen Subjektes moralisch zu stark[20] bzw. ad hoc [21] begründen oder der historischen Genese sowie dem konventionellen Verständnis territorialer Jurisdiktionsrechte widersprechen.[22] Der hier vertretene liberal-demokratische Ansatz versucht somit demokratietheoretische und territorialrechtliche Analysen miteinander zu verbinden und dabei die normative Kraft faktischer historischer Entwicklungen anzuerkennen, ohne zu starke moralische Begründungen für diese abzuleiten.[23]

Liberal-demokratische Ansätze sind bei der Beurteilung der demokratischen Legitimität unilateraler Einwanderungsbeschränkungen schließlich mit einem prinzipiellen inhaltlichen Dilemma konfrontiert, das auch diese Untersuchung nicht vollständig lösen, sondern nur explizieren können wird: Desto stärker gegen die demokratische Legitimität unilateraler Ausschlussrechte gegenüber potenziellen Migrantinnen und Migranten argumentiert wird, desto weniger ist eine imperialistische Siedlungspolitik oder kolonialistische Unterdrückung indigener Bevölkerungen kritisierbar, was mit dem internationalen Recht auf kollektive Selbstbestimmung indigener Völker zu kollidieren scheint.[24] Umgekehrt gilt jedoch auch, desto stärker für das Recht eines Kollektivs argumentiert wird, seine eigene Einwanderungspolitik unilateral festzulegen, desto stärker ist der Verweis auf nationalistische oder kulturelle Kriterien notwendig, um die Grenzen des in

---

19 Vgl. u. a. Arash Abizadeh. „Democratic Theory and Border Coercion: No Right to Unilaterally Control Your Own Borders". In: *Political Theory* 36.1 (2008), S. 37–65 und Robert E. Goodin. „Enfranchising All Affected Interests, and Its Alternatives". In: *Philosophy & Public Affairs* 35.1 (2007), S. 40–68.

20 Vgl. u. a. David Miller. *Strangers in Our Midst: The Political Philosophy of Immigration*, Margaret Moore. *A Political Theory of Territory.* New York: Oxford University Press, 2015, Anna Stilz. *Territorial Sovereignty: A Philosophical Exploration* und Sarah Song. *Immigration and Democracy.* New York: Oxford University Press, 2018.

21 Vgl. Jeremy Waldron. „Special Ties and Natural Duties". In: *Philosophy & Public Affairs* 22.1 (1993), S. 3–30 und Lea Ypi. „A Permissive Theory of Territorial Rights". In: *European Journal of Philosophy* 22.2 (2014), S. 288–312.

22 Vgl. u. a. A. John Simmons. *Boundaries of Authority.* New York: Oxford University Press, 2016 und Hillel Steiner. „Territorial Justice". In: *National Rights, International Obligations.* Hrsg. von Simon Caney, David George und Peter Jones. Boulder: Westview Press, 1996, S. 139–148.

23 Für den Ausdruck der *normativen Kraft des Faktischen* vgl. Georg Jellinek. *Allgemeine Staatslehre.* 3. Aufl. Berlin: O. Häring, 1914. (Ersterscheinung 1900), S. 337 ff.

24 Vgl. United Nations. *Declaration on the Granting of Independence to Colonial Countries and Peoples.* General Assembly resolution 1514. A/RES/1514 (XV), 14.12.1960.

Frage stehenden Kollektivs für Ausschlussrechte gegenüber Migrantinnen und Migranten festzulegen. Auch der Verweis auf den Staat als Rechtsträger von kollektiven Ausschlussrechten kann in dieser Frage keine Abhilfe schaffen, da dies prinzipiell weiterhin eine kolonialistische Siedlungspolitik zum Nachteil indigener Bevölkerungen erlauben würde. Da weder Imperialismus, noch Nationalismus wünschenswerte Alternativen darstellen, werde ich im Folgenden dafür plädieren, einen Kompromiss anzustreben.

Teil I **Die Gründung des Demos**

Kapitel 1 Die Demos-Konstitution

Das folgende Kapitel rekonstruiert zwei vorherrschende Rechtfertigungsansätze für den intrinsischen Wert demokratischer Entscheidungsprozesse und zeigt auf, dass beide einen blinden Fleck bezüglich der Konstitution des politischen Entscheidungssubjektes aufweisen, was den intrinsischen Wert demokratischer Verfahren zu unterminieren droht. Anhand des Demos-Problems wird anschließend die Frage aufgeworfen, ob das politische Subjekt demokratischer Entscheidungsprozesse eine externe Beschränkung demokratischer Autorität darstellt oder unter Rekurs auf demokratische Ideale begründet werden kann.

1.1 Demokratie

1.1.1 Kollektive Selbstregierung

Der Begriff *Demokratie* stammt aus dem Altgriechischen und bedeutet wörtlich übersetzt „Herrschaft des Volkes". In der Literatur herrschen zwei dominante Rechtfertigungsansätze für den intrinsischen Wert demokratischer Entscheidungsprozesse vor, die sich auf zwei Modelle herunterbrechen lassen.[25] Das erste Modell basiert auf dem intrinsischen Wert der Freiheit und fasst Demokratie als eine Form der Selbstregierung auf.[26] Nach diesem Ansatz ist Freiheit ein intrinsischer politischer Wert, der am besten durch demokratische Gesellschaftsordnungen verkorpert wird, in denen sich Individuen kollektiv selbst Gesetze auferlegen. Die koordinierende Funktion von Staat und Rechtssystem ist diesem Ansatz nach notwendig, um soziale Konflikte zu lösen, und trägt, wenn sie aus jeweils eigenem Willen auferlegt ist, zur individuellen Freiheit der Individuen bei. Der Zusammenhang von kollektiver Selbstregierung und individueller Freiheit

---

25 Meine verkürzte Darstellung beider Modelle stützt sich auf Thomas Christiano. *Rule of the Many: Fundamental Issues in Democratic Theory*. Boulder: Westview Press, 1996.
26 Dieses Modell geht auf Jean-Jacques Rousseau. „Vom Gesellschaftsvertrag oder Prinzipien des Staatsrechts". In: *Politische Schriften*. Hrsg. von Jean-Jacques Rousseau. Bd. 1. Paderborn: Schöningh, 1977, S. 59–208. (Ersterscheinung 1762) zurück. Weitere Vertreterinnen und Vertreter sind u. a. Carol C. Gould. *Rethinking Democracy: Freedom and social cooperation in politics, economy and society*. New York: Cambridge University Press, 1988, S. 31–90, John Rawls. *Political Liberalism*. New York: Columbia University Press, 1996. (Ersterscheinung 1993) und Joshua Cohen. „Deliberation and Democratic Legitimacy". In: *The Good Polity: Normative Analysis of the State*. Hrsg. von Alan Hamlin und Philip Pettit. New York: Basil Blackwell, 1989, S. 17–34.

https://doi.org/10.1515/9783110788884-003

kann dabei unterschiedlich ausgelegt werden.[27] So kann entweder angenommen werden, dass die tatsächlichen Überzeugungen und Interessen der Individuen durch den demokratischen Entscheidungsprozess direkt ausgedrückt, oder aber erst entdeckt bzw. wesentlich transformiert werden. Während die erste Interpretation nahelegt, dass demokratische Partizipation bereits im Vorfeld vorhandene, kollektiv geteilte Ziele verwirklicht, legt die zweite Interpretation nahe, dass erst der diskursive Deliberationsprozess einen freien und vernünftigen Konsens unter Gleichen stiftet.[28] In beiden Fällen sind demokratische Entscheidungsprozesse diesem Ansatz nach jedoch intrinsisch wertvoll, da sie eine notwendige Bedingung für die Selbstgesetzgebung und damit Freiheit der Individuen darstellen.

Unabhängig davon, ob diese Begründungsstrategie des intrinsischen Wertes demokratischer Entscheidungsprozesse insgesamt überzeugt,[29] setzt sie eine nicht weiter explizierte Prämisse, nämlich die Selektion einer begrenzten Menge an konkreten Entscheidungssubjekten mit spezifischen Interessen und Überzeugungen, voraus. Wird diese Auswahl nicht weiter erklärt, unterminiert dies jedoch die Begründung des intrinsischen Wertes demokratischer Entscheidungsprozesse. Besteht der intrinsische Wert eines kollektiven Entscheidungsprozesses darin, dass sich alle Beteiligten selbstregieren, indem sie gemeinsam geteilte Ziele verabschieden oder durch einen diskursiven Deliberationsprozess zu einem freiwilligen und einstimmigen Konsens finden, so ist dieser Wert gering, wenn potenzielle Meinungsabweichlerinnen und Meinungsabweichler im Vorfeld beliebig von diesem Entscheidungsprozess ausgeschlossen werden können. Darüber hinaus scheint die Kontrolle über das kollektive Selbst ein notwendiger Bestandteil kollektiver Selbstregierung zu sein, sodass ein ad hoc stipuliertes kollektives Selbst, welches der Kontrolle der Beteiligten entzogen ist, echte kollektive Selbstregierung verunmöglichen müsste.

---

27 Thomas Christiano unterscheidet eine direkte, epistemische und konstruktivistische Auslegung. Vgl. Thomas Christiano. *Rule of the Many: Fundamental Issues in Democratic Theory*, S. 24–43.

28 Für die erste Interpretation vgl. Carol C. Gould. *Rethinking Democracy: Freedom and social cooperation in politics, economy and society*, S. 31–90; für die zweite Interpretation vgl. Joshua Cohen. „Deliberation and Democratic Legitimacy".

29 Nach Thomas Christiano ist dieses Modell unbefriedigend, da es erstens nicht erklären kann, warum die Selbstregierung von Individuen nicht bereits durch entsprechende Freiheiten im privaten Bereich, sondern nur durch demokratische Partizipation umsetzbar ist (*trade-off problem*) und zweitens, da es nicht erklären kann, wie kollektive demokratische Entscheidungsverfahren überhaupt mit der Selbstgesetzgebung von Individuen vereinbar sind (*incompatibility problem*). Vgl. Thomas Christiano. *Rule of the Many: Fundamental Issues in Democratic Theory*, S. 15–47.

1.1.2 Politische Gleichheit

Das zweite Modell basiert auf dem intrinsischen Wert der Gleichheit und behauptet, dass demokratische Entscheidungsverfahren unter pluralistischen Bedingungen die politische Gleichheit der beteiligten Entscheidungssubjekte realisieren, indem sie diesen einen gleichen Anspruch auf Partizipation an der kollektiven Entscheidungsfindung gewähren.[30] Diesem Ansatz nach ist die koordinierende Funktion bindender kollektiver Entscheidungsverfahren notwendig, um unauflösbare Meinungsverschiedenheiten und Interessenkonflikte über öffentliche Belange so zu regeln, dass die Interessen der Beteiligten prozedural gleich berücksichtigt werden. Da kollektive Entscheidungen unter pluralistischen Gesellschaftsbedingungen keinen substanziellen Konsens produzieren, müssen die Beteiligten diesem Ansatz nach einen gleichen Anspruch auf Autorität an der kollektiven Entscheidung als Teil eines fairen Kompromisses,[31] der gleichwertigen Berücksichtigung ihrer Interessen[32] oder dem Ausdruck ihrer sozialen[33] oder öffentlichen[34] Gleichheit besitzen. In der letzten Auslegung fordert dieses Modell, dass Beteiligte einen gleichen Anspruch auf Autorität an der kollektiven Entscheidung besitzen, nicht jedoch auf ein gleiches Niveau an Wohlbefinden. Um gleiche Partizipationsrechte an einer demokratischen Entscheidung gewährleisten zu können, fordert dieser Ansatz, die für die Entscheidungsfindung notwendigen politischen und ökonomischen Ressourcen gleich zu verteilen. Was den Bereich der notwendigen politischen Ressourcen anbelangt, so ist vor allem eine Gleichverteilung und -gewichtung des Stimmrechts gefordert, doch auch die Chancen auf die Bekleidung politischer Ämter sowie auf Partizipationsmöglichkeiten an der öffentlichen Meinungsbildung sollten diesem Ansatz nach gleich verteilt sein. Darüber hinaus ist die Implementierung eines Mehrheitsprinzips erforderlich, sodass jede Stimme die gleiche Chance besitzt, das Entscheidungsergebnis zu beeinflussen und der Status quo nicht unverhältnismäßig durch ein

---

30 Dieses Modell umfasst egalitaristische Demokratieansätze wie Peter Singer. *Democracy and Disobedience.* Oxford: Oxford University Press, 1973, Robert A. Dahl. *A Preface to Democratic Theory.* Expanded Edition. Chicago: The University of Chicago Press, 2006. (Ersterscheinung 1956), Thomas Christiano. *Rule of the Many: Fundamental Issues in Democratic Theory,* Thomas Christiano. *The Constitution of Equality: Democratic Authority and its Limits.* New York: Oxford University Press, 2008 und Niko Kolodny. „Rule Over None II: Social Equality and the Justification of Democracy". In: *Philosophy & Public Affairs* 42.4 (2014), S. 287–336.
31 Vgl. Peter Singer. *Democracy and Disobedience,* S. 30–41.
32 Vgl. Robert A. Dahl. *A Preface to Democratic Theory,* S. 64–67.
33 Vgl. Niko Kolodny. „Rule Over None II: Social Equality and the Justification of Democracy".
34 Vgl. Thomas Christiano. *Rule of the Many: Fundamental Issues in Democratic Theory,* S. 59–98 und Thomas Christiano. *The Constitution of Equality: Democratic Authority and its Limits.*

Einstimmigkeitsprinzip bevorzugt wird. Was den Bereich ökonomischer Ressourcen anbelangt, so ist vor allem die Sicherung eines gleichen Existenzminimums geboten, welches allen Beteiligten ermöglicht, ihre politischen Rechte tatsächlich wahrzunehmen.

Auch dieser Ansatz setzt jedoch, unabhängig von potenziellen Einwänden gegenüber seiner generellen Plausibilität,[35] dieselbe implizite Prämisse in Form einer begrenzten Menge an konkreten Entscheidungssubjekten mit spezifischen Interessen und Überzeugungen voraus, was die Begründung des intrinsischen Wertes demokratischer Entscheidungsprozesse lückenhaft werden lässt. Wird der intrinsische Wert eines kollektiven Entscheidungsprozesses dadurch begründet, dass er die Interessen aller Beteiligten gleichwertig berücksichtigt, indem er allen Beteiligten gleiche Ressourcen für die Partizipation an der kollektiven Entscheidung gewährt, so wird dieser Wert unterminiert, wenn die Menge der Beteiligten so ausgewählt werden kann, dass permanente Minderheiten entstehen, deren Interessen in allen Belangen stets überstimmt werden. Eine prozeduralistisch gleichwertige Berücksichtigung von Interessen scheint bei endlos iterierten kollektiven Entscheidungen vielmehr ein politisches Entscheidungssubjekt mit spezifischer Präferenzstruktur, nämlich querschneidenden Minderheiten in unterschiedlichen Bereichen, zu fordern, sodass die Befriedigung der Interessen mancher Personen nicht in allen Bereichen dauerhaft zurückgewiesen werden kann. Sowohl freiheits- als auch gleichheitsbasierte Ansätze sollten daher erklären können, wer das politische Subjekt demokratischer Entscheidungsprozesse ist, um den intrinsischen Wert demokratischer Entscheidungsprozesse begründen zu können.

1.1.3 Demokratie und Liberalismus

Die Frage nach dem politischen Subjekt der Demokratie drängt sich darüber hinaus nicht nur aus demokratietheoretischer, sondern auch liberaler Perspektive

---

35 So wird gleichheitsbasierten Ansätzen vorgeworfen, sie könnten den Wert demokratischer Deliberation nicht angemessen reflektieren. Vgl. Joshua Cohen. „Deliberation and Democratic Legitimacy", S. 19. Darüber hinaus haben gleichheitsbasierte Ansätze Schwierigkeiten, einen normativen Unterschied zwischen einer demokratischen Wahl und einem Losverfahren zu behaupten, welches den Beteiligten alternierend volle Entscheidungskompetenzen über kollektive Anliegen überträgt (*Queen of a Day*). Vgl. David Estlund. „Beyond Fairness and Deliberation: The Epistemic Dimension of Democratic Authority". In: *Deliberative Democracy: Essays on Reasons and Politics*. Hrsg. von James Bohman und William Rehg. Cambridge: The MIT Press, 1997, S. 173 – 204.

auf. Da demokratische Entscheidungsprozesse die rein verfahrensgerechte Umsetzung der Volkssouveränität fordern, scheinen sie mit einem moralischen Liberalismus, also der Proklamierung unveräußerlicher subjektiver Rechte, kollidieren zu können.[36] So ist unklar, ob im Konfliktfall dem demokratisch legitimierten, politischen Mehrheitswillen oder den universell gültigen Grund- bzw. Menschenrechten Vorrang eingeräumt werden muss.[37] Dieses Spannungsverhältnis lässt sich anhand der Frage der Reichweite liberaler bzw. demokratischer Theorien zuspitzen. Während die Legitimationsinstanz demokratischer Entscheidungen in dem Volk, also gemeinhin den Bürgerinnen und Bürgern eines demokratischen Territorialstaates besteht, bildet die Legitimationsinstanz liberaler Theorien das je einzelne Individuum. Die Reichweite demokratisch legitimierter Entscheidungen ist somit partikularistisch auf den Zuständigkeitsbereich des jeweiligen Staates bezogen und durch das Kollektiv der Bürgerinnen und Bürger legitimiert. Die Reichweite liberaler Theorien erstreckt sich hingegen universalistisch auf alle Menschen ungeachtet ihrer Staatszugehörigkeit und ist individualistisch durch das je einzelne Individuum legitimiert. Im Konfliktfall stellt sich daher die Frage, wie der universell-moralische Anspruch, der sich in subjektiven, liberalen Grund- bzw. Menschenrechten ausdrückt, mit der ethischen Selbstverwirklichung eines Volkes durch das Mehrheitsprinzip in Einklang zu bringen ist.

Sowohl liberale als auch demokratietheoretische Positionen proklamieren, dass sich das Subjekt einer Norm jeweils selbst an diese bindet, sodass die Adressatin oder der Adressat einer Norm zugleich auch deren Autorin oder Autor ist. Das eigentliche Spannungsverhältnis beider Positionen entsteht folglich erst durch unterschiedliche Antworten auf die Frage, wie das relevante Subjekt, welches dazu berechtigt ist, Normen zu erlassen, beschaffen ist. Der normative Individualismus liberaler Theorien erklärt das Individuum zum moralischen Subjekt und impliziert eine prinzipiell unbegrenzte Reichweite liberaler subjektiver

---

36 Zum Begriff der reinen Verfahrensgerechtigkeit vgl. John Rawls. *A Theory of Justice*, S. 74 ff. Rawls unterscheidet hier zwischen drei Arten der Verfahrensgerechtigkeit. Sowohl *vollkommene* als auch *unvollkommene* Verfahrensgerechtigkeit zeichnen sich dadurch aus, dass sie einen unabhängigen Maßstab für das richtige Ergebnis behaupten, wobei erstere ein Verfahren proklamiert, das mit Sicherheit zu dem richtigen Ergebnis führt, während letztere ein Verfahren proklamiert, das lediglich mit einiger Wahrscheinlichkeit zu dem richtigen Ergebnis führt. *Reine* Verfahrensgerechtigkeit zeichnet sich hingegen durch die Abwesenheit eines unabhängigen Maßstabs aus, sodass lediglich ein faires Verfahren behauptet werden kann, welches bei ordnungsgemäßer Anwendung automatisch zu einem gerechten Ergebnis führt.
37 Unterschiedliche Positionen in dieser Frage vertreten u. a. John Rawls. *Political Liberalism* und Jürgen Habermas. *Faktizität und Geltung: Beiträge zur Diskurstheorie des Rechts und des demokratischen Rechtsstaats.* 5. Aufl. Frankfurt a. Main: Suhrkamp, 2014. (Ersterscheinung 1998).

Rechte.[38] Aus dem demokratischen Entscheidungsverfahren, welches die tatsächliche und aktive Partizipation am Entscheidungsprozess voraussetzt, folgt
hingegen notwendigerweise eine begrenzte Reichweite, da ein prinzipiell unbe-
grenztes Subjekt mit demokratischen Mitteln keine Entscheidung produzieren
könnte und somit kein Entscheidungssubjekt im eigentlichen Sinne darstellte.

Sowohl aus liberaler wie aus demokratietheoretischer Perspektive drängt sich
also die Frage nach dem politischen Subjekt der Demokratie auf. Aus liberaler
Sicht bleibt unklar, weshalb bestimmte universell-gültige subjektive Rechte,
darunter ausgerechnet das fundamentale Recht auf politische Partizipation, an
die partikularistische Eigenschaft der Staatsbürgerschaft gebunden sein sollten.
Aus demokratischer Sicht stellt sich hingegen die Frage, welche partikuläre Begrenzung des politischen Entscheidungssubjekts aus demokratieimmanenten
Gründen erforderlich ist, ohne dabei den intrinsischen Wert demokratischer
Entscheidungen zu unterminieren.

1.2 Das Politische Subjekt

1.2.1 Wer entscheidet?

Auf den ersten Blick scheint die Demokratietheorie sowohl für freiheits- als auch
für gleichheitsbasierte Modelle eine einfache Antwort auf die Frage nach dem
entscheidungsbefugten politischen Subjekt der Demokratie bereitzuhalten.

„Das" Volk
Der etymologische Ursprung von Demokratie als „Herrschaft des Volkes" legt
nahe, Demokratie konzeptuell als eine Regierung des Volkes, durch das Volk und
für das Volk zu verstehen.[39] Differenziert man „das Volk" jedoch verfassungs-
theoretisch in Aktiv-, Zurechnungs- und Adressatenvolk aus, so wird deutlich,
dass der Ausdruck in allen drei obigen Verwendungen stets ein anderes Subjekt

---

38 Diese Reichweite ist normativ nur insofern beschränkt, als dass liberale Rechte ausschließlich
Personen adressieren. Zum Begriff der Person vgl. Joel Feinberg. „The Problem of Personhood".
In: *Contemporary Issues in Bioethics*. Hrsg. von Tom L. Beauchamp und LeRoy Walters. 2. Aufl.
Belmont: Wadsworth Publishing Company, 1982, S. 108 – 116. (Ersterscheinung 1978).
39 Abraham Lincoln bestimmt Demokratie in der Gettysburger Rede vom 19. November 1863, in
welcher er das amerikanische Demokratieverständnis reflektiert, als „government of the people,
by the people, for the people". Vgl. Abraham Lincoln. „Volume 7". In: *The Collected Works of
Abraham Lincoln*. Hrsg. von Roy P. Basler. New Brunswick: Rutgers University Press, 1953, S. 23.

konnotieren muss.[40] Während das *Aktivvolk* i. d. R. ausschließlich diejenigen Staatsbürgerinnen und Staatsbürger bezeichnet, welche politische Partizipationsrechte besitzen, umfasst das *Zurechnungsvolk* hingegen alle Staatsbürgerinnen und Staatsbürger, also auch solche ohne politische Partizipationsrechte, wie beispielsweise Kinder. Das *Adressatenvolk* umfasst darüber hinaus alle Personen ungeachtet ihrer Staatsbürgerschaft, solange sie sich im Staatsgebiet aufhalten und dadurch Adressatinnen oder Adressaten demokratisch verabschiedeter Normen sind, wie beispielsweise ausländische Gastarbeiterinnen und Gastarbeiter.

Die Differenzierung in Aktiv-, Zurechnungs- und Adressatenvolk lässt sich dabei präzisieren, indem sie in die Statuslehre des Rechts übersetzt wird, welche unterschiedliche Arten von Rechten an die Persönlichkeit bindet.[41] So umfasst der *status negativus* negative Freiheitsrechte, d. h. Abwehrrechte gegenüber vom Staat ausgehender Gewalteinwirkung. Der *status positivus* umfasst soziale Teilhaberechte, d. h. Leistungsrechte auf soziale, wirtschaftliche oder kulturelle Güter und der *status activus* umfasst positive Teilnahmerechte, d. h. Partizipationsrechte auf politische und gesellschaftliche Mitbestimmung. Aktiv-, Zurechnungs- und Adressatenvolk befinden sich sowohl im *status negativus* als auch im *status positivus*. Das Zurechnungsvolk unterscheidet sich vom Adressatenvolk jedoch dadurch, dass ersterem i. d. R. bestimmte soziale Teilhaberechte im *status positivus* vorbehalten sind, während sich das Aktivvolk vom Zurechnungsvolk dadurch unterscheidet, dass sich letzteres im Gegensatz zu ersterem nicht im *status activus* befindet.

Das demokratische Konzept einer Regierung des Volkes, durch das Volk und für das Volk lässt sich in rechtstheoretischen Termini daher wie folgt präzisieren: Rechtstheoretisch gefasst ist Demokratie eine Regierung des Zurechnungsvolkes, durch das Aktivvolk, für das Adressatenvolk.[42] Während die politische Souveränität einer demokratischen Regierung also von allen Staatsbürgerinnen und Staatsbürgern ausgeht, regieren sich nur Staatsbürgerinnen und Staatsbürger im

---

40 Für die folgende Unterscheidung vgl. Friedrich Müller. *Wer ist das Volk? Die Grundfrage der Demokratie – Elemente einer Verfassungstheorie VI*. Berlin: Duncker & Humblot, 1997.

41 Zur Statuslehre des Rechts vgl. Georg Jellinek. *System der subjektiven öffentlichen Rechte*. 2. Aufl. Tübingen: Mohr, 1905. (Ersterscheinung 1892), S. 94–193.

42 Der Ausdruck einer Regierung „des Volkes" ist schillernd. Vgl. Friedrich Müller. *Wer ist das Volk? Die Grundfrage der Demokratie – Elemente einer Verfassungstheorie VI*, S. 40. Er bezieht sich nicht auf diejenigen, die regieren (Aktivvolk) oder regiert werden (Adressatenvolk), sondern diejenigen, im Namen derer regiert wird. In formaler Hinsicht zählen hierzu die Staatsbürgerinnen und Staatsbürger. In normativer Hinsicht werde ich im Laufe der Untersuchung dafür argumentieren, dass alle Personen mit sozialen und ortsbezogenen Bindungen hierzu gezählt werden sollten. Vgl. Kapitel 4.

status activus direkt oder indirekt selbst, obgleich deren Regierung den Interessen aller Normadressatinnen und Normadressaten im *status negativus* verpflichtet ist.[43]

Der Demos

Anstelle des vagen Konzepts „des" Volkes bietet sich daher folgender Terminus technicus zur begrifflichen Präzisierung des entscheidungsbefugten Subjektes der Demokratie an. Der *Demos* bezeichnet die institutionell eingebettete Menge von Personen, welche die Autorität besitzt, in einem demokratischen Entscheidungsverfahren eine kollektiv bindende Entscheidung zu treffen. Dieses Konzept ist voraussetzungsarm, da es hauptsächlich durch die Entscheidungsfähigkeit der Demos-Mitglieder beschränkt ist, welche selbst eine notwendige Voraussetzung elektiver politischer Repräsentation darstellt.[44]

Im Rahmen der vorliegenden Arbeit soll der Demos-Begriff fortan ausschließlich verwendet werden, um politische Entscheidungssubjekte zu beschreiben, welche Entscheidungen im öffentlichen Bereich treffen. Aus der begrifflichen Beschränkung auf politische Demoi folgt jedoch nicht, dass sich ein Demos notwendigerweise auf das Aktivvolk eines modernen Territorialstaates bezieht. Konzeptuell sind auch andere institutionell eingebettete, politische Entscheidungssubjekte möglich, wie beispielsweise das Europäische Parlament, also ein Demos, der selbst aus politischen Repräsentantinnen und Repräsentanten der Zurechnungsvölker moderner Territorialstaaten besteht.

---

43 An dieser Stelle könnte eingewendet werden, dass die Interessen des Adressatenvolkes, da dieses nicht zum Zurechnungsvolk gehört, aus demokratietheoretischer Sicht nicht berücksichtigt werden müssten. Eine solche Behauptung würde jedoch dem Konzept liberaler Souveränität zuwiderlaufen: So wurde nicht behauptet, dass die Mitglieder des Adressatenvolkes demokratietheoretisch Teil des Zurechnungs- oder Aktivvolkes sind oder dass ihre Interessen nicht zugunsten der Interessen von Bürgerinnen und Bürgern zurückgesetzt werden dürfen, falls hierfür Gründe vorliegen. Vielmehr wird behauptet, dass demokratisch vollstreckter staatlicher Zwang gegenüber den Adressatinnen und Adressaten unter Rekurs auf verallgemeinerbare Gründe rechtfertigbar sein muss, sodass diese in einem hypothetischen Zustand der Freiheit und Gleichheit prinzipiell zustimmen könnten. Mit anderen Worten: Staatlicher Zwang muss, um legitimierbar zu sein, die moralische Gleichheit von Personen anerkennen, d.h. er schuldet den Interessen von Personen, deren Autonomie er einschränkt, prinzipiell gleiche Berücksichtigung und darf keine Personen zweiter Klasse annehmen. Für eine Analyse des hier zugrunde liegenden liberalen Souveränitätsverständnisses vgl. Michael Blake. „Distributive Justice, State Coercion, and Autonomy". In: *Philosophy & Public Affairs* 30.3 (2001), S. 281–282.
44 Vgl. Robert A. Dahl. *Democracy and Its Critics.* New Haven: Yale University Press, 1989, S. 126.

Ausgehend von dieser Begriffsbestimmung wird nun deutlich, dass das Aktivvolk – oder auch *Staatsbürgervolk*[45] – eines modernen Territorialstaates eine spezifische Art von Demos beschreibt, nämlich die Menge der Staatsbürgerinnen und Staatsbürger im *status activus*, d. h. derjenigen Personen, die als Kollektiv oberste Autorität in einem räumlich begrenzten Territorium besitzen. Um das Verhältnis von Demos und Staatsbürgervolk weiter zu präzisieren, soll darüber hinaus zwischen der Zusammensetzung und dem Zuständigkeitsbereich eines kollektiven Entscheidungssubjektes unterschieden werden. Während die Zusammensetzung (*domain*) eines kollektiven Entscheidungssubjektes die Gesamtheit der Personen bezeichnet, die es umfasst, bezeichnet dessen Zuständigkeitsbereich (*scope*) die Gesamtheit der Entscheidungsbefugnisse, über die es verfügt.[46] Obwohl die normativ geforderte Zusammensetzung eines Demos prinzipiell von dessen Zuständigkeitsbereich abhängt und umgekehrt,[47] sind im Falle des Staatsbürgervolkes diverse räumlich bedingte Entscheidungskompetenzen an dasselbe politische Subjekt gebunden, dessen Zusammensetzung sich nicht der zu verhandelnden Frage anpassen kann.

1.2.2 Das Demos-Problem

Um die Lücke in der Begründung des intrinsischen Wertes demokratischer Entscheidungsprozesse schließen zu können und die partikularistische Begrenzung des politischen Entscheidungssubjektes aus liberaler Sicht rechtfertigen zu können, stellt sich daher die Frage, wie der Demos beschaffen sein muss, der die Zuständigkeit hat, über die Zusammensetzung eines Staatsbürgervolkes zu entscheiden. Da demokratische Entscheidungsprozesse rein verfahrensgerecht sind, lässt sich die ursprüngliche Zusammensetzung eines Demos nicht einfach mit demokratischen Mitteln konstituieren, ohne in einem infiniten Regress zu enden. Ein demokratisches Entscheidungsverfahren setzt sein Entscheidungssubjekt somit logisch voraus. Das *Demos-Problem*[48] bezeichnet daher die logische Un-

---

45 Das Staatsbürgervolk ist nicht bedeutungsgleich mit dem Staatsvolk, welches sich auf alle Staatsbürgerinnen und Staatsbürger bzw. alle Personen mit festem Wohnsitz im Staat bezieht, sondern bezeichnet ausschließlich Personen, die am *status activus* teilhaben. Es bezieht sich also ausschließlich auf Staatsbürgerinnen und Staatsbürger, die politische Partizipationsrechte besitzen.

46 Vgl. Robert A. Dahl. *Democracy and Its Critics*, S. 195.

47 Vgl. ebd., S. 119, 195 und David Miller. „Democracy's Domain", S. 215–216.

48 Ich verwende hier den Begriff *Demos-Problem* um unterschiedliche Missverständnisse zu vermeiden, die durch andere Bezeichnungen entstanden sind. Vgl. Francis Cheneval. „Constitu-

möglichkeit, einen Demos mit demokratischen Mitteln zu gründen. Diese logische Unmöglichkeit entsteht dadurch, dass der demokratische Entscheidungsprozess lediglich fordert, seine Entscheidungssubjekte verfahrensgerecht zu behandeln. Die Frage, wie ein kollektives Entscheidungsverfahren seine Entscheidungssubjekte behandeln muss, beantwortet jedoch nicht, wer in dieser Art und Weise behandelt werden muss.

Wer die fraglichen Entscheidungssubjekte sind, setzt der demokratische Entscheidungsprozess voraus. Fragt man beispielsweise, ob Entscheidung X demokratisch ist, so fragt man danach, ob alle am Entscheidungsprozess von X beteiligten Entscheidungssubjekte $E_{x_1}, \ldots, E_{x_n}$ in der Entscheidungsfindung von X verfahrensgerecht behandelt wurden. Doch woher steht fest, wer die Entscheidungssubjekte $E_{x_1}, \ldots, E_{x_n}$ sind? Versucht man dies mit demokratischen Mitteln zu beantworten, so fragt man, ob Entscheidung Y, nämlich, dass $E_{x_1}, \ldots, E_{x_n}$ die Entscheidungssubjekte von X sind, demokratisch ist. Dies bedeutet jedoch man fragt, ob alle am Entscheidungsprozess von Y beteiligten Entscheidungssubjekte $E_{y_1}, \ldots, E_{y_n}$ in der Entscheidungsfindung von Y verfahrensgerecht behandelt wurden usw. Die Konstitution der Menge der Entscheidungssubjekte mit demokratischen Mitteln zu bestimmen, führt somit notwendig zu einer unendlichen Reihe an weiteren demokratischen Entscheidungen. Die ursprüngliche Konstitution eines Demos mit demokratischen Mitteln zu bestimmen, bleibt daher logisch unmöglich, sofern ein infiniter Regress verhindert werden soll.

---

ting the dêmoi democratically", S. 1, Fn. 6. So unterscheidet beispielsweise der Begriff *boundary problem*, der u. a. von Frederick Whelan und Lars Bergström verwendet wird, nicht klar zwischen dem Akt der territorialen Grenzziehung und dem Akt der politischen Inklusion. Vgl. dazu Frederick G. Whelan. „Prologue: Democratic Theory and the Boundary Problem". In: *Liberal Democracy*. Hrsg. von J. Roland Pennock und John W. Chapman. New York: New York University Press, 1983, S. 13–47 sowie Lars Bergström. „Democracy and Political Boundaries". In: *The Viability and Desirability of Global Democracy: Studies in Democratic Theory, Vol. 3*. Stockholm Studies in Democratic Theory, 2007, S. 1–25. URL: http://www.diva-portal.org/smash/record.jsf?pid=diva2%3A186894&dswid=2050 (letzter Zugriff: 23.02.2021). Gustaf Arrhenius verwendet zwar ebenfalls den Begriff *boundary problem*, tut dies jedoch zusätzlich und synonym mit dem Begriff *demos problem*. Vgl. Gustaf Arrhenius. „The Boundary Problem in Democratic Theory". In: *Democracy Unbound: Basic Explorations I*. Hrsg. von Folke Tersman. Stockholm: Filosofiska institutionen, Stockholms Universitet, 2005, S. 14–28. Auch der Begriff *problem of inclusion*, der von Robert Dahl vertreten wird, ist missverständlich, da er suggeriert, es handle sich um die Expansion eines bereits bestehenden Demos und nicht um dessen ursprüngliche Konstitution. Vgl. Robert A. Dahl. *Democracy and Its Critics*, S. 119–131. Ein geeignetes Synonym für den Begriff *Demos-Problem*, in dem keine dieser missverständlichen Bedeutungen mitschwingt, ist Robert Goodins Bezeichnung *problem of constituting the demos*. Vgl. Robert E. Goodin. „Enfranchising All Affected Interests, and Its Alternatives".

Dass die ursprüngliche Konstitution des Demos nicht selbst durch demokratische Mittel, d. h. unter Rückgriff auf das demokratische Entscheidungsverfahren, bestimmt werden kann, ohne dabei in einem infiniten Regress zu enden,
bedeutet jedoch nicht automatisch, dass die Konstitution des Demos der demokratischen Theorie extern vorgegeben sein muss und dadurch außerhalb des
Geltungsbereichs normativer Demokratietheorien liegt.[49] Sofern das Demos-Problem unter Rückgriff auf die normativen Ideale demokratischer Theorien gelöst
werden kann, liegt die Frage nach der Konstitution des Demos innerhalb des
Geltungsbereichs normativer Demokratietheorien und setzt keinen externen Demos voraus.[50]

Sofern das Demos-Problem jedoch nicht unter Rückgriff auf die normativen
Ideale demokratischer Theorien gelöst werden kann und die Konstitution des
Demos somit außerhalb des Geltungsbereichs normativer Demokratietheorien
liegt, wäre es aus demokratischer Sicht legitim, dass sich ein Demos selbst definiert oder das kontingente Produkt historischer Umstände ist. So könnten in
Übereinstimmung mit demokratischen Prinzipien große Teile einer ansässigen
Bevölkerung an der politischen Partizipation in einer demokratischen Gesellschaft ausgeschlossen werden,[51] was, wie sich im nächsten Kapitel zeigen wird,
zur Folge hätte, dass demokratische und oligarchische Regierungsformen konzeptuell ununterscheidbar wären.[52] Neben der Tatsache, dass sich der intrinsische Wert demokratischer Entscheidungsprozesse nicht ohne Rekurs auf die
Konstitution des kollektiven Entscheidungssubjektes rechtfertigen lässt und die
partikularistische Begrenzung des kollektiven Entscheidungssubjektes aus liberaler Sicht rechtfertigungsbedürftig ist, ist es daher auch deshalb *pro tanto* erstrebenswert, eine Lösung des Demos-Problems anbieten zu können, um Demokratie konzeptuell von anderen politischen Herrschaftsformen unterscheiden zu
können.

Hierfür gibt es prinzipiell zwei Wege:[53] Der erste Weg geht von einem gegebenen Zuständigkeitsbereich aus und fragt, wie die legitime Zusammensetzung

---

49 Zu dieser vorschnellen Annahme gelangt beispielsweise Frederick Whelan. Vgl. Frederick G.
Whelan. „Prologue: Democratic Theory and the Boundary Problem", S. 40.
50 Vgl. David Miller. „Democracy's Domain", S. 204 und Eva Erman. „The Boundary Problem and
the Ideal of Democracy". In: *Constellations* 21.4 (2014), S. 535.
51 Auf diese Position läuft Joseph Schumpeters Demokratieverständnis hinaus. Vgl. Joseph
Schumpeter. *Capitalism, Socialism, and Democracy*. New York: Harper & Brothers Publishers, 1942,
S. 244 – 245.
52 Vgl. Robert A. Dahl. *Democracy and Its Critics*, S. 122.
53 Eine ähnliche Unterscheidung führt Johan Karlsson Schaffer in seiner Kritik des All-Affected-
Principles an. Vgl. Johan Karlsson Schaffer. „The boundaries of transnational democracy: alternatives to the all-affected principle". In: *Review of International Studies* 38.2 (2012), S. 331.

des zugehörigen Demos beschaffen sein muss, während der zweite Weg die Zusammensetzung des Demos als gegeben voraussetzt und stattdessen den legitimen Zuständigkeitsbereich für diese Zusammensetzung zu bestimmen sucht. Während die erste Herangehensweise im Hinblick auf die Demos-Konstitution positiv ist, indem sie einen Vorschlag für eine geeignete Konstitution des Demos vorträgt, ist die zweite Herangehensweise negativ, da sie darauf ausgerichtet ist, den Zuständigkeitsbereich eines gegebenen Demos auf das normativ geforderte Maß zu beschränken. Die sprachliche Abgrenzung von Demos und Staatsbürgervolk, der normative Zusammenhang zwischen Konstitution und Kompetenz eines Demos und die Unterscheidung zwischen positiven und negativen Lösungswegen ermöglichen nun, das Demos-Problem angewendet auf den hier relevanten Kontext der demokratischen Konstitution von demokratischen Territorialstaaten als zwei Fragen zu reformulieren, die in den jeweiligen Teilen dieser Untersuchung erörtert werden sollen:

Gründungsfrage. *Wie muss der Demos zusammengesetzt sein, der die Zuständigkeit hat, über die Zusammensetzung eines Staatsbürgervolkes im Einklang mit demokratischen Prinzipien zu entscheiden?*

Inklusionsfrage. *Welchen Zuständigkeitsbereich muss ein kontingent entstandenes Staatsbürgervolk über seine eigene Mitgliedschaftspolitik aus demokratischer Perspektive besitzen?*

Während die erste Frage, welche in Teil I untersucht werden soll, also nach demokratischen Konstitutionsprinzipien für die Gründung eines Demos fragt, erörtert die zweite Frage, welche in Teil II untersucht werden soll, welche Entscheidungskompetenzen ein bestehender Territorialstaat aus demokratischer Sicht bezüglich seiner eigenen Mitgliederzusammensetzung besitzen muss.[54] Zusammengenommen versuchen beide Teile Aufschluss darüber zu geben, ob das politische Subjekt einer Demokratie eine externe Beschränkung demokratischer Autorität darstellt oder unter Rekurs auf demokratische Ideale konstituiert werden kann.

---

54 Die hier vorliegende Unterscheidung beider Fragen versucht die Kuriosität hervorzuheben, dass Mitgliedschaftsentscheidungen, anders als andere politische Entscheidungen, sowohl die Zusammensetzung als auch den Zuständigkeitsbereich eines Demos betreffen. Es wäre ebenso möglich, die Inklusionsfrage danach, ob Migrantinnen und Migranten in bestehenden politischen Einheiten politisch exkludiert werden dürfen, als Frage nach der richtigen Zusammensetzung eines Demos zu paraphrasieren. Mein Ziel war hier jedoch eine Systematisierung vorzuschlagen, die semantisch betont, dass Inklusionsfragen, da sie bereits bestehende Einheiten voraussetzen, weniger darauf abzielen, neue politische Einheiten zu generieren, als zu verhandeln, ob bestehende Einheiten, die Kompetenz besitzen sollten, ihre Zusammensetzung zu kontrollieren.

1.3 Fazit

Zusammenfassend lässt sich festhalten, dass der intrinsische Wert demokratischer Entscheidungsprozesse, egal ob dieser unter Rekurs auf die kollektive Selbstregierung oder politische Gleichheit der beteiligten Entscheidungssubjekte begründet wird, unterminiert würde, sofern die Beschaffenheit des politischen Subjektes einen blinden Fleck in der Begründungsstrategie darstellt. Die logische Unmöglichkeit einen Demos mit demokratischen Mitteln zu gründen, wirft daher die Frage auf, wie ein Demos unter Rekurs auf demokratische Ideale gegründet werden kann (Teil I) und wer in bereits bestehende Territorialstaaten aus demokratischer Perspektive inkludiert werden muss (Teil II).

Kapitel 2 Interne Lösungswege

Das folgende Kapitel untersucht Lösungswege, welche die Demos-Konstitution unter Rückgriff auf interne Eigenschaften bestimmen. Interne Eigenschaften beziehen sich auf Kriterien, welche die jeweiligen Mitglieder aufweisen müssen, damit sich der Demos funktional als politisches Entscheidungssubjekt eignet. Sowohl Vorschläge, die den Demos vorpolitisch setzen, als auch Vorschläge, die auf die Entscheidungskompetenz oder gegenseitige Akzeptanz der Demos-Mitglieder abheben, können die Gründungsfrage jedoch nicht zufriedenstellend lösen.

2.1 Vorpolitische Demoi

2.1.1 Selbstkonstitution

Prinzip 1. *Der Demos soll aus denjenigen Personen bestehen, die sich selbst als Mitglieder definieren.*

Dieses minimalistische Prinzip wird von Joseph Schumpeter vertreten, welcher fordert, dass es jedem Demos selbst überlassen sein solle, sich zu definieren.[55] Hintergrund dieses Konstitutionsprinzips ist ein formales Demokratieverständnis, welches das demokratische Entscheidungsverfahren auf einen kompetitiven Kampf der Repräsentantinnen und Repräsentanten um Wählerstimmen reduziert.[56] Diesem Ansatz nach müssen Demokratien notwendigerweise einen Teil ihrer vor Ort ansässigen Bevölkerung willkürlich als ungeeignet aus dem Demos ausschließen, wie sich am Beispiel von Kindern zeigt: In diesem Fall werde das zugrundeliegende Eignungskriterium laut Schumpeter nicht konsequent, also auch auf Personen über dem geforderten Mindestalter, angewendet, sodass die Eignung zur demokratischen Partizipation eine subjektive und graduelle Eigenschaft darstelle, die je nach gesellschaftlichem Kontext anders interpretiert werden könne. Diesem Ansatz nach besteht aus demokratischer Perspektive somit kein relevanter Unterschied zwischen einer gesellschaftlichen Interpretation, die Eignung mit kognitiver Reife oder generischen Merkmalen, wie religiöser Zugehörigkeit oder Geschlecht, assoziiert. Daher kommt Schumpeter zu dem Schluss:

---

55 Vgl. Joseph Schumpeter. *Capitalism, Socialism, and Democracy*, S. 245.
56 Vgl. ebd., S. 269.

https://doi.org/10.1515/9783110788884-004

[D]isqualifications on grounds of economic status, religion and sex will enter into the same class with disqualifications which we all of us consider compatible with democracy [...] Must we not leave it to every *populus* to define himself?[57]

Entgegen Schumpeters Argumentation stellt der Ausschluss von Kindern aus dem Demos jedoch erstens eine Besonderheit dar, da diese nicht prinzipiell ungeeignet, sondern noch nicht für eine angemessene Ausübung des Wahlrechts geeignet sind.[58] Vor dem Hintergrund des gesamten, kontinuierlichen Lebens einer Person wird daher durch den Ausschluss von Kindern aus dem Demos keiner Person das Wahlrecht prinzipiell vorenthalten. Der empirisch weit verbreitete Ausschluss von Kindern aus dem Demos lässt sich also auch nicht ohne Weiteres auf den prinzipiellen Ausschluss anderer (vermeintlich) ungeeigneter Bevölkerungsteile übertragen.

Zweitens besteht ein kategorialer Unterschied zwischen Eigenschaften, die demokratische Entscheidungsprozesse logisch voraussetzen und Eigenschaften, die in keinem logischen Implikationsverhältnis mit der Durchführung demokratischer Entscheidungsprozesse stehen. Kognitive Reife ist ein empirischer *proxy* für die Eigenschaft der rationalen Entscheidungsfähigkeit, welche eine logische Voraussetzung elektiver demokratischer Entscheidungsverfahren ist. Religiöse Zugehörigkeit, Geschlecht oder Abstammung stehen hingegen in keinerlei logischem Zusammenhang mit der Exekution einer demokratischen Entscheidung und können daher nicht ohne weitere Begründung als Eignungskriterien für demokratische Partizipation herangezogen werden.

Drittens würde das Kriterium der Selbstkonstitution den begrifflichen Unterschied zwischen demokratischen und oligarchischen Herrschaftsformen vollständig auflösen, da hier im Einklang mit demokratischen Prinzipien große Bevölkerungsteile einer Gesellschaft von der demokratischen Partizipation ausgeschlossen werden könnten.[59] So könnte eine kleine Minderheit von Personen demokratisch über eine Mehrheit herrschen, ohne dieser politische Partizipationsrechte zu gewähren. Schumpeters radikalen Auffassung nach wäre beispielsweise selbst der politische Ausschluss von Afroamerikanerinnen und Afroamerikanern in den amerikanischen Südstaaten demokratisch.[60] Die These, dass 1 % einer vor Ort ansässigen Bevölkerung *demokratisch* über 100 % dieser Bevölkerung herrschen kann, fängt die konzeptuellen Voraussetzungen demokratischer Herrschaft (als *rule*

---

57 Ebd., S. 244–245. Hervorhebung im Original.
58 Vgl. Robert A. Dahl. *Democracy and Its Critics*, S. 127.
59 Vgl. ebd., S. 121–122.
60 Vgl. Joseph Schumpeter. *Capitalism, Socialism, and Democracy*, S. 244 und Robert A. Dahl. *Democracy and Its Critics*, S. 121.

by the many) in Abgrenzung zu oligarchischen Herrschaftsformen (als *rule by the few*) jedoch nicht angemessen ein.

Viertens banalisiert das Kriterium der Selbstkonstitution den Gehalt demokratischer Entscheidungsverfahren, da der Ausgang einer demokratischen Entscheidung wesentlich von der logisch vorgängigen Zusammensetzung des entsprechenden Entscheidungssubjektes abhängt. Dies wird beispielsweise an dem Ausgang einer hypothetischen demokratischen Entscheidung über die Zweistaatenlösung im Nahostkonflikt deutlich:[61] Je nachdem, ob jüdische und/oder arabische Isaelis, Palästinenserinnen und Palästinser, der weitere arabische Raum oder alle Personen als globaler Demos an dieser Entscheidung beteiligt werden, ändert sich das zu erwartende Entscheidungsergebnis erheblich.

Zusammenfassend lässt sich daher festhalten, dass das Kriterium der Selbstkonstitution zwar einen Punkt hat, wenn es auf den empirisch nicht zu leugnenden Fakt eines weit verbreiteten Kompetenzkriteriums durch den Ausschluss von Kindern verweist. Indem es jedoch nicht deutlich zwischen einem normativen Kompetenzkriterium und den Bedingungen seiner praktischen Implementierung unterscheidet, kann es die Zusammensetzung des beteiligten Entscheidungssubjektes lediglich als das kontingente Produkt historischer Umstände verstehen und trägt damit der konzeptuellen Voraussetzung und dem normativen Gehalt demokratischer Entscheidungsprozesse nicht angemessen Rechnung.

2.1.2 Iterierte Selbstkonstitution

Prinzip 2. *Der Demos soll aus denjenigen Personen bestehen, die sich durch eine (andauernde) Deliberation mit Nicht-Mitgliedern (immer wieder) selbst als Mitglieder definieren.*

Auch das diskurstheoretische Prinzip der iterierten Selbstkonstitution[62] geht von einer vorpolitischen Setzung des Demos aus und versucht, die ursprüngliche Konstitution des Demos auf lange Sicht durch einen verfahrensgerechten demokratischen Prozess schrittweise zu korrigieren und dadurch demokratisch zu le-

---

61 Für dieses Beispiel vgl. Ben Saunders. „Defining the demos". In: *Politics, Philosophy & Economics* 11.3 (2012), S. 280 – 281. Frederick Whelan führt ein ähnliches Beispiel, nämlich ein Referendum über die Grenzziehung zwischen dem Vereinigten Königreich und Irland an. Vgl. Frederick G. Whelan. „Prologue: Democratic Theory and the Boundary Problem", S. 23 – 24.
62 Für diesen Lösungsweg wird auch der Ausdruck *bootstrapping* verwendet. So u. a. bei Robert E. Goodin. „Enfranchising All Affected Interests, and Its Alternatives", S. 44 und Francis Cheneval. „Constituting the dêmoi democratically", S. 3.

gitimieren.[63] Laut Jürgen Habermas kann der Akt der Verfassungsgründung nicht selbst prozeduralistisch legitimiert werden, ohne in einem unendlichen Regress zu enden.[64] Habermas schlägt daher vor, die Verfassung als ein dynamisches, zeitlich ausgedehntes Projekt zu verstehen, welches durch die laufende Gesetzgebung späterer Generationen immer wieder neu interpretiert und aktualisiert werden muss. Dieser Prozess ist jedoch nur dann imstande, einen infiniten Regress zu vermeiden, wenn er *„auf längere Sicht* als ein sich selbst korrigierender Lernprozess verstanden werden kann".[65] An Habermas anknüpfend argumentiert Seyla Benhabib, dass sich dieser Lernprozess, welcher von einem gewaltsamen Akt der Selbstkonstitution ausgeht, nicht nur durch eine fortwährende Deliberation innerhalb von Generationen bestehender Mitglieder, sondern auch durch eine fortwährende Deliberation der de facto Demos-Mitglieder mit Nicht-Mitgliedern vollziehen muss.[66]

Ausgangspunkt der Argumentation ist das Habermas'sche Diskursprinzip, nach welchem diejenigen Handlungsnormen gültig sind, denen alle möglicherweise Betroffenen als Teilnehmerinnen und Teilnehmer an rationalen Diskursen zustimmen können.[67] Je nachdem auf welche Normen dieses Prinzip angewendet wird, spezifiziert es sich weiter. So wird es in der Anwendung auf moralische Handlungsnormen zum Moralprinzip und besagt, dass verallgemeinerungsfähige Handlungsnormen gültig sind, die unter Rekurs auf die gleichmäßige Berücksichtigung der Interessen aller Betroffenen gerechtfertigt sind.[68] In der Anwendung auf rechtliche Handlungsnormen wird es hingegen zum Demokratieprinzip und besagt, dass diejenigen „Gesetze legitime Geltung beanspruchen dürfen, die in einem ihrerseits rechtlich verfaßten diskursiven Rechtsetzungsprozeß die Zustimmung aller Rechtsgenossen finden können".[69]

Die Anwendung des Diskursprinzips auf Rechtsnormen begründet laut Habermas gleichzeitig sowohl Grund- bzw. Menschenrechte als auch das Prinzip der Volkssouveränität: Auf der einen Seite folgen aus der Verschränkung von Dis-

---

63 Vgl. Jürgen Habermas. „Der demokratische Rechtsstaat – eine paradoxe Verbindung widersprüchlicher Prinzipien?". In: *Zeit der Übergänge: Kleine Politische Schriften IX.* Hrsg. von Jürgen Habermas. Frankfurt a. Main: Suhrkamp, 2001, S. 143–146 und Seyla Benhabib. *The Rights of Others: Aliens, Residents and Citizens.* Cambridge: Cambridge University Press, 2004.

64 Vgl. Jürgen Habermas. „Der demokratische Rechtsstaat – eine paradoxe Verbindung widersprüchlicher Prinzipien?", S. 143–144.

65 Ebd., S. 144. Hervorhebung im Original.

66 Vgl. Seyla Benhabib. *The Rights of Others: Aliens, Residents and Citizens,* S. 21.

67 Vgl. Jürgen Habermas. *Faktizität und Geltung: Beiträge zur Diskurstheorie des Rechts und des demokratischen Rechtsstaats,* S. 138.

68 Vgl. ebd., S. 139.

69 Ebd., S. 141.

kursprinzip und Rechtsmedium gleiche Freiheitsrechte, durch welche Personen als Adressatinnen und Adressaten des Rechts den Status von gleichen Rechtssubjekten in konkreten Rechtsgemeinschaften erhalten. Auf der anderen Seite folgen aus dieser Verschränkung politische Teilnahmerechte, durch welche Personen kollektiv als Autorinnen und Autoren des Rechts auftreten und sich selbst Gesetze auferlegen. Die private Autonomie der Bürgerinnen und Bürger, also grundlegende Freiheitsrechte, wird deren politischen Autonomie, also politischen Teilnahmerechten, somit weder unter- noch übergeordnet, da beide gleichursprünglich sind und sich wechselseitig als ermöglichende Bedingungen voraussetzen.[70] Grund- bzw. Menschenrechte setzen dieser Vorstellung nach das Prinzip der Volkssouveränität voraus, da grundlegende Freiheitsrechte erst durch demokratische Entscheidungsprozesse konkret rechtlich institutionalisiert werden können. Das Prinzip der Volkssouveränität setzt wiederum die Installation von Grund- bzw. Menschenrechten voraus, da die kollektive politische Selbstgesetzgebung nur durch das Rechtsmedium erfolgen kann und dieses den Status gleicher Rechtspersonen mit grundlegenden Handlungsfreiheiten etabliert. Es entsteht somit ein System von Rechten, welches diejenigen Rechte enthält, welche sich Bürgerinnen und Bürger untereinander zugestehen müssen, wenn sie ihr Zusammenleben mit Mitteln des positiven Rechts legitim regeln wollen.[71]

Laut Habermas identifiziert die verfassungsgebende Praxis, durch welche dieses System der Rechte erst begründet wird, jedoch nicht das eine richtige System der Rechte unabhängig von der historischen Verfassungsrechtsentwicklung, sondern stellt vielmehr eine Auslegung derselben dar.[72] Es muss daher dem demokratischen Gesetzgeber, also dem Volk, überlassen bleiben, das jeweilige System konkret inhaltlich auszugestalten. Diese Ausgestaltung soll als subjektloser, institutionalisierter Prozess vonstattengehen, der nicht an die physische Zusammensetzung der jeweiligen Gemeinschaft von Rechtsgenossinnen und Rechtsgenossen gebunden ist,[73] sondern Diskursen mobilisierter Öffentlichkeiten entspringt und durch rechtsstaatlich institutionalisierte Formen der Meinungs- und Willensbildung Gestalt annimmt.[74] Legitime Rechtsnormen spiegeln daher nicht lediglich das ethisch-politische Selbstverständnis der Angehörigen einer

---

70 Vgl. ebd., S. 161–162.
71 Vgl. ebd., S. 155.
72 Vgl. ebd., S. 163.
73 Vgl. ebd., S. 170.
74 Vgl. Jürgen Habermas. „Volkssouveränität als Verfahren (1988)“. In: *Faktizität und Geltung: Beiträge zur Diskurstheorie des Rechts und des demokratischen Rechtsstaats.* Hrsg. von Jürgen Habermas. 5. Aufl. Frankfurt a. Main: Suhrkamp, 2014. (Ersterscheinung 1998), S. 626.

konkreten Gemeinschaft wider,[75] sondern werden durch rationale Diskurse produziert, welchem gleichberechtigte Rechtssubjekte freiwillig zustimmen.

Doch auch die Implementierung geeigneter Kommunikationsbedingungen und Verfahren kann die Fehlbarkeit des Rechts laut Habermas nicht vollständig ausschließen, da die Verfahrenslegitimität der Ergebnisse stets von der Legitimität historisch gesetzter Verfahrensregeln abhängt.[76] Dieses Problem reicht bis zu dem Akt der Verfassungsgebung zurück und führt dazu, dass der Versuch einer prozeduralistischen Legitimation des demokratischen Prozesses durch einen zirkulären Akt der Selbstkonstitution in einem unendlichen Regress endet.[77] Nach Habermas ist die Zusammensetzung der verfassungsgebenden Versammlung somit kontingent, da sich „[i]n normativen Begriffen allein [...] nicht erklären [lässt], wie sich die *Grundgesamtheit* jener Personen, die sich vereinigen, um ihr Zusammenleben mit Mitteln des positiven Rechts legitim zu regeln, *zusammensetzen* soll".[78] Die kollektive Selbstkonstitution, durch welche sich Personen als Rechtsgenossinnen und Rechtsgenossen eine Verfassung geben, beruht somit nicht auf Freiwilligkeit, sondern dem historisch zufälligen Ausgang gewaltsamer Konflikte.[79] Dieser unendliche Regress kann diesem Ansatz nach jedoch dadurch überwunden werden, dass die Verfassung als ein zeitlich ausgedehntes, zukunftsoffenes Projekt verstanden wird. Indem sich neue Generationen, welche mit ihren Vorfahren „im selben Boot sitzen",[80] kritisch auf die eigene Tradition beziehen, können sie aus den Fehlern der Vergangenheit lernen und ihre Verfassung durch Gesetzgebung fortlaufend aktualisieren, sodass die stete – immer adäquatere – Ausgestaltung des Systems der Rechte langfristig einen Lernprozess darstellt.[81]

Benhabib baut nun auf Habermas' Ansatz auf, indem sie sich auf das Diskursprinzip bezieht, welches die moralische Pflicht begründet, Entscheidungen gegenüber allen Diskursteilnehmerinnen und Diskursteilnehmern zu rechtferti-

---

75 Vgl. Jürgen Habermas. *Faktizität und Geltung: Beiträge zur Diskurstheorie des Rechts und des demokratischen Rechtsstaats*, S. 343–344.
76 Vgl. Jürgen Habermas. „Der demokratische Rechtsstaat – eine paradoxe Verbindung widersprüchlicher Prinzipien?", S. 141.
77 Vgl. ebd., S. 143.
78 Jürgen Habermas. „Der europäische Nationalstaat – Zu Vergangenheit und Zukunft von Souveränität und Staatsbürgerschaft". In: *Die Einbeziehung des Anderen: Studien zur politischen Theorie*. Hrsg. von Jürgen Habermas. Frankfurt a. Main: Suhrkamp, 1996, S. 139–140. Hervorhebung im Original.
79 Vgl. ebd., S. 140.
80 Jürgen Habermas. „Der demokratische Rechtsstaat – eine paradoxe Verbindung widersprüchlicher Prinzipien?", S. 145.
81 Vgl. ebd., S. 144–145.

gen, deren Interessen betroffen sind. Die hieraus entstehende prinzipiell unbegrenzte Reichweite moralischer Diskurse steht laut Benhabib jedoch in einem
Spannungsverhältnis mit Pflichten, die aus der Mitgliedschaft in abgegrenzten,
partikulären Gemeinschaften, wie Nationalstaaten, erwachsen. Das In- bzw. Ex-
klusionsregime einer Gemeinschaft, welches Nicht-Mitglieder bereits per definitionem aus dem Diskurs ausschließt, betrifft daher Mitglieder und Nichtmitglieder
gleichermaßen, weshalb die partikularistische Begrenzung des deliberativen
Demos aus diskurstheoretischer Sicht ungerechtfertigt erscheint. Benhabib und
Habermas teilen somit die Ansicht, dass die ursprüngliche Selbstkonstitution des
Demos ein Ausdruck von Gewalt darstellt, welcher durch die deliberative Reflexion und anschließende Transformation des zugrunde gelegten In- bzw. Exklusi-
onsregimes sukzessive abmildert werden kann. Anders als Habermas soll der
Demos bei Benhabib jedoch nicht nur durch Deliberationsprozesse zwischen
früheren und späteren Mitgliedern, sondern zwischen Mitgliedern und Nicht-
Mitgliedern stetig rekonstituiert werden.[82] Diese andauernden Rechtfertigungs-
und Anpassungsprozesse, welche die (Um-)Verteilung der Mitgliedschaftsrechte
in Demoi diskursiv begründen, bezeichnet Benhabib als demokratische Iterationen (*democratic iterations*).[83] Demokratische Iterationen kontextualisieren universalistische Rechte durch die öffentliche Meinungsbildung der Zivilgesellschaft
sowie die Ausgestaltung rechtlicher und politischer Institutionen fortwährend
neu, indem sie diese als Bürgerrechte an den Zuständigkeitsbereich eines konkreten Staates binden. Laut Benhabib stellt die Zusammensetzung des Demos
daher einen umstrittenen, dynamischen Prozess dar, welcher prinzipiell begrenzte, aber durchlässige Mitgliedschaftsgrenzen fordert.[84]

Trotz der Attraktivität einer prozeduralistischen Lösung für das Demos-Problem und der niedrigschwelligen praktischen Anwendbarkeit für realpolitische
Mitgliedschaftsfragen demokratischer Staaten, kann das Prinzip Iterierter Selbstkonstitution als normativer Lösungsvorschlag für die Gründungsfrage nicht überzeugen. Erstens sind Entscheidungen darüber, wer Mitgliedschaftsrechte im Demos
erhalten sollte, nach dem diskurstheoretischen Ansatz nur durch institutionalisierte Meinungs- und Willensbildungsprozesse möglich. Dies erfordert, wie Habermas selber anmerkt, die Einrichtung eines Rechtssystems, welches wiederum
die Verteilung spezifischer Mitgliedschaftsrechte in einer konkreten Rechtsge-

---

82 Vgl. Seyla Benhabib. *The Rights of Others: Aliens, Residents and Citizens*, S. 21, 177–178.
83 Vgl. ebd., S. 179.
84 Vgl. ebd., S. 211–212.

meinschaft impliziert.[85] Dadurch adressiert der diskurstheoretische Ansatz das Demos-Problem jedoch nicht, sondern setzt den ursprünglichen Demos einfach als durch Selbstkonstitution gegeben voraus, was, wie sich im letzten Abschnitt gezeigt hat, keine normativ zufriedenstellende Lösung für die Gründungsfrage darstellt.

Zweitens setzt ein Lernprozess notwendigerweise ein zugrunde gelegtes Ideal voraus, welches Lernfortschritt von Lernrückschritt unterscheidet, weshalb die Idee einer sich selbst korrigierenden Rekonstitution des selbstkonstituierten Demos entweder unvollständig oder zirkulär ist.[86] Das Prinzip der Iterierten Selbstkonstitution verweist somit vielmehr indirekt auf ein anderes normatives Kriterium. Sofern die Verteilung der Mitgliedschaftsrechte das Resultat einer freien Deliberation sein soll, muss der diskurstheoretische Ansatz beantworten, welche Personen im Vorfeld an der Deliberation beteiligt werden sollen.[87]

Laut Benhabib sind alle Nicht-Mitglieder bereits per definitionem durch den Konstitutionsakt eines Demos, also der Differenzierung von Personen in Mitglieder und Nicht-Mitglieder, betroffen. Aus dem Diskursprinzip folgt daher, dass ausnahmslos alle Personen an der Deliberation über die normativ geforderte Rekonstitution eines Demos beteiligt werden müssten. Da jedoch nicht davon auszugehen ist, dass eine Deliberation globalen Umfangs in einem einstimmigen Konsens mündet, müsste die Deliberation zu einem gegebenen Zeitpunkt abgebrochen werden, um eine kollektive Entscheidung durch einen institutionalisierten Entscheidungsfindungsprozess herbeizuführen. Benhabibs Beschränkung politischer Partizipationsrechte auf bestehende Mitglieder ist somit ad hoc, da eine konsistente Anwendung des Diskursprinzips auch Nicht-Mitgliedern die Partizipation an dem institutionalisierten Entscheidungsprozess, welcher lediglich die Fortführung der Deliberation mit anderen Mitteln wäre, ermöglichen müsste.[88] In diesem Fall würde jedoch die gesamte normative Arbeit des Prinzips der Iterierten Selbstkonstitution je nach Auslegung durch das Kriterium der Betroffenheit oder Unterworfenheit geleistet, welche, wie sich weiter unten heraus-

---

85 Vgl. Jürgen Habermas. „Nachwort". In: *Faktizität und Geltung: Beiträge zur Diskurstheorie des Rechts und des demokratischen Rechtsstaats.* Hrsg. von Jürgen Habermas. 5. Aufl. Frankfurt a. Main: Suhrkamp, 2014. (Ersterscheinung 1998), S. 670.
86 Vgl. Robert E. Goodin. „Enfranchising All Affected Interests, and Its Alternatives", S. 44–46 und David Miller. „Democracy's Domain", S. 204.
87 Vgl. T. Alexander Aleinikoff. „Comments on the Rights of Others". In: *European Journal of Political Theory* 6.4 (2007), S. 427.
88 Eine solche postsouveräne Wendung des diskurstheoretischen Ansatzes schlägt Svenja Ahlhaus vor. Vgl. Svenja Ahlhaus. *Die Grenzen des Demos: Mitgliedschaftspolitik aus postsouveräner Perspektive.* Frankfurt a. Main: Campus Verlag, 2020.

stellen wird,[89] auch keine befriedigende Antwort auf die Gründungsfrage darstellen.

Schlussendlich liefert daher auch das Prinzip der Iterierten Selbstkonstitution keine zufriedenstellende Lösung für das Demos-Problem, da es das Gründungsparadox demokratischer Staaten nicht adressiert und einen vermeintlich prozeduralistischen Maßstab für die Inklusion in einen bestehenden Demos liefert, der ein substanzielles normatives Ideal unterschlägt. Versucht man das Prinzip entgegen Habermas' und Benhabibs eigenen Intentionen zu vervollständigen, indem man das entsprechende Ideal inhaltlich ausbuchstabiert, gelangt man entweder zu einem Betroffenheits- oder Unterworfenheitsprinzip.

2.1.3 Nationalität

Prinzip 3. *Der Demos soll aus denjenigen Personen bestehen, die dieselbe nationale Identität teilen.*

Dieses Kriterium macht ebenfalls von einer vorpolitischen Setzung des Demos Gebrauch und fordert, dass die politischen und territorialen Grenzen eines Staates, wenn möglich, in Anlehnung an die Nationalität seiner Bürgerinnen und Bürger gezogen werden sollten.[90] So spricht sich David Miller für eine differenzierte Abwägung zwischen den ermöglichenden Voraussetzungen und politischen Externalitäten demokratischer Entscheidungsprozesse aus, welche in der Praxis jedoch oft auf eine Überschneidung der Grenzen von Demoi und Nationen hinauslaufe.[91] Obwohl Nationalismus und Demokratie daher laut Miller in keinem logischen Implikationsverhältnis miteinander stünden, gebe es eine Verbindung zwischen der historischen Genese des Konzeptes der Nationalität und demjenigen der Volkssouveränität:[92]

> If we are going to say that all power stems ultimately from the people, we need to have some conception of who ‚the people' are, what binds them together into a single body [...] nationality does this for us: ‚the nation' conveys the idea of a circumscribed body of people bound together by common customs and capable of being represented by a prince or a parliament.[93]

---

89 Vgl. Kapitel 3.
90 Vgl. David Miller. *On Nationality.* Oxford: Clarendon Press, 1995. Für Whelans Diskussion dieses Prinzips vgl. Frederick G. Whelan. „Prologue: Democratic Theory and the Boundary Problem", S. 28 – 34.
91 Vgl. David Miller. „Democracy's Domain".
92 Vgl. David Miller. *On Nationality*, S. 29 – 30.
93 Ebd., S. 30.

Laut Miller dürfe man die Eigenschaft der nationalen Zugehörigkeit dabei weder mit der ethnischen Herkunft von Personen gleichsetzen noch auf einen reinen Verfassungspatriotismus reduzieren. Vielmehr sei eine Nation vor allem durch die gegenseitige Identifikation der Mitglieder untereinander ausgezeichnet.[94] Die gemeinsame Nationalität stifte unter den Beteiligten somit nicht nur persönliche Identität, sondern auch spezielle, gegenseitige Rechte und Pflichten sowie ein Bestreben nach politischer Selbstbestimmung.[95] Sowohl aus nationaler als auch aus staatlicher Perspektive sollten sich die Grenzen von Staat und Nation daher laut Miller möglichst stark überschneiden:

Aus nationaler Perspektive habe die Nation einen *pro tanto* Anspruch auf kollektive Selbstregierung durch eigene politische Institutionen, idealerweise sogar einen eigenen Staat. Hierfür spreche laut Miller erstens, dass ein Nationalstaat am besten geeignet sei, spezielle Rechte und Pflichten der *co-nationals*, z. B. durch sozialstaatliche Institutionen, zu implementieren. Zweitens könne die identitätsstiftende nationale Kultur in einem kulturell homogenen Nationalstaat am effektivsten geschützt werden. Drittens verwirkliche ein (demokratischer) Nationalstaat das breit geteilte Interesse der *co-nationals*, die gemeinsame Umwelt durch ihre kollektive Autonomie zu gestalten.

Aus staatlicher Perspektive operiere ein Staat dann am effektivsten, wenn seine Bürgerinnen und Bürger dieselbe nationale Identität teilten. Auch hierfür spricht laut Miller dreierlei. Erstens bilde eine geteilte nationale Identität das notwendige soziale Vertrauen, um *collective action problems* zu lösen, d. h. um nutzenorientiertes Trittbrettfahren zugunsten reziproker Kooperation zu überwinden. Zweitens seien redistributive Prinzipien sozialer Gerechtigkeit in einer Demokratie nur unter *co-nationals* mehrheitsfähig, d. h. eine geteilte nationale Identität sei eine motivationale Bedingung für die demokratische Umsetzung normativ geforderter, wohlfahrtsstaatlicher Prinzipien. Drittens sei nur ein Nationalstaat imstande, ein deliberatives demokratisches Regierungssystem zu implementieren, welches auf einen vernünftigen, gemeinwohlorientierten Kompromiss abziele. Beide Argumentationsstränge zusammengenommen ergäben laut Miller „a powerful case for holding that the boundaries of nations and states should as far as possible coincide".[96]

---

94 Miller bestimmt die Nation als eine Gemeinschaft, die durch die gegenseitige Identifikation ihrer Mitglieder (1) eine historische Kontinuität in der Zeit (2) einen aktiven, gestaltenden Charakter (3) ein partikuläres Territorium sowie (4) eine geteilte, distinkte Kultur (5), ausgezeichnet ist. Vgl. ebd., S. 21–27.
95 Vgl. ebd., S. 10–11.
96 Ebd., S. 98.

Der erste Argumentationsstrang, welcher für einen *pro tanto* Anspruch der *co-nationals* auf kollektive Selbstregierung durch einen eigenen Staat argumentiert, setzt explizit voraus, dass nationale Identitäten intrinsisch wertvoll sind und mitgliederspezifische Rechte und Pflichten begründen. Millers Argumentation für diese These lässt sich wie folgt rekonstruieren:

1. Ethische Rechte und Pflichten zwischen Personen hängen von der Natur der Beziehungen ab, in denen diese Personen zueinanderstehen. So haben beispielsweise Mitglieder einer Familie andere und stärkere Ansprüche gegeneinander als Bürgerinnen und Bürger in einem fairen Kooperationssystem.

2. Die Beziehungen von *co-nationals* sind dadurch ausgezeichnet, dass diese sich untereinander als Mitglieder einer historischen und kulturellen Gemeinschaft identifizieren. Hierbei ist irrelevant, ob die verwendeten Narrative historisch korrekt sind oder eine spezifische, kulturelle Eigenschaft von allen Mitgliedern geteilt wird. Entscheidend ist lediglich, dass die nationale Identität das Resultat einer freien Deliberation der Mitglieder ist.

3. Die gegenseitige Identifikation der *co-nationals* als Mitglieder einer historischen und kulturellen Gemeinschaft konstituiert ethisch wertvolle soziale Beziehungen der Mitglieder untereinander. Zum einen bietet die nationale Identität dem Individuum Ressourcen, welche konstitutiv für dessen persönliche Identität sind, zum anderen stiftet die nationale Identität Loyalität und Solidarität unter *co-nationals*.

*4. Nationale Identitäten sind daher intrinsisch wertvoll und begründen spezifische Rechte und Pflichten zwischen *co-nationals*. Während ein politisches Kooperationssystem gemäß einer *tit-for-tat*-Strategie alle Profiteurinnen und Profiteure eines Systems dazu verpflichtet, zum Erhalt desselben beizutragen, folgen die Rechte und Pflichten der *co-nationals* nicht allein aus der instrumentellen Reziprozität gegenwärtiger Kooperation, sondern aus den intrinsisch wertvollen Beziehungen innerhalb dieser historischen Gemeinschaft, die neben der gegenwärtigen, auch vergangene und zukünftige Generationen umfasst.[97]

Entgegen dieser Argumentation muss der genaue Inhalt der Rechte und Pflichten von *co-nationals* jedoch erstens selbst unter Rekurs auf ein Gebot der Fairness bzw. Reziprozität begründet werden, sodass sich die Genesis der Rechte und Pflichten von *co-nationals* nicht von derjenigen der Bürgerinnen und Bürger unterscheidet. Auf die Frage, welche spezifischen Rechte und Pflichten *co-nationals* untereinander besäßen, gesteht Miller zu, dass der genaue Umfang dieser Rechte

---

97 Vgl. ebd., S. 23–24, 42.

und Pflichten das Resultat freier Deliberation unter *co-nationals* sein müsse.[98] Die historische und kulturelle Dimension einer nationalen Identität, welche den Inhalt und Umfang der spezifischen Rechte und Pflichten bestimmt, ist somit lediglich das Produkt eines intersubjektiven Konsenses, durch welchen sich *co-nationals* gegenseitig Identität zuschreiben. Die speziellen Rechte und Pflichten der historischen und kulturellen Gemeinschaft von *co-nationals* müssen daher demokratisch, d. h. in einem deliberativen Entscheidungsprozess festgelegt werden. Dadurch sind sie jedoch prozeduralistisch, also unter Rekurs auf die Fairness ihres Entstehungsprozesses, begründet und unterscheiden sich in ihrer Rechtfertigung nicht länger von gemeinen bürgerlichen Rechten und Pflichten.

Zweitens ist es nur durch einen Zirkelschluss möglich, die nationale Identität als Produkt eines Deliberationsprozesses von *co-nationals* zu verstehen, da *co-nationals* nur dadurch bestimmt werden können, dass sie bereits Trägerinnen und Träger der erst noch zu bestimmenden nationalen Identität sind. Da Miller die nationale Identität explizit nicht als eine objektiv bestimmbare Eigenschaft der *co-nationals*, sondern als deren deliberatives Produkt versteht, ist unklar, wer überhaupt als *co-national* in spe an der Deliberation über die nationale Identität beteiligt werden muss. Sofern kein normativ relevantes Kriterium für eine inklusive Deliberation vorgeschlagen werden kann, kompromittiert dies die prozeduralistische Begründung der speziellen Rechte und Pflichten von *co-nationals* und damit auch den ethischen Wert einer nationalen Identität.

Drittens würde aus der Tatsache, dass nationale Identitäten intrinsisch wertvoll seien und *co-nationals* dadurch einen *pro tanto* Anspruch auf kollektive Selbstregierung hätten, noch nicht folgen, dass sich die Grenzen von Staat und Nation überschneiden sollten. Selbst wenn die nationale Identität intrinsisch wertvoll wäre, könnte sie nicht ohne weitere Begründung Rechte und Pflichten, die aus anderen ethisch wertvollen Beziehungen stammten, wie beispielsweise solche der Kooperation oder Humanität, übertrumpfen.[99] Da sich gezeigt hat, dass eine nationale Identität lediglich das deliberative Produkt einer normativ unterbestimmten Gruppe von Personen ist, ist es plausibel, anzunehmen, dass ihr ethischer Wert – sofern er vorhanden ist – gering ausfällt und keinen *all things considered* Anspruch auf kollektive Selbstregierung durch einen eigenen Staat zu etablieren vermag, sofern andere normative Faktoren, wie beispielsweise Pflichten globaler Verteilungsgerechtigkeit oder reziproker Kooperation, berücksichtigt werden.

---

98 Vgl. ebd., S. 68 ff.
99 Vgl. Joseph Carens. *The Ethics of Immigration*, S. 269.

Der zweite Argumentationsstrang, welcher laut Miller die Überschneidung von Nation und Staat aus staatlicher Perspektive instrumentell rechtfertigt, setzt voraus, dass nur eine nationale Identität imstande sei, ausreichend soziales Vertrauen unter den Bürgerinnen und Bürger zu generieren, welches wiederum eine motivationale Bedingung für reziproke Kooperation und für redistributive sowie demokratische Institutionen sei. Miller argumentiert für diese These, indem er behauptet:

1. Die Mitgliedschaft in einer Gemeinschaft konstituiert soziales Vertrauen insbesondere zwischen denjenigen Mitgliedern, die sich nicht persönlich kennen. Dies folgt, da durch die Mitgliedschaft in einer Gemeinschaft eine gemeinsam geteilte Identität gestiftet wird, welche gegenseitige Loyalität und Solidarität begründet. Mitglieder vertrauen untereinander somit prinzipiell eher darauf, dass kooperatives Verhalten erwidert wird.

2. Diverse ethisch wertvolle Institutionen moderner Staaten können nur dann effektiv funktionieren, wenn alle Bürgerinnen und Bürger untereinander kooperieren. Hierfür benötigen Personen soziales Vertrauen und müssen auch dann prinzipiell bereit sein, zu kooperieren, wenn sie ihr Gegenüber nicht persönlich kennen und nicht einschätzen können, ob kooperatives Verhalten erwidert wird.

3. Nationale Identitäten generieren unter den *co-nationals* breit geteiltes, soziales Vertrauen, sodass die Mitglieder einer nationalen Gemeinschaft auch dann miteinander kooperieren, wenn diese sich nicht persönlich kennen. Im Gegensatz zu anderen Gemeinschaften sind nationale Identitäten nicht exklusiv, da sie alle Personen innerhalb des beanspruchten Territoriums als Teil der nationalen Gemeinschaft inkludieren.

*4. Nur eine nationale Identität ist daher imstande, ausreichend soziales Vertrauen unter allen Bürgerinnen und Bürger zu stiften, welches effektive politische Kooperation sowie die Implementierung redistributiver und demokratischer Institutionen ermöglicht.

Auch gegen diesen Argumentationsstrang lassen sich jedoch Einwände vorbringen. Erstens ist eine nationale Identität, sofern sie lediglich das Produkt der Deliberation einer willkürlich entstandenen Gruppe von Personen ist, nicht notwendigerweise inklusiv. Da sich die nationale Identität nicht auf objektiv bestimmbare Eigenschaften der *co-nationals* bezieht, kann jedes Merkmal als identitätsstiftend deklariert werden, solange es durch einen Konsens herbeigeführt wurde. So führt Miller explizit an, „a collective belief that something is essential to national identity comes very close to making it so".[100] Damit ist es nicht widersprüchlich religiöse Zugehörigkeit, sexuelle Orientierung oder ethnische Herkunft als Identitätsmarker einer nationalen Gemeinschaft zu verstehen und Personen, die in diesen Kriterien von der nationalen Norm abweichen, als Fremde innerhalb des nationalen Territoriums zu verstehen.[101] Daraus folgt jedoch, dass nationale Identitäten nicht per se soziales Vertrauen unter allen Bürgerinnen und Bürgern eines Staates etablieren können und andere Formen kollektiver Identität hierfür mitunter besser geeignet sein könnten.

Zweitens ist es ungerechtfertigt, die psychologische Motivation von Personen ohne Weiteres als externen Faktor auf der idealen Ebene der Theorie in die normative Analyse einzuspeisen.[102] Nur, weil bestimmte Forderungen redistributiver Gerechtigkeit bei einem hohen Migrationsaufkommen unter konkreten politischen Institutionen nicht mehrheitsfähig wären, folgt hieraus strenggenommen noch nicht, dass es keine transnationalen redistributiven Institutionen geben sollte. Um dies auf der Ebene idealer Theorie moralisch zu rechtfertigen, müsste hierfür die These vertreten werden, dass dieser motivationale Zusammenhang nicht lediglich von dem konkreten institutionellen Kontext abhängt, sondern erstens für jedes mögliche System politischer Institutionen gilt, zweitens kultur- und zeitübergreifend generalisierbar ist und drittens eine reflexartige, keine strategische Haltung von Individuen darstellt.[103]

Zusammenfassend lässt sich daher festhalten, dass sowohl die intrinsische als auch die instrumentelle Rechtfertigung des Kriteriums der Nationalität unbefriedigend sind. Was die intrinsische Rechtfertigung anbelangt, so ist der Inhalt einer nationalen Identität teilweise willkürlich und selbst wenn Nationalität einen intrinsischen Wert hätte, müsste dieser erst noch gegen konkurrierende Werte aus anderen ethisch wertvollen Beziehungen, wie beispielsweise solche der Kooperation oder Humanität, abgewogen werden. Was die instrumentelle Rechtfertigung anbelangt, so ist unklar, weshalb die nationale Identität unter den vielfältigen kollektiven Identitätsformen am geeignetsten sein sollte, soziales Vertrauen unter *allen* Bürgerinnen und Bürgern zu stiften und selbst wenn dies der Fall wäre, würde der instrumentelle Wert nationaler Identitäten nur auf der Ebene nicht-idealer Theorien überhaupt eine Rolle spielen. Insgesamt ist Nationalität als Konstitutionsprinzip für den Demos daher ungeeignet.

---

100 David Miller. *On Nationality*, S. 100.
101 Tatsächlich ist dies auch der Titel von Millers Monografie über Migration vgl. David Miller. *Strangers in Our Midst: The Political Philosophy of Immigration*.
102 Vgl. Ryan Pevnick. „Social Trust and the Ethics of Immigration Policy". In: *Journal of Political Philosophy* 17.2 (2009), S. 150 – 154.
103 Ebd., S. 153.

2.2 Kompetenz

2.2.1 Maximale Entscheidungskompetenz

Prinzip 4. *Der Demos soll aus möglichst vielen Personen bestehen, die wahrscheinlich korrekt entscheiden.*

Dieses Kriterium bestimmt die Konstitution des Demos anhand der Entscheidungskompetenz seiner Mitglieder und fordert, diejenige Zusammensetzung des Demos zu wählen, welche die Wahrscheinlichkeit korrekter Entscheidungen maximiert.[104] Hintergrund dieses kompetenzbasierten Kriteriums ist ein epistemisches Demokratieverständnis, nach welchem der normative Gehalt einer demokratischen Entscheidung nicht primär darin besteht, dass diese fair zustande gekommen, sondern korrekt ist. Ausgangspunkt des Prinzips Maximaler Entscheidungskompetenz ist das *Condorcet-Jury-Theorem*[105], wonach bei einer ungeraden Anzahl von Wählerinnen und Wählern, die mit einer Wahrscheinlichkeit größer als ½ korrekt entscheiden, die Wahrscheinlichkeit einer korrekten Mehrheitsentscheidung mit zunehmender Größe der Wählerschaft steigt. Geht die Zahl der Wählerinnen und Wähler, die in mehr als 50 % der Fälle korrekt entscheiden, gegen unendlich, so strebt die Wahrscheinlichkeit einer korrekten Mehrheitsentscheidung den Wert 1 an.[106] Unter Voraussetzung des Condorcet-Jury-Theorems

---

104 Formulierungen dieses Prinzips finden sich in Gustaf Arrhenius. „The Boundary Problem in Democratic Theory", S. 23–24, Gustaf Arrhenius. „The Democratic Boundary Problem Reconsidered". In: *Ethics, Politics & Society* 1.1 (2018), S. 115 und Francis Cheneval. „Constituting the dêmoi democratically", S. 5–6, obwohl keiner dieser Autoren dieses radikale Prinzip tatsächlich vertritt.

105 Vgl. Marquis de Condorcet. *Essai sur l'application de l'analyse à la probabilité des décisions rendues à la pluralité des voix.* Paris: De L'Imprimerie Royale, 1785, in Auszügen übersetzt in Marquis de Condorcet. „Essay on the Application of Mathematics to the Theory of Decision-Making (1785)". In: *Condorcet: Selected Writings.* Hrsg. von Marquis de Condorcet und Keith Michael Baker. Indianapolis: The Bobbs-Merrill Company, 1976, S. 33–70 und Marquis de Condorcet. „From An Essay on the Application of Analysis to the Probability of Decisions Rendered by a Plurality of Votes, 1785". In: *Classics of Social Choice.* Hrsg. von Iain McLean und Arnold B. Urken. Ann Arbor: University of Michigan Press, 1995, S. 91–112. Zusammenfassungen des Condorcet-Jury-Theorems finden sich außerdem u. a. in Duncan Black. *The Theory of Committees and Elections.* Cambridge: Cambridge University Press, 1958, S. 163 ff., Bernard Grofman. „A Comment on Democratic Theory: A Preliminary Mathematical Model". In: *Public Choice* 21.1 (1975), S. 99–103 und Robert E. Goodin. *Reflective Democracy.* New York: Oxford University Press, 2003, S. 91–108.

106 Umgekehrt gilt, dass die Wahrscheinlichkeit einer korrekten Mehrheitsentscheidung mit zunehmender Größe der Wählerschaft sinkt, sofern die Wählerinnen und Wähler mit einer Wahrscheinlichkeit kleiner als ½ korrekt entscheiden. Geht die Zahl der Wählerinnen und

folgt nun, dass der Demos möglichst viele Personen umfassen sollte, die mit einer Wahrscheinlichkeit größer als ½ korrekt entscheiden, da dies die Wahrscheinlichkeit einer korrekten Mehrheitsentscheidung maximiert.[107]

Die ursprüngliche Formulierung des Condorcet-Jury-Theorems setzt stark idealisierende epistemische Annahmen voraus, die in dieser Form realiter zwar nicht zutreffen, die Anwendbarkeit des Prinzips jedoch noch nicht maßgeblich beeinträchtigen müssen. So nimmt das Theorem an, dass die Wahrscheinlichkeit einer korrekten Entscheidung der Wählerinnen und Wähler gleich groß ist, obwohl diese i. d. R. erheblich zwischen Personen sowie bei derselben Person in Abhängigkeit des Entscheidungsbereichs schwankt.[108] Dies ist jedoch insofern unproblematisch, als dass das Theorem bereits unter Bedingungen anwendbar ist, in denen die Wählerinnen und Wähler lediglich mit einer durchschnittlichen Wahrscheinlichkeit größer als ½ korrekt entscheiden.[109] Darüber hinaus setzt das Theorem, wie Condorcet selber anmerkt, eine dichotome Entscheidung zwischen zwei Alternativen voraus, obwohl reale Entscheidungen oft komplexer sind und diverse Alternativen involvieren.[110] Doch auch hier lässt sich zeigen, dass das Theorem auch auf Entscheidungen zwischen mehreren Alternativen generalisierbar ist, solange die Wahl des richtigen Ergebnisses eine leicht höhere Wahrscheinlichkeit als die Wahl der jeweiligen Alternativen besitzt.[111] Schließlich proklamiert das Condorcet-Jury-Theorem, dass sich Wählerinnen und Wähler in ihrer Entscheidungsfindung untereinander nicht beeinflussen, obwohl demokratischen Entscheidungen i. d. R. öffentliche Meinungsbildungsprozesse vorausgehen, die wesentlich durch politische Meinungsführerinnen und Meinungsführer geprägt sind. Solange jedoch lediglich eine informierte, partielle und keine blinde Abhängigkeit der Wählerschaft zu den entsprechenden Meinungsführe-

---

Wähler, die in weniger als 50 % der Fälle korrekt entscheiden, gegen unendlich, so strebt diese Wahrscheinlichkeit den Wert 0 an. Sofern Wählerinnen und Wähler mit einer Wahrscheinlichkeit von genau ½ korrekt entscheiden, beträgt die Wahrscheinlichkeit einer korrekten Mehrheitsentscheidung hingegen stets ½, ungeachtet der Größe der Wählerschaft.

107 Vgl. Gustaf Arrhenius. „The Boundary Problem in Democratic Theory", S. 24, Gustaf Arrhenius. „The Democratic Boundary Problem Reconsidered", S. 115 und Francis Cheneval. „Constituting the dêmoi democratically", S. 5 – 6.

108 Vgl. Thomas Christiano. *Rule of the Many: Fundamental Issues in Democratic Theory*, S. 34.

109 Vgl. David Estlund. „Beyond Fairness and Deliberation: The Epistemic Dimension of Democratic Authority", S. 188 und Robert E. Goodin. *Reflective Democracy*, S. 96 – 97.

110 Vgl. David Estlund. „Beyond Fairness and Deliberation: The Epistemic Dimension of Democratic Authority", S. 189.

111 Vgl. Christian List u. Robert E. Goodin. „Epistemic Democracy: Generalizing the Condorcet Jury Theorem". In: *The Journal of Political Philosophy* 9.3 (2001), S. 277 – 306.

rinnen und Meinungsführern besteht, muss auch dies die Funktionalität des Theorems noch nicht beeinträchtigen.[112]

Ungeachtet dieser technischen Fragen ist das Condorcet-Jury-Theorem als Konstitutionsprinzip für den Demos jedoch in grundsätzlicher Hinsicht ungeeignet: Den ursprünglichen Demos durch die Maximierung der Wahrscheinlichkeit seiner korrekten Entscheidung zu bestimmen, ist erstens unbefriedigend, da die Kategorie der Korrektheit im Sinne einer Übereinstimmung von Überzeugungen mit der Wirklichkeit nicht ohne Weiteres auf alle politischen Entscheidungen anwendbar ist. So identifizieren politische Entscheidungen nicht lediglich geeignete Mittel zur Umsetzung festgelegter Ziele, sondern bestimmen mitunter ethisch wertvolle Ziele selbst. Die Wahl eines ethischen Zieles ist jedoch Ausdruck der Identität eines politischen Kollektivs und kein Indiz für dessen epistemische Korrektheit. Das Condorcet-Jury-Theorem ist hingegen auf solche Fälle beschränkt, in denen sich in der Stimmabgabe die Überzeugung der Wählerschaft ausdrückt, dass ein bestimmter intersubjektiver Fakt zutrifft. Damit ist es jedoch nicht auf den großen Bereich derjenigen politischen Entscheidungen anwendbar, welche die Wertvorstellungen oder auch rein subjektiven Präferenzen der Wählerinnen und Wähler reflektieren.[113]

Zweitens steht dieses radikale epistemische Prinzip im Widerspruch mit grundlegenden demokratischen Idealen. Wäre die Kategorie der Korrektheit in dieser Form auf politische Mehrheitsentscheidungen anwendbar, so wäre eine dauerhafte politische Opposition in Demokratien irrational, da politische Minderheiten schlicht epistemischen Irrtümern unterliegen müssten. Das Condorcet-Jury-Theorem hätte somit Probleme, die fundamentale demokratische Institution rationaler politischer Opposition zu erklären, da dessen epistemischen Voraussetzungen, welche die Mehrheitsregel begründen, so stark sind, dass sie die Minderheit gleichsam als irrational diskreditieren.[114]

Zusammenfassend ist das Prinzip der Maximalen Entscheidungskompetenz daher unbefriedigend, da es von zu starken epistemischen Voraussetzungen ausgeht, die insbesondere auf die Frage der Zusammensetzung eines politischen Kollektivs – und damit auch dessen ethischen Selbstverständnisses – nicht sinnvoll anwendbar sind.

112 Vgl. David Estlund. „Opinion Leaders, Independence, and Condorcet's Jury Theorem". In: *Theory and Decision* 36.2 (1994), S. 131–162.
113 Vgl. Robert E. Goodin. *Reflective Democracy*, S. 142–143.
114 Vgl. ebd., S. 146.

2.2.2 Subsidiarität

Prinzip 5. *Der Demos soll aus denjenigen – und nur aus denjenigen – (betroffenen) Personen bestehen, welche die infrage stehende Entscheidung treffen können.*
Das Subsidiaritätsprinzip formuliert eine Maxime, welche die prinzipielle Nachrangigkeit der nächst größeren sozialen Einheit gegenüber der jeweils kleineren behauptet, solange die kleinere soziale Einheit die relevante Kompetenz für die geforderte Tätigkeit besitzt.[115] Obwohl sich das Konzept der Subsidiarität ideengeschichtlich bis zu Aristoteles zurückverfolgen lässt, erlangte es erst als sozialethisches Prinzip in der katholischen Soziallehre und schließlich als staatsphilosophisches Prinzip in dem *Vertrag über die Europäische Union* aus Maastricht größere Bekanntheit.[116] Das Subsidiaritätsprinzip wird in der Forschungsliteratur zwar nicht explizit als Lösungsvorschlag für das Demos-Problem diskutiert, soll hier der Vollständigkeit halber jedoch kurz analysiert werden, da es insbesondere im Rahmen kosmopolitischer Theorien mit globalem Anwendungsbereich als Distributionsprinzip für Zuständigkeiten verwendet wird, das geeignete demokratische Einheiten bestimmen soll.[117] So soll mit Hilfe des Subsidiaritätsprinzips eine globale demokratische Ordnung gerechtfertigt werden, die eine zu starke Zentralisierung politischer Macht, wie beispielsweise einen Weltstaat, verhindert.[118] Das Subsidiaritätsprinzip hat dabei negative, wie positive Implikationen. Je nachdem, ob die kleinere soziale Einheit die erforderliche Kompetenz allein besitzt oder nicht, verbietet es entweder Eingriffe von Seiten größerer sozialer Einheiten oder gebietet deren Hilfe, die jedoch gleichsam auf Hilfe zur Selbsthilfe beschränkt bleibt.

---

115 Vgl. Otfried Höffe. *Demokratie im Zeitalter der Globalisierung.* München: Beck, 1999, S. 136 – 140 und Otfried Höffe. *Vernunft und Recht: Bausteine zu einem interkulturellen Rechtsdiskurs.* 2. Aufl. Frankfurt a. Main: Suhrkamp, 1998. (Ersterscheinung 1996), S. 220 – 239.
116 Zum ideengeschichtlichen Ursprung des Subsidiaritätsprinzips vgl. Alois Riklin. „Ursprung, Begriff, Bereiche, Probleme und Grenzen des Subsidiaritätsprinzips". In: *Subsidiarität: Ein interdisziplinäres Symposium, Symposium des Liechtenstein-Instituts, 23.–25. September 1993.* Hrsg. von Alois Riklin und Gerard Batlinger. Baden-Baden: Nomos, 1994, S. 443. Zum Vertrag über die Europäische Union vgl. European Union. „Treaty on European Union, Treaty of Maastricht". In: *Official Journal of the European Communities* C 325/5 (07.02.1992).
117 Vgl. David Held. *Democracy and the Global Order: From the Modern State to Cosmopolitan Governance.* Stanford: Stanford University Press, 1995, S. 235 – 236 und Otfried Höffe. *Demokratie im Zeitalter der Globalisierung*, S. 319 – 320.
118 Vgl. Stefan Gosepath. „Globale Gerechtigkeit und Subsidiarität: Zur internen Beschränkung einer subsidiären und föderalen Weltrepublik". In: *Weltrepublik: Globalisierung und Demokratie.* Hrsg. von Stefan Gosepath und Jean-Christophe Merle. München: Beck, 2002, S. 77.

Wendet man das Subsidiaritätsprinzip nun auf das Demos-Problem an, so fordert es, dass der Demos nur aus denjenigen betroffenen Personen bestehen soll, welche die relevante Kompetenz für die erforderliche Entscheidung besitzen. Entgegen dem Condorcet-Jury-Theorem sucht das Subsidiaritätsprinzip also kein Maximum, sondern ein Minimum. In der Anwendung auf das Demos-Problem sucht es den kleinstmöglichen Demos, welcher die in Frage stehende Entscheidung allein treffen kann. Bei genauerer Betrachtung wird jedoch schnell offensichtlich, dass das Subsidiaritätsprinzip die Frage nach der Demos-Konstitution nicht adressieren kann, da es lediglich die interne Verteilung von Zuständigkeiten innerhalb einer bereits vorgegebenen Einheit regelt.[119] Der Kern des Subsidiaritätsprinzips ist ein normativer Individualismus, nach welchem das je betroffene Individuum die relevante Einheit ist, gegenüber welcher politische und moralische Normen letztendlich gerechtfertigt sein müssen. Die Einheit, innerhalb derer das Subsidiaritätsprinzip Zuständigkeiten intern an Untereinheiten delegiert, ist also bereits durch das Betroffenheitsprinzip[120] bestimmt. Dadurch leistet das Subsidiaritätsprinzip keine selbstständige Rechtfertigung der Genese demokratischer Einheiten, sondern setzt, wie beispielsweise im Falle kosmopolitischer Demokratietheorien, einen hierarchisch strukturierten globalen Demos voraus.[121]

Zusammenfassend hängt eine abschließende Beurteilung des Subsidiaritätsprinzips für geeignete interne Kompetenzverteilungen von der Plausibilität des Betroffenheitsprinzips ab, welches im nächsten Kapitel ausführlich diskutiert wird. Festzuhalten bleibt, dass das Subsidiaritätsprinzip keine eigenständige Lösung für das Demos-Problem leistet, sondern in dem hier relevanten Kontext bloß eine Spielart des Betroffenheitsprinzips ist, welche versucht, dessen zentralistische Tendenzen abzumildern.

2.3 Akzeptanz

2.3.1 Faktische Zustimmung

Prinzip 6. *Der Demos soll aus denjenigen Personen bestehen, die der Mitgliedschaft faktisch zustimmen.*

Dieses Kriterium stammt ursprünglich aus der Vertragstheorie, die auf Thomas Hobbes, John Locke, Jean-Jacques Rousseau und Immanuel Kant zurück-

---

119 Vgl. ebd., S. 81.
120 Vgl. Abschnitt 3.1.
121 Vgl. Stefan Gosepath. *Gleiche Gerechtigkeit: Grundlagen eines liberalen Egalitarismus.* Frankfurt a. Main: Suhrkamp, 2004, S. 278.

geht.[122] Laut Vertragstheorie ist politische Herrschaft nur gegenüber denjenigen Personen gerechtfertigt, die ihr freiwillig zugestimmt haben. Die Vertragstheorie modelliert hierfür einen kontrafaktischen Naturzustand, in welchem es für freie und gleiche Personen rational bzw. vernünftig ist, das Gewaltmonopol an eine staatliche Ordnung zu übertragen und sich gegenseitig politische Verpflichtungen aufzuerlegen. Die normativen Ideale, welche der Vertragstheorie zugrunde liegen, fügen sich gut in die Demokratietheorie ein, da die Legitimität demokratischer Entscheidungsprozesse wesentlich von der faktischen Zustimmung der Bürgerinnen und Bürger in freien Wahlen abhängt. Obwohl die klassische Vertragstheorie das Demos-Problem nicht adressiert, da sie eine begrenzte Menge von freien und gleichen Personen im Naturzustand voraussetzt, lässt sich aus ihr ein entsprechendes Konstitutionsprinzip für den Demos deduzieren.[123] Hierfür müssen jedoch zwei Varianten der Vertragstheorie unterschieden werden.

Nach der ersten, stärkeren Lesart ist für einen legitimen Gesellschaftsvertrag die *faktische* Zustimmung der Personen im Naturzustand erforderlich. In dieser Version sieht sich die Vertragstheorie dem naheliegenden Einwand ausgesetzt, dass empirische Staaten nicht durch einstimmige faktische Zustimmung in einem vorstaatlichen Naturzustand legitimiert wurden und folglich nicht die normativen Eigenschaften freiwilliger Assoziationen aufweisen.[124] Dies ist jedoch streng genommen kein Einwand gegen das Kriterium Faktischer Zustimmung als Konstitutionsprinzip für den Demos, da das Demos-Problem nach der Gründung demokratischer Staaten fragt. Unter Voraussetzung des Kriteriums Faktischer Zustimmung wäre jeder demokratisch gegründete Staat ipso facto durch einstimmige faktische Zustimmung entstanden. Auch die Austrittskosten, die bei Emigration aus realen, empirischen Staaten unverhältnismäßig groß wären, fielen im Moment der Gründung vermutlich geringer aus. Darüber hinaus ist die Frage, unter welchen Bedingungen die Gründung eines Staates legitim ist, nicht be-

122 Vgl. Thomas Hobbes. „Leviathan". In: *Leviathan: With selected variants from the Latin edition of 1668*. Hrsg. von Edwin Curley. Indianapolis: Hackett Publishing Company, 1994, S. 1–497. (Ersterscheinung 1651), John Locke. „Two Treatises of Government". In: *The Works of John Locke*. Hrsg. von John Locke. Bd. 5. London: Thomas Tegg, 1823, S. 207–485. (Ersterscheinung 1762), Jean-Jacques Rousseau. „Vom Gesellschaftsvertrag oder Prinzipien des Staatsrechts" und Immanuel Kant. „Metaphysik der Sitten". In: *Kant's gesammelte Schriften*. Hrsg. von Königlich Preußische Akademie der Wissenschaften. Bd. 6. Berlin: Georg Reimer, 1914, S. 203–494. (Ersterscheinung 1797).
123 Für eine Diskussion dieses Prinzips aus demokratischer Perspektive vgl. Frederick G. Whelan. „Prologue: Democratic Theory and the Boundary Problem", S. 24–28 und Francis Cheneval. „Constituting the dêmoi democratically".
124 Vgl. Frederick G. Whelan. „Prologue: Democratic Theory and the Boundary Problem", S. 26.

deutungsgleich mit der Frage, unter welchen Bedingungen dessen Aufrechterhaltung oder Abschaffung legitim ist. Daher wäre es auch nicht inkonsistent, andere Kriterien bezüglich der Inklusion in bereits bestehende Staaten anzuwenden und beispielsweise darauf zu verzichten, die faktische Zustimmung aller bestehenden Demos-Mitglieder für die Inklusion späterer Generationen oder potenzieller Migrantinnen und Migranten einzuholen.

Begrenzt man das Prinzip Faktischer Zustimmung somit ausschließlich auf die Staatsgründung und unterläuft dadurch den oben genannten Standardeinwand gegen die vertragstheoretische Logik, so würde folgen, dass der Demos diejenigen Personen umfassen sollte, die der Mitgliedschaft im Demos faktisch zustimmen, also sich freiwillig assoziieren.[125] Hieraus können jedoch unterschiedliche Prinzipien folgen, wie sich anhand Francis Chenevals stark vereinfachten Naturzustand-Beispiels in Tabelle 1 zeigen lässt.[126] In diesem Naturzu-

Tabelle 1: Szenario 1.

Schließt aus	Ausgeschlossen				
	A	*B*	*C*	*D*	*E*
A					
B					
C					
D					×
E					

standsszenario, bestehend aus den Personen *A*, *B*, *C*, *D* und *E*, akzeptieren sich alle Personen gegenseitig als potenzielle Demos-Mitglieder, mit Ausnahme der Person *D*, welche die Person *E* ausschließt.

Anders als in dem ursprünglichen Naturzustand der Vertragstheorie erfordert die Logik freiwilliger Assoziation in einem solchen Szenario nun die faktische Zustimmung jeder Person für jedes potenzielle Demos-Mitglied, da die Demos-

---

125 Vgl. Francis Cheneval. „Constituting the dêmoi democratically", S. 8–9, Robert E. Goodin. „Enfranchising All Affected Interests, and Its Alternatives", S. 41–42 und Frederick G. Whelan. „Prologue: Democratic Theory and the Boundary Problem", S. 25.
126 Vgl. Francis Cheneval. „Constituting the dêmoi democratically", S. 9.

Konstitution anders als in der klassischen Vertragstheorie nicht vorausgesetzt werden kann.[127]

Das Prinzip Faktischer Zustimmung kann dabei prozeduralistisch oder universalistisch ausgelegt werden.[128] Versteht man es *prozeduralistisch*, so verläuft die Konstitution des Demos zeitlich ausgedehnt durch iterierte Inklusionsprozesse mit (willkürlich) indexierten Personen. Hierbei wird bei der ersten indexierten Person angesetzt, indem diese in einen ursprünglich leeren, vorläufigen Demos inkludiert wird, und anschließend überprüft wird, ob ein zustimmungsbasiertes Verhältnis zwischen diesem vorläufigen Demos und der zweiten indexierten Person vorliegt. Je nachdem, ob ein solches Verhältnis vorliegt, wird die zweite Person in den vorläufigen Demos inkludiert (oder nicht), und anschließend überprüft, ob zwischen dem neuen vorläufigen Demos und der nächsten indexierten Person ein zustimmungsbasiertes Verhältnis vorliegt usw., bis die Inklusion aller im Naturzustand befindlichen Personen überprüft wurde.

---

127 Vgl. Arash Abizadeh. „On the Demos and Its Kin: Nationalism, Democracy, and the Boundary Problem". In: *American Political Science Review* 106.4 (2012), S. 875.

128 Beide Auslegungen lassen sich wie folgt formalisieren: Sofern P die Menge aller Personen im Naturzustand und $|P| = n$ die Anzahl aller Personen in P bezeichnet, welche mit $p_1, p_2, \ldots, p_n$ indexiert sind, dann sei die Funktion $c : P \times 2^P \to 2^P$, deren Wertebereich aus einem Paar (p, S) besteht, wobei $p \in P$ und $S \subseteq P$, und deren Zielbereich aus der Menge aller möglichen Teilmengen von P, besteht, welche kennzeichnet, ob sich eine Person $p \in P$ und eine Personenmenge $S \subseteq P$ im Naturzustand freiwillig als Demos $\mathcal{D} \subseteq P$ assoziieren, definiert als

$$c(p, S)55 \to \begin{cases} \{p\} & \text{wenn zwischen } p \text{ und } S \text{ Zustimmung besteht,} \\ \{\} & \text{wenn zwischen } p \text{ und } S \text{ keine Zustimmung besteht.} \end{cases}$$

Dann sei der Demos $\mathcal{D}_p = \mathcal{D}^{(n)}$ prozeduralistisch definiert als

$$\mathcal{D}^{(i)} = \mathcal{D}^{(i-1)} \bigcup c(p_i, \mathcal{D}^{(i-1)}), \quad i = 1, \ldots, n$$

wobei $\mathcal{D}^{(0)} = \{\}$, und der Demos $\mathcal{D}_u$ universalistisch definiert als

$$\mathcal{D}_u = \bigcup_{i=1}^{n} c(p_i, P).$$

Laut prozeduralistischer Variante wird die Person p_1, sofern $c(p_1, \{\})$ den Wert $\{p_1\}$ hat, somit in einen anfänglich leeren, vorläufigen Demos inkludiert. Nach der Inklusion von Person p_1 beurteilt dieses Prinzip, ob auch zwischen diesem vorläufigen Demos $\mathcal{D}^{(1)} = \{p_1\}$ und der nächsten Person p_2 ein zustimmungsbasiertes Verhältnis vorliegt, also ob $c(p_2, \mathcal{D}^{(1)})$ den Wert $\{p_2\}$ aufweist. Ist dies der Fall, entsteht durch die Inklusion von Person p_2 in den bisherigen vorläufigen Demos $\mathcal{D}^{(1)}$ ein neuer vorläufiger Demos $\mathcal{D}^{(2)} = \{p_1, p_2\}$. Dieser Prozess wiederholt sich, bis die Inklusion aller n Personen im Naturzustand überprüft wurde. Die universalistische Variante prüft hingegen simultan, ob $c(p_1, P)$ den Wert $\{p_1\}$ hat, also ob Zustimmung zwischen p_1 und jeder einzelnen Person im Naturzustand herrscht, ob $c(p_2, P)$ den Wert $\{p_2\}$ hat, usw. Dabei gilt, sofern $c(p_1, P) = \{p_1\}$, wird p_1 in den Demos inkludiert, sofern $c(p_2, P) = \{p_2\}$, wird p_2 in den Demos inkludiert, usw. bis die Inklusion aller Personen im Naturzustand überprüft wurde.

Das Prinzip Faktischer Zustimmung kann jedoch auch *universalistisch* verstanden werden, indem es simultan überprüft, ob ein zustimmungsbasiertes Verhältnis zwischen jeder einzelnen Person und der Menge aller im Naturzustand befindlichen Personen vorliegt. Hierbei wird, ungeachtet einer durch Indexierung festgelegten Reihenfolge, die Menge all derjenigen Personen, welche ein zustimmungsbasiertes Verhältnis zu allen im Naturzustand befindlichen Personen besitzen, als Demos bestimmt. Betrachtet man nun das erste Szenario in Tabelle 1, so sind sowohl in der prozeduralistischen als auch in der universalistischen Lesart drei unterschiedliche zustimmungsbasierte Konstitutionsprinzipien möglich:

Prinzip 7. *Der Demos soll aus all denjenigen Personen bestehen, die von keiner anderen Person von der Mitgliedschaft ausgeschlossen werden.*

Prinzip 8. *Der Demos soll aus all denjenigen Personen bestehen, die keine andere Person von der Mitgliedschaft ausschließen.*

Prinzip 9. *Der Demos soll aus all denjenigen Personen bestehen, die von keiner anderen Person von der Mitgliedschaft ausgeschlossen werden und die keine andere Person von der Mitgliedschaft ausschließen.*

Die unterschiedlichen Implikationen der prozeduralistischen und universalistischen Variante werden nun anhand des ersten Szenarios deutlich, in welchem in der prozeduralistischen Variante nach alphabetischer[129] und umgekehrt alphabetischer[130] Reihenfolge sowie in der universalistischen Variante die in Tabelle 2 aufgeführten Demoi konstituiert würden.

Tabelle 2: Demos-Konstitution in Szenario 1.

Prinzip	Prozeduralistisch		Universalistisch
	Alphabetisch	*Umgekehrt Alphabetisch*	
(7)	$\{A,B,C,D\}$	$\{A,B,C,D,E\}$	$\{A,B,C,D\}$
(8)	$\{A,B,C,D,E\}$	$\{A,B,C,E\}$	$\{A,B,C,E\}$
(9)	$\{A,B,C,D\}$	$\{A,B,C,E\}$	$\{A,B,C\}$

Aus Tabelle 2 wird deutlich, dass die Prinzipien 7 und 8 in der prozeduralistischen Variante erstens die Möglichkeit zulassen, dass Personen in einen gemeinsamen Demos gezwungen werden, obwohl sie sich einseitig ausschließen. So lässt das Prinzip 7 nach umgekehrt alphabetischer Reihenfolge und das Prinzip 8 nach alphabetischer Reihenfolge im ersten Szenario aus Tabelle 1 zu, dass sich D

---

129 In alphabetischer Reihenfolge gilt die Indexierung: $p_1 = A$, $p_2 = B$, $p_3 = C$, $p_4 = D$, $p_5 = E$.
130 In umgekehrt alphabetischer Reihenfolge gilt die Indexierung: $p_1 = E, p_2 = D, p_3 = C, p_4 = B, p_5 = A$.

und E in einem Demos befinden, obwohl D E ausschließt. Analog der Logik freiwilliger Assoziation, welche die Freiheit der betreffenden Personen zu maximieren sucht, wäre in der prozeduralistischen Variante daher lediglich das Prinzip 9 geeignet, da nur dieses die Menge aller sich gegenseitig nicht ausschließenden Personen als Demos bestimmt.

Zweitens ist die prozeduralistische Variante aller drei Prinzipien grundsätzlich unbefriedigend, da deren Ergebnis gänzlich von der zufälligen Indexierung der Personen im Naturzustand abhängt. So können mit Prinzipien 7, 8 und 9 je nach alphabetischer oder umgekehrt alphabetischer Reihenfolge völlig unterschiedliche Demos-Konstitutionen gerechtfertigt werden, wie die unterschiedlichen Mitgliederzusammensetzungen der Demoi in Tabelle 2 zeigen. Der Demos ist in der prozeduralistischen Variante somit gänzlich von einer willkürlichen Abfolge von iterierten Inklusionsprozessen abhängig, weshalb alle drei Konstitutionsprinzipien in dieser Variante kontingent erscheinen.

Dieses Problem erübrigt sich in der universalistischen Variante, da die Prinzipien hier unabhängig von der Indexierung der Personen im Naturzustand stets zu demselben Ergebnis kommen. So werden beispielsweise im ersten Szenario in Tabelle 1 ungeachtet der zeitlichen Abfolge von Inklusionsprozessen für die Prinzipien 7, 8 und 9 dieselben Demoi gebildet. Doch auch in dieser Variante bleiben die Prinzipien unbefriedigend: Erstens ist bei allen drei Prinzipien möglich, dass – je nachdem, wie die Präferenzen der Personen im Naturzustand beschaffen sind – überhaupt kein Demos konstituierbar ist, was sich anhand des zweiten Szenarios in Tabelle 3 zeigen lässt.

Tabelle 3: Szenario 2.

Schließt aus	Ausgeschlossen				
	A	B	C	D	E
A					×
B	×				
C		×			
D			×		
E			×		

Tabelle 4: Demos-Konstitution in Szenario 2.

| Prinzip | Prozeduralistisch | | Universalistisch |
	Alphabetisch	Umgekehrt Alphabetisch	
(7)	$\{A, B, C, D\}$	$\{A, C, E\}$	$\{\}$
(8)	$\{A, C, E\}$	$\{B, C, D, E\}$	$\{\}$
(9)	$\{A, C\}$	$\{C, E\}$	$\{\}$

Aus Tabelle 4 ersichtlich, dass die universalistische Variante im zweiten Szenario nach allen drei Prinzipien keinen Demos bilden kann, da A, B, C, D oder E entweder eine andere Person aus dem Demos ausschließen oder selbst von einer anderen Person ausgeschlossen werden.

Zweitens ist in beiden Varianten keinerlei Beschränkung darüber vorhanden, aus welchen Gründen eine Person durch Andere von der Mitgliedschaft im Demos ausgeschlossen werden kann. So ließe das Prinzip 7 im ersten Szenario in Tabelle 1 nicht nur zu, dass E beispielsweise aus rassistischen Gründen durch D von der Mitgliedschaft im Demos ausgeschlossen werden könnte, sondern inkludierte D anschließend sogar.[131] Es wäre in diesem Fall jedoch kontraintuitiv, die Person mit der größeren (und darüber hinaus moralisch verwerflichen) Anspruchshaltung an die Mitgliederzusammensetzung in den Demos zu inkludieren und die anspruchslosere und in dieser Hinsicht kompatiblere Person im Gegenzug auszuschließen. So ist das Prinzip 7 in dieser radikal voluntaristischen Lesart kontraintuitiv, da es falsche Anreize setzt und mit der moralischen Gleichheit der Personen im Naturzustand kollidiert, sofern Personen aufgrund moralisch willkürlicher, generischer Merkmale benachteiligt werden.

Ersetzt man die voluntaristische Lesart des Prinzips jedoch durch eine rationalistische und unterstellt den Akteuren im Naturzustand instrumentelles, strategisches Denken, so würden alle drei Prinzipien die faktische Zustimmung der Personen im Naturzustand implizit voraussetzen und damit die Logik freiwilliger Assoziation ad absurdum führen.[132] So würde sich eine Person, sofern die Präferenzen aller Personen im Naturzustand transparent wären, nach dem Prinzip 7 durch den Ausschluss anderer Personen selbst von der Mitgliedschaft im Demos ausschließen, da sie im Gegenzug höchstwahrscheinlich selber von den durch sie ausgeschlossenen Personen ausgeschlossen werden würde. Die Prinzipien 8 und 9 umgehen dieses Problem, indem sie fordern, keine Personen in den

---

131 Vgl. Francis Cheneval. „Constituting the dêmoi democratically", S. 9.
132 Vgl. ebd., S. 9.

Demos aufzunehmen, welche andere Personen aus dem Demos ausschließen. Sofern Inklusion in den Demos erstrebenswert ist, setzen beide Prinzipien dadurch jedoch die faktische Zustimmung jeder Person gegenüber jeder anderen Person voraus, da keine Person in den Demos inkludiert werden kann, die irgendeine andere Person im Naturzustand ausschließt. Damit ist es jedoch für jede Person, die in den Demos aufgenommen werden möchte, rational, der Assoziation mit jeder anderen Person faktisch zuzustimmen. Ein zustimmungsbasiertes Prinzip, welches alle Personen ungeachtet eigener Präferenzen in einen Demos zwingen würde, führte jedoch die interne Logik freiwilliger Assoziation ad absurdum.

Zusammenfassend ist das Prinzip Faktischer Zustimmung in beiden Varianten als Konstitutionsprinzip für den Demos daher ungeeignet, da es in der prozeduralistischen Variante kontingente Ergebnisse produziert und in der voluntaristischen Lesart beider Varianten die moralische Gleichheit der Personen im Naturzustand verletzt. Sofern die voluntaristische Lesart jedoch durch eine rationalistische ersetzt würde, unterliefe dies die Logik freiwilliger Assoziation.

2.3.2 Hypothetische Zustimmung

Prinzip 10. *Der Demos soll aus denjenigen Personen bestehen, die der Mitgliedschaft hypothetisch zustimmen würden.*

Nach der zweiten, schwächeren Lesart der Vertragstheorie ist für einen legitimen Gesellschaftsvertrag lediglich die *hypothetische* Zustimmung der Personen im Naturzustand erforderlich. Die Demos-Konstitution wird in dieser Version nicht wie im Falle des vorherigen Prinzips durch einen Akt der Selbstverpflichtung individueller Personen begründet. Vielmehr wird die Verteilung der Mitgliedschaftsrechte im Demos hier durch verallgemeinerbare Gründe gerechtfertigt, wobei das Konzept hypothetischer Zustimmung lediglich ein methodisches Werkzeug – analog eines Gedankenexperimentes – ist.[133] Angewendet auf das Demos-Problem würde nach diesem Prinzip folgen, dass der Demos diejenigen Personen umfassen sollte, die der Mitgliedschaft vernünftigerweise, also unter idealen Bedingungen zwangsfrei, zustimmen würden. Die Eigenschaft der Vernünftigkeit lässt sich dabei nicht auf diejenige der Rationalität reduzieren.[134] Eine

133 Zu dem Unterschied zwischen faktischer und hypothetischer Zustimmung vgl. Wolfgang Kersting. *Die politische Philosophie des Gesellschaftsvertrags.* Darmstadt: Wissenschaftliche Buchgesellschaft, 1994, S. 32–38.
134 Vgl. W. M. Sibley. „The Rational Versus the Reasonable". In: *The Philosophical Review* 62.4 (1953), S. 554–560.

rationale Person versteht systematische Zusammenhänge zwischen ihren Präferenzen bzw. Zwecken und setzt diese effektiv durch instrumentelles Handeln um. Eine vernünftige Person ist darüber hinaus dadurch ausgezeichnet, dass sie anderen Personen den Status moralischer Gleichheit zuschreibt, indem sie deren Präferenzen bzw. Zwecken prinzipiell den gleichen moralischen Wert beimisst, wie den eigenen. Während Rationalität daher ein Gebot der Klugheit ist, ist Vernünftigkeit ein Gebot der Moral.

Der letzte Abschnitt hat gezeigt, dass die Logik freiwilliger Assoziation unterlaufen wird, sofern man die voluntaristische Lesart faktischer Zustimmung durch eine rationalistische ersetzt. Sofern die Mitgliedschaft im Demos ein erstrebenswertes Gut ist, wäre es irrational, Andere von der Mitgliedschaft im Demos auszuschließen, da man dadurch selbst riskierte, im Gegenzug ausgeschlossen zu werden. Unterstellt man den Personen im Gründungszustand darüber hinaus nicht nur strategisches, eigeninteressiertes Handeln, sondern außerdem eine moralische Gesinnung, welche den Interessen Anderer prinzipiell gleiche Berücksichtigung schenkt, so folgt, dass sich Personen in Abwesenheit moralisch relevanter Ausschlussgründe nicht nur deswegen gegenseitig nicht aus dem Demos ausschlössen, um die eigene Mitgliedschaft im Demos nicht zu gefährden, sondern außerdem, um niemanden aus moralisch willkürlichen Gründen schlechter zu stellen als notwendig.

Vernünftige Personen würden somit, da sie die Interessen aller Personen gleich gewichteten, nach einer pareto-optimalen Lösung streben, die prinzipiell wenig Personen aus dem Demos ausschließen würde, sofern keine anderweitigen moralisch relevanten Gründe eine simultane Konstruktion pluraler Demoi rechtfertigten.[135] Um jedoch beurteilen zu können, welcher Demos-Konstitution rationale und vernünftige Personen *all things considered* hypothetisch zustimmen würden, muss das Konzept vernünftiger, hypothetischer Zustimmung durch eine umfassende kontraktualistische Position, wie beispielsweise im Falle des modifizierten Konstitutionsprinzips 11, ausbuchstabiert werden:

Prinzip 11. *Der Demos soll aus all denjenigen Personen bestehen, deren Mitgliedschaft jede rationale und vernünftige Person in einem hypothetischen Zustand ursprünglicher Gleichheit ohne Kenntnisstand über den eigenen Mitgliedschaftsstatus, die eigene soziale Herkunft sowie der eigenen Vorstellung vom Guten zustimmen würde.*

---

135 Für einen Vorschlag zur pluralen Konstruktion mehrerer Demoi vgl. Francis Cheneval. „Constituting the dêmoi democratically", S. 17–20 und Francis Cheneval. *The Government of the Peoples: On the Idea and Principles of Multilateral Democracy.* New York: Palgrave Macmillan, 2011.

Das Prinzip 11 ist angelehnt an John Rawls Konzept des Urzustandes (*original position*). Der *Urzustand* ist ein methodisches Werkzeug, das Rawls verwendet, um eine hypothetische, kontrafaktische Entscheidungssimulation zu modellieren, von welcher ausgehend rationale und vernünftige Personen als Repräsentantinnen und Repräsentanten gesellschaftlicher Gruppen Gerechtigkeitsprinzipien für die Hauptinstitutionen ihrer Gesellschaft wählen.[136] Rawls beschränkt die Anwendung des Urzustands explizit auf die Wahl gerechter Institutionen für eine bereits vorfindliche, abgeschlossene[137] Gesellschaft und spricht sich gegen die Idee eines globalen Urzustandes aus, in welchem analoge Gerechtigkeitsprinzipien für eine internationale politische Ordnung gewählt würden.[138] Dadurch abstrahiert Rawls' Urzustand bewusst von der Frage der Zusammensetzung des Staatsvolkes, dem Verhältnis von Staaten untereinander sowie dem Faktum internationaler Migration. Das Konzept des Urzustandes wurde entgegen Rawls' eigenen Intentionen jedoch für den internationalen Rahmen weiterentwickelt und auf Fragen globaler Verteilungsgerechtigkeit und Bewegungsfreiheit angewendet.[139] Das Prinzip 11 stellt in diesem Sinne eine systematische Modifizierung des Rawls'schen Kontraktualismus zu einem Lösungsvorschlag für das Demos-Problem dar und weicht bewusst von dem ursprünglich intendierten Anwendungsbereich seiner Theorie ab.

Durch die spezifische Konstruktion der Entscheidungssituation sowie der Unterstellung rationaler und vernünftiger Vertragsteilnehmerinnen und Vertragsteilnehmer setzt der Urzustand substanzielle normative Prämissen voraus. In der Entscheidungssituation werden moralisch arbiträre Eigenschaften der Entscheidungssubjekte, wie beispielsweise deren sozial-ökonomischer Status oder Vorstellung vom Guten, durch einen Schleier des Nichtwissens (*veil of ignorance*) während der Entscheidungsfindung ausgeblendet, um die Unparteilichkeit der Entscheidung zu gewährleisten. Da rationale Entscheidungssubjekte weder ihre eigene Identität noch diejenige, der durch sie Repräsentierten kennen, müssen sie im Urzustand eine Entscheidung unter der Voraussetzung treffen, dass jede der möglichen gesellschaftlichen Identitäten die ihre sein könnte. In Ermangelung relevanter Informationen simuliert der Urzustand so eine Entscheidung unter

---

136 Vgl. John Rawls. *A Theory of Justice*, S. 11 ff.

137 Rawls nimmt explizit an: „the basic structure is that of a closed society: that is, we are to regard it as self-contained and as having no relations with other societies. Its members enter it only by birth and leave it only by death". Vgl. John Rawls. *Political Liberalism*, S. 12.

138 Vgl. John Rawls. „The Law of Peoples". In: *Critical Inquiry* 20.1 (1993), S. 36–68.

139 Vgl. Thomas W. Pogge. „An Egalitarian Law of Peoples". In: *Philosophy & Public Affairs* 23.3 (1994), S. 195–224, Charles R. Beitz. „Rawls's Law of Peoples". In: *Ethics* 110.4 (2000), S. 669–696 und Andreas Cassee. *Globale Bewegungsfreiheit: Ein philosophisches Plädoyer für offene Grenzen*.

Ungewissheit, da Akteurinnen und Akteure den verschiedenen Auszahlungen keine objektiven Eintrittswahrscheinlichkeiten zuschreiben können.[140] Ohne Kenntnisstand über eigene spezifische Interessen sind die Entscheidungssubjekte daher gezwungen, allgemeine Interessen zu maximieren, die für die Verwirklichung jeglicher spezifischer Interessen notwendig sind.[141] Da dieser nicht-historische, gedankliche Zustand von allen Idiosynkrasien der Entscheidungssubjekte bereinigt ist, führt er, egal von welcher rationalen und vernünftigen Person er eingenommen würde, stets zu demselben, universell gültigen Ergebnis.

Sofern die Mitgliedschaft im Demos ein erstrebenswertes Allzweckgut ist, da sie diverse spezifische Interessen von Personen zu befriedigen vermag, würden rationale und vernünftige Personen niemanden von der Mitgliedschaft im globalen Urzustand ausschließen, da sie sich dadurch im Worst-Case-Szenario selbst von der Mitgliedschaft ausschlössen. Rationale und vernünftige Personen würden somit jedem das gleiche *pro tanto* Recht auf Mitgliedschaft im Demos einräumen. Zwei systematische Gründe sprächen im Urzustand jedoch gegen einen globalen Demos *all things considered.* Erstens würde bei zunehmender Größe demokratischer Institutionen die *choice-sensitivity* der Entscheidung in Bezug auf jede Person abnehmen, da bei steigender Mitgliederzahl des Demos jede Stimme proportional an Gewicht verlöre bzw. die Wahrscheinlichkeit, im Falle einer Stimmgleichheit die entscheidende Stimme zu besitzen, sinken würde. Zweitens würde eine globale staatliche Ordnung mit Gewaltmonopol die Gefahr eines Despotismus bergen, da im Notfall keinerlei institutionelle Gegengewichte vor-

---

140 Diese Annahme wird von Vertreterinnen und Vertretern subjektivistischer Wahrscheinlichkeitsauffassungen kritisiert, welche behaupten rationale Personen würden in einem Urzustand mit n Auszahlungen jeder Auszahlung die Wahrscheinlichkeit $^1/_n$ zuschreiben, wodurch der Urzustand eine Entscheidung unter Risiko und nicht unter Ungewissheit simuliere. Folglich – so die Kritik – würden rationale Personen durch diese Gleichwahrscheinlichkeitsannahme (*equiprobability assumption*) keine pessimistische Maximin-Regel für Entscheidungen unter Ungewissheit verwenden, sondern ihren erwarteten Nutzen maximieren. Vgl. John C. Harsanyi. „Can the Maximin Principle Serve as a Basis for Morality? A Critique of John Rawls's Theory". In: *American Political Science Review* 69.2 (1975), S. 594–606 und Kenneth J. Arrow. „Some Ordinalist-Utilitarian Notes on Rawls's Theory of Justice". In: *The Journal of Philosophy* 70.9 (1973), S. 245–263.
141 Laut Rawls würden rationale und vernünftige Personen hinter dem Schleier des Nichtwissens (*veil of ignorance*) unter Rückgriff der Maximin-Entscheidungsregel zwei Gerechtigkeitsprinzipien wählen, wobei das erste dem zweiten lexikalisch vorgeordnet ist. Nach dem ersten Prinzip hat jede Person Anspruch auf ein System gleicher Grundfreiheiten. Nach dem zweiten Prinzip sind soziale und ökonomische Ungleichheiten so lange gerechtfertigt, wie gewährleistet ist, dass Chancengleichheit bezüglich Ämtern und Positionen herrscht und die Position der Schlechtestgestellten in der Gesellschaft maximiert wird. Vgl. John Rawls. *A Theory of Justice*, S. 47–101.

handen wären, um eine tyrannische Weltherrschaft einzudämmen oder sanktionieren zu können.[142]

Rationale und vernünftige Personen würden sich im Urzustand daher *all things considered* für ein System multipler Demoi entscheiden, welches drei Bedingungen erfüllte. Erstens hätte jede Person ein unveräußerliches gleiches Recht auf Mitgliedschaft in einem Demos, da nur dies die fundamentalen Interessen aller Beteiligten gleich berücksichtigte. Zweitens wären Machtasymmetrien in der Folge unterschiedlicher Mitgliederzusammensetzungen der Demoi nur so lange legitim, wie sie ein stabiles System der Überprüfung und des Ausgleichs (*checks and balances*) unter den Demoi ermöglichten, um der Gefahr einer tyrannischen Weltherrschaft vorzubeugen. Da diverse Systeme konkreter Mitgliederzusammensetzungen einer unterschiedlichen Anzahl von Demoi beide Bedingungen erfüllen könnten, bliebe rationalen und vernünftigen Entscheidungssubjekten ohne Information über die eigene Vorstellung vom Guten bei der endgültigen Wahl spezifischer Demoi-Konstitutionen schlussendlich nur übrig, allgemeine Interessen aller Personen durch eine möglichst effiziente Verteilung der Mitgliedschaftsrechte unter Wahrung eines globalen Differenzprinzips[143] zu maximieren. Rationale und vernünftige Personen würden folglich von denjenigen stabilen Systemen multipler Demoi-Konstitutionen, die jeder Person politische Teilhabe garantierten, dasjenige wählen, welches drittens, die Interessen der im globalen Maßstab sozial-ökonomisch Schlechtestgestellten maximierte. Diese drei Bedingungen (Teilhabe, Stabilität, Effizienz) würden einander dabei lexikalisch vorgeordnet, d. h. die zweite Bedingung käme erst zur Anwendung, sofern die erste zur Gänze erfüllt wäre und die dritte, sofern die zweite zur Gänze erfüllt wäre.

In dieser ausformulierten modifizierten Form zeigt sich jedoch, dass das Prinzip Hypothetischer Zustimmung die Herausforderung des Demos-Problems missversteht, da es die Frage, welche ursprüngliche Demos-Konstitution demokratisch legitimiert ist, als semantisch äquivalent mit der Frage behandelt, welche Demos-Konstitution moralisch gerechtfertigt ist.[144] Dadurch liefert es keine legi-

---

142 Vgl. Immanuel Kant. „Zum ewigen Frieden: Ein philosophischer Entwurf". In: *Kant's gesammelte Schriften*. Hrsg. von Königlich Preußische Akademie der Wissenschaften. Bd. 8. Berlin: Walter de Gruyter & Co, 1923, S. 341–386. (Ersterscheinung 1795), hier 8: 367.
143 Rawls' Differenzprinzip (*difference principle*) besagt, dass soziale und ökonomische Ungleichheiten so lange gerechtfertigt sind, wie gewährleistet wird, dass faire Chancengleichheit bezüglich Ämtern und Positionen herrscht und die Position der Schlechtestgestellten in der Gesellschaft maximiert wird. Vgl. John Rawls. *A Theory of Justice*, S. 65–73.
144 Vgl. Arash Abizadeh. „Democratic Theory and Border Coercion: No Right to Unilaterally Control Your Own Borders", S. 41.

timationstheoretische, demokratieimmanente Rechtfertigung von partikulären Staatsbürgervölkern, sondern beantwortet die Frage mit gerechtigkeitstheoretischen Mitteln und setzt, ähnlich wie das Prinzip der Selbstkonstitution, einen der Demokratietheorie externen, nur diesmal moralisch gerechtfertigten Demos voraus. Hierbei ist unproblematisch, dass das Prinzip Hypothetischer Zustimmung den Demos nicht unter Rekurs auf das demokratische Verfahren selbst, also qua Mehrheitsprinzip generiert, da dies, wie in Abschnitt 1.2.2 gezeigt wurde, logisch unmöglich ist und in einem infiniten Regress enden würde. Das Problem besteht vielmehr darin, dass es den Demos nicht unter Rekurs auf spezifisch demokratische Ideale rechtfertigt und die semantische Unterscheidung zwischen einer moralischen Rechtfertigung des Demos, also der Tatsache, dass dieser moralisch akzeptable Qualitäten aufweist, und seiner politischer Legitimität, also der Tatsache, dass dieser politisch autorisiert wurde und das Recht besitzt, partikulären Subjekten spezifische Pflichten aufzuerlegen, ignoriert.[145]

Dieses Problem lässt sich anhand der Rekonstruktion des Demos-Problems verdeutlichen, welches danach fragte, wie der Demos zusammengesetzt sein muss, der die Zuständigkeit hat, über die Zusammensetzung eines Staatsbürgervolkes im Einklang mit demokratischen Prinzipien zu entscheiden. Diese Rekonstruktion fragt nach einer ursprünglichen demokratischen Legitimation einer partikulären Mitgliederzusammensetzung. Der zu konstituierende Demos, welcher die infrage stehende partikuläre Mitgliederzusammensetzung einmalig rechtfertigt, könnte hierbei je nach Konstitutionsprinzip prinzipiell von dem partikulären Staatsbürgervolk selbst (beispielsweise durch Selbstkonstitution) bis zu einem globalen Demos reichen. Dieser Demos kann jedoch nicht lediglich als methodisches Hilfskonstrukt moralischer Rechtfertigung verstanden werden, welches überhaupt keiner politischen Institutionalisierung bedarf, da ein prozeduralistischer Legitimationsprozess aus demokratietheoretischer Perspektive nicht durch hypothetische moralische Rechtfertigung ersetzbar ist. Da der normative Gehalt des Instruments hypothetischer Zustimmung nicht in der tatsächlichen Selbstverpflichtung realer Personen, sondern der monologischen Rechtfertigung durch verallgemeinerbare Gründe besteht, ist es aus kontraktualistischer Sicht unproblematisch, die Logik freiwilliger Assoziation durch dieses methodische Hilfskonstrukt zu unterlaufen. Aus demokratietheoretischer Sicht ist die Verknüpfung demokratischer Legitimation mit hypothetischer Zustimmung jedoch problematisch, da die Legitimität demokratischer Entscheidungen wesentlich von der reinen Verfahrensgerechtigkeit ihrer Entscheidungsprozesse abhängt. Nur die tatsächliche ordnungsgemäße Durchführung einer demokratischen Wahl vermag die Legitimität des

---

145 Für diese Unterscheidung vgl. A. John Simmons. „Justification and Legitimacy".

Entscheidungsergebnisses zu verbürgen. Eine hypothetisch durchgeführte Wahl, selbst wenn sie die Interessen aller Beteiligten gleich berücksichtigte, vermag eine Entscheidung nicht demokratisch zu legitimieren.[146] Ein wesentliches Charakteristikum demokratisch legitimierter Entscheidungsprozesse (und des Konzeptes reiner Verfahrensgerechtigkeit) ist folglich, dass es außer der Fairness der Entstehungsbedingungen keinen externen, substanziellen Standard gibt, anhand dessen das Entscheidungsergebnis im Vorfeld beurteilt und hypothetisch deduziert werden kann. Das Prinzip Hypothetischer Zustimmung formuliert jedoch durch die Unterstellung einer philosophisch bevorzugten Entscheidungssituation, in welcher moralisch gesinnte Vertragsteilnehmerinnen und Vertragsteilnehmer Demoi-Konstitutionen wählen, ein vollkommen verfahrensgerechtes Prinzip, welches die Unparteilichkeit bzw. Verallgemeinerbarkeit angeführter Rechtfertigungsgründe als externen, substanziellen Standard voraussetzt.[147] Bei diesem vollkommen verfahrensgerechten Entscheidungsprozess ist gänzlich irrelevant, ob er tatsächlich oder hypothetisch bzw. von einer oder allen Personen durchgeführt wird. Eine rein hypothetische Rechtfertigung scheint daher – wenn sie gelingt – moralisch zu begründen, dass es multiple kollektive Entscheidungssubjekte geben sollte, kann ohne faktischen Input konkreter Personen jedoch keine partikulären kollektiven Entscheidungssubjekte demokratisch legitimieren.

Zusammenfassend lässt sich daher festhalten, dass das Prinzip Hypothetischer Zustimmung das Demos-Problem nicht unter Rekurs auf demokratieimmanente Ideale löst, sondern die Frage geeigneter Demoi-Konstitutionen als ein Problem globaler Gerechtigkeit versteht. Dadurch löst es das Demos-Problem jedoch nicht, da dieses fragt, wie die ursprüngliche Zusammensetzung einer Menge partikulärer Subjekte als Demos aus demokratischer Sicht legitimiert werden kann.

2.4 Fazit

Es lässt sich festhalten, dass die hier untersuchten Lösungswege, welche die Gründungsfrage unter Rekurs auf Kriterien für die innere Zusammensetzung des Demos zu lösen beanspruchen, kein klar umrissenes politisches Subjekt konstituieren können. So oszillieren Vorschläge, die den Demos vorpolitisch setzen, dazwischen, entweder den intrinsischen Wert demokratischer Entscheidungs-

---

146 Dies ist der Unterschied zwischen Demokratie und einer wohlwollenden Diktatur bzw. aufgeklärten Monarchie.
147 Zur Unterscheidung vollkommener, unvollkommener und reiner Verfahrensgerechtigkeit vgl. Abschnitt 1.1.2.

prozesse durch eine historisch-kontingente Setzung des politischen Subjektes zu unterminieren oder aber den kulturellen Wert nationaler Identitäten auf ideal-theoretischer Ebene überzubewerten. Vorschläge, die das Demos-Problem hingegen zu lösen versuchen, indem sie auf die Entscheidungskompetenz der Demos-Mitglieder abheben, müssen die Wertfrage nach der politischen Identität eines Kollektivs auf eine Sachfrage reduzieren. Schlussendlich erscheinen Vorschläge, die das Demos-Problem zu lösen beanspruchen, indem sie auf die gegenseitige Akzeptanz der Demos-Mitglieder abheben, auf den ersten Blick zwar weitgehend plausibel, verletzen jedoch die moralische Gleichheit der Personen oder stellen die gegenseitige Akzeptanz aller Personen untereinander als Rationalitätsgebot dar und führen somit die zugrundeliegende Logik freiwilliger Assoziation, welche die Legitimität und nicht Rechtfertigung einer Mitgliederzusammensetzung verbürgen soll, ad absurdum.

Kapitel 3 Externe Lösungswege

Das folgende Kapitel untersucht Lösungswege, welche die Demos-Konstitution nicht unter Rückgriff auf interne Eigenschaften des Demos, sondern unter Bezugnahme auf dessen externe Wirkungen bestimmen. Dabei versucht es zu zeigen, dass sowohl Vorschläge, welche die Mitgliederzusammensetzung des Demos in Anlehnung daran bestimmen, wer durch seine Entscheidungen faktisch oder möglicherweise betroffen, dem Recht unterworfen oder einem Zwang ausgesetzt ist, die Gründungsfrage nicht lösen können.

3.1 Betroffenheit

3.1.1 Faktische Betroffenheit

Prinzip 12. *Der Demos soll aus denjenigen Personen bestehen, deren Interessen faktisch durch seine Entscheidungen betroffen sind.*

Das Betroffenheitsprinzip (*All-Affected-Interest-Principle*) erfreut sich in der Forschungsliteratur großer Beliebtheit und kommt in verschiedenen Variationen vor.[148] Ursprünglich geht es auf eine Maxime der antiken Römischen Gesetzgebung zurück, nach welcher das, was alle betrifft, von allen diskutiert und gebilligt werden muss.[149] Das Prinzip Faktischer Betroffenheit (*All-Actually-Affected-Interest-Principle*) besagt folglich, dass alle Personen, deren Interessen von einer politischen Entscheidung tatsächlich betroffen sind, ein Recht darauf haben müssen, an der betreffenden Entscheidung zu partizipieren.[150] Dieses Prinzip scheint als Konstitutionsprinzip für den Demos attraktiv, da es in einer zunehmend interdependenten, globalisierten Welt die Externalitäten demokratischer Entscheidungen angemessen zu reflektieren beansprucht, indem es alle Interessen gleich zählt. Die Legitimation demokratischer Entscheidungen durch die Berücksichtigung der Interessen aller betroffenen Personen fügt sich darüber hinaus auf den ersten Blick kohärent in das gleichheitsbasierte Rechtfertigungs-

---

148 Vertreterinnen und Vertreter des Betroffenheitsprinzips sind u. a. Iris Marion Young. *Inclusion and Democracy*. New York: Oxford University Press, 2000, Ian Shapiro. *The Moral Foundations of Politics*. New Haven: Yale University Press, 2003 und Robert E. Goodin. „Enfranchising All Affected Interests, and Its Alternatives".
149 Vgl. Johan Karlsson. *Democrats without borders: A critique of transnational democracy*. Göteborg: University of Gothenburg, 2008, S. 47.
150 Vgl. Robert A. Dahl. *After the Revolution? Authority in a Good Society*. New Haven: Yale University Press, 1970, S. 64.

https://doi.org/10.1515/9783110788884-005

modell der Demokratie ein, welches eine gleichwertige Berücksichtigung der Interessen aller beteiligten Personen fordert.

Zunächst scheint es jedoch, als ob das Prinzip Faktischer Betroffenheit für jede demokratische Entscheidung eine andere Demos-Konstitution fordern würde, da die Menge der betroffenen Personen je nach Inhalt der jeweiligen Entscheidung stark variieren müsste.[151] Hierdurch würde sich das Betroffenheitsprinzip als normatives Kriterium für die Legitimität demokratischer Einheiten jedoch nicht erfolgreich in ein Konstitutionsprinzip für effektive und stabile politische Institutionen in der Praxis übersetzen lassen. So wären dynamische Demoi-Konstitutionen sogar normativ gefordert, da unbetroffene Personen aus dem Demos exkludiert werden müssten, sofern die faktische Betroffenheit von Interessen einen Inklusionsanspruch der Interessenträgerinnen und Interessenträger begründete. Bei genauerer Betrachtung wird hier jedoch die Herausforderung des Demos-Problems fehlinterpretiert, da dieses ein Gründungsparadox beschreibt und somit lediglich nach der ursprünglichen Demos-Konstitution fragt. Um als Konstitutionsprinzip für den Demos zu überzeugen, müsste das Prinzip Faktischer Betroffenheit daher nur die ursprüngliche Gründung des Demos einmalig bestimmen können, während andere Prinzipien in einem zweiten Schritt gewährleisten könnten, dass das Staatsbürgervolk dauerhaft inklusiv bleibt.

Darüber hinaus scheint das Prinzip Faktischer Betroffenheit jedoch auch zirkulär, da die Frage, wer von einem demokratischen Entscheidungsergebnis faktisch betroffen ist, selbst davon abzuhängen scheint, wer im Vorfeld an der entsprechenden Entscheidungsfindung partizipiert.[152] Diese Zirkularität besteht nicht etwa darin, dass die Frage, wer faktisch von einer Entscheidung betroffen ist, selbst wiederum mit demokratischen Mitteln bestimmt werden müsste und somit notwendig in einem infiniten Regress endete.[153] Diese These würde die normativen Implikationen des Betroffenheitsprinzips mit dessen Rechtfertigung verwechseln, was dadurch ersichtlich wird, dass sich der vermeintliche Regress auflöst, sobald das Prinzip Faktischer Betroffenheit nicht prozeduralistisch,

---

151 Vgl. Frederick G. Whelan. „Prologue: Democratic Theory and the Boundary Problem", S. 19 und Johan Karlsson Schaffer. „The boundaries of transnational democracy: alternatives to the all-affected principle", S. 329. Robert Goodin weist darauf hin, dass dynamische Demoi-Konstitutionen nur folgen würden, sofern ein *All-And-Only-Affected-Interest-Principle* zugrundegelegt würde. Diese Interpretation sei laut Goodin jedoch unnötig restriktiv, da eine überinklusive Demoi-Konstitution das Entscheidungsergebnis nicht beeinflusse. Vgl. Robert E. Goodin. „Enfranchising All Affected Interests, and Its Alternatives", S. 57–59.
152 Vgl. ebd., S. 52–53, Frederick G. Whelan. „Prologue: Democratic Theory and the Boundary Problem", S. 19 und David Miller. „Democracy's Domain", S. 215.
153 Dies behauptet etwa Frederick Whelan. Vgl. Frederick G. Whelan. „Prologue: Democratic Theory and the Boundary Problem", S. 19.

sondern als normatives demokratisches Ideal verstanden wird.[154] Stattdessen erscheint das Prinzip Faktischer Betroffenheit vielmehr zirkulär, da die Frage, wessen Interessen faktisch von einer Entscheidung betroffen sind, von dem Entscheidungsergebnis abzuhängen scheint, welches wiederum davon beeinflusst wird, welche Personen an der Entscheidungsfindung partizipieren.[155] Doch auch diese vermeintliche Zirkularität löst sich auf, sobald man bedenkt, dass die Interessen einer Person nicht lediglich dadurch betroffen sind, dass ein Entscheidungsergebnis im positiven oder negativen Sinne vom Status quo abweicht – wofür tatsächlich das Ergebnis im Vorfeld bereits vorliegen müsste – sondern bereits dadurch, dass eine bessere oder schlechtere Alternative vorhanden ist, die (nicht) gewählt wird.[156] Da die Interessen einer Person also nicht lediglich durch das verabschiedete Entscheidungsergebnis, sondern bereits durch eine Entscheidung zwischen Optionen faktisch betroffen sein können, ist es nicht zirkulär, bei einer gegebenen Menge an Entscheidungsalternativen vor der Entscheidung zu bestimmen, dass eine bestimmte Menge an Personen faktisch betroffen sein wird, auch wenn zu diesem Zeitpunkt noch unklar ist, wie.[157]

Unabhängig von diesen nur scheinbaren Schwächen und trotz seiner theoretischen Attraktivität und Popularität weist das Betroffenheitsprinzip jedoch überraschend schnell tatsächliche Probleme auf. Erstens hängt es vollständig von einer umfangreichen Theorie der Betroffenheit ab, in welcher aus philosophischer Perspektive bereits enorme Sprengkraft liegt. So würde eine Anwendung des Betroffenheitsprinzips unmittelbar in Grundsatzfragen über die Plausibilität von Theorien subjektiver oder objektiver Betroffenheit ausarten.[158] Eine Theorie der Betroffenheit müsste darüber hinaus nicht nur spezifizieren, ob lediglich Nachteile oder auch Vorteile in Bezug auf die Interessen der Personen berücksichtigt, sondern auch wie die jeweiligen Grade der Betroffenheit aggregiert und interpersonal verglichen werden sollten:[159] Folgte aus der zugrunde liegenden Theorie von Betroffenheit beispielsweise, dass eine intensiv betroffene Minderheit eine

---

154 Vgl. Gustaf Arrhenius. „The Boundary Problem in Democratic Theory", S. 22 – 23.

155 Whelan weist ebenfalls auf einen ähnlichen Punkt hin, wenn er schreibt „the question of who is affected by a given law or policy depends on *which* law or policy is enacted from among the available alternatives". Vgl. Frederick G. Whelan. „Prologue: Democratic Theory and the Boundary Problem", S. 19. Hervorhebung im Original.

156 Vgl. David Owen. „Constituting the polity, constituting the demos: on the place of the all affected interests principle in democratic theory and in resolving the democratic boundary problem". In: *Ethics & Global Politics* 5.3 (2012), S. 131 – 133.

157 Vgl. ebd., S. 133.

158 Vgl. Johan Karlsson Schaffer. „The boundaries of transnational democracy: alternatives to the all-affected principle", S. 324.

159 Vgl. ebd., S. 325 – 326.

weniger stark betroffene Mehrheit übertrumpfen könnte, so wäre dies nur schwer mit dem Prinzip der Wahlgleichheit (*one person, one vote*) in Einklang zu bringen, welche die politische Gleichheit aller Beteiligten ausdrückt.

Zweitens kann das Prinzip Faktischer Betroffenheit nicht erklären, wie die Agenda bzw. die Menge der Entscheidungsalternativen festgelegt werden muss, welche indirekt bestimmt, wer an der Entscheidung beteiligt werden muss. Wie weiter oben gezeigt wurde, ist das Prinzip Faktischer Betroffenheit nur deshalb nicht zirkulär, da es die Menge der beteiligten Entscheidungssubjekte nicht lediglich in Anlehnung daran bestimmt, wessen Interessen durch das Entscheidungsergebnis betroffen sind, sondern unter Rekurs darauf, wessen Interessen durch eine der zur Wahl stehenden Entscheidungsalternativen betroffen sind. Hierdurch wird jedoch offensichtlich, dass die Menge der Entscheidungssubjekte entscheidend von der jeweiligen Agenda abhängt, wobei unklar bleibt, nach welchen Maßstäben die entsprechenden Entscheidungsalternativen aufgestellt werden. Umfasst diese Agenda etwa alle möglichen, darunter auch rein formale Entscheidungsalternativen, so wird das Prinzip Faktischer Betroffenheit überinklusiv, da es unterschiedliche sozio-politische Entscheidungskontexte und -voraussetzungen gänzlich ausklammert und sofort in einen globalen Demos kollabiert. Beschränkt man die Agenda hingegen auf wahrscheinliche Entscheidungsalternativen,[160] so wird das Prinzip abermals zirkulär, da die Menge der Beteiligten zwar nicht durch das tatsächliche Entscheidungsergebnis, dafür aber durch potenziell zu antizipierende Entscheidungsergebnisse, bestimmt werden würde, die wieder stark von der Menge der beteiligten Entscheidungssubjekte abhängen.

Zusammenfassend lässt sich daher festhalten, dass das Prinzip Faktischer Betroffenheit erst dann spezifische Implikationen für die Demos-Konstitution besitzt, wenn es durch eine umfangreiche Theorie subjektiver oder objektiver Betroffenheit ergänzt wird und darüber hinaus keinen Maßstab dafür bereithält, wie die Agenda mit Entscheidungsalternativen beschaffen sein muss, welche die Menge der Beteiligten bestimmt.

3.1.2 Mögliche Betroffenheit

Prinzip 13. *Der Demos soll aus denjenigen Personen bestehen, deren Interessen möglicherweise durch dessen Entscheidungen betroffen sind.*

---

160 Hierfür argumentiert David Owen. „Constituting the polity, constituting the demos: on the place of the all affected interests principle in democratic theory and in resolving the democratic boundary problem", S. 134.

Das Prinzip Möglicher Betroffenheit (*All-Possibly-Affected-Interest-Principle*) reagiert auf die oben beschriebenen Probleme des Prinzips Faktischer Betroffenheit, indem es dessen Verständnis von Betroffenheit radikal ausweitet. Es behauptet, dass alle Personen, die möglicherweise von einer möglichen Entscheidung betroffen sind, ein Recht darauf haben müssen, an dieser Entscheidung zu partizipieren.[161] Laut dem Prinzip Möglicher Betroffenheit gilt das Interesse einer Person nicht länger nur dann als betroffen, wenn diese durch ein faktisch verabschiedetes Entscheidungsergebnis besser oder schlechter gestellt wird als im Status quo ante. Das Interesse einer Person ist nach dieser Interpretation auch durch Entscheidungen betroffen, in welcher nicht verabschiedete Handlungsalternativen diese Person deutlich besser (oder schlechter) gestellt hätten, sofern sie verabschiedet worden wären. Aus dieser expansiven Interpretation von Betroffenheit folgt nicht nur, dass nicht eintretende Konsequenzen einer nicht gewählten Entscheidungsalternative die Interessen von Personen betreffen können, sondern auch, dass Entscheidungsoptionen, die in einem Referendum gar nicht als Entscheidungsalternativen artikuliert werden, die Interessen von Personen betreffen können.[162] So folgert Robert Goodin:

> Virtually (maybe literally) everyone in the world – and indeed everyone in all possible future worlds – should be entitled to vote on any proposal or any proposal for proposals. A maximally extensive franchise, virtually (perhaps literally) ignoring boundaries both of space and time, would be the only legitimate way of constituting the demos to this more defensible version of the 'all possibly affected interests' principle.[163]

Das Prinzip Möglicher Betroffenheit führt somit zu einer maximal expansiven Demos-Konstitution, die nicht nur alle gegenwärtigen, sondern auch alle zukünftigen Generationen inkludieren würde. Diese maximal expansive Demos-Konstitution hat zwar den Vorteil, dass sie das Zirkularitätsproblem des Prinzips Faktischer Betroffenheit auflöst, wirft dafür jedoch weitere Probleme auf.

Erstens vermag das Prinzip Möglicher Betroffenheit nicht zu erklären, weshalb Demokratie die Zuschreibung gleicher politischer Partizipationsrechte fordert und diese nicht vielmehr proportional in Anlehnung an das Ausmaß der Betroffenheit verteilt.[164] Da Personen das normativ relevante Kriterium für politische Partizipation hier in stark unterschiedlichem Ausmaß teilen, folgte aus dem Prinzip Möglicher Betroffenheit somit eher ein Pluralwahlrecht, in welchem

---

161 Vgl. Robert E. Goodin. „Enfranchising All Affected Interests, and Its Alternatives".
162 Vgl. ebd., S. 55.
163 Ebd., S. 55
164 Vgl. Eva Erman. „The Boundary Problem and the Ideal of Democracy", S. 537.

Personen entweder unterschiedlich viele oder unterschiedlich gewichtete Stimmen besitzen müssten. Ein Pluralwahlrecht verletzt jedoch das Prinzip der Wahlgleichheit und unterminiert die politische Gleichheit der beteiligten Entscheidungssubjekte.

Zweitens kann durch die normativ geforderte Inklusion zukünftiger Generationen kein handlungsfähiges Aktivvolk konstituiert werden.[165] Tatsächlich würde aus dem Prinzip Möglicher Betroffenheit folgen, dass die gegenwärtig existierende Generation vor dem Hintergrund aller zukünftigen Generationen nur einen Bruchteil derjenigen Personen ausmachen würde, welche politische Partizipationsrechte im Demos besäßen. Dadurch wäre jedoch nur eine Minderheit der Demos-Mitglieder überhaupt handlungs- und entscheidungsfähig, was die in Abschnitt 1.2.1. aufgeführten konzeptuellen Voraussetzungen politischer Demoi unterliefe. Auch die demokratische Repräsentation möglicher zukünftiger Generationen durch beispielsweise Ombudspersonen, die das Interesse zukünftiger Personen politisch verträten, kann dieses Problem nicht lösen, da die Menge zukünftiger Personen konfligierende Interessen aufweist:[166] *Aktuale* zukünftige Personen, also Personen, die aufgrund einer gegenwärtigen politischen Entscheidung existieren werden und *mögliche* zukünftige Personen, also Personen, die relativ zu einer gegenwärtigen politischen Entscheidung existieren würden, hätte diese einen anderen Ausgang genommen, besitzen jeweils das exklusive Interesse daran, dass diejenige Alternative herbeigeführt wird, in der sie existieren. Dies gilt selbst wenn eine (aktuale oder mögliche) zukünftige Person p_1 durch eine gegenwärtige Entscheidung schlechter gestellt würde, als andere mögliche zukünftige Personen $p_2, \dots, p_n$ durch einen alternativen Entscheidungsausgang gestellt würden, da p_1 bei jedem anderen Entscheidungsausgang nicht existieren würde und daher keinerlei Interessen besäße. Eine einheitliche Repräsentation der Interessen möglicher zukünftiger Personen, wie sie das Prinzip Möglicher Betroffenheit fordert, ist daher nicht möglich.

Wollte man versuchen, dieses Problem dadurch zu umgehen, dass die Interessen zukünftiger Personen ohne Ansehen der Identitäten konkreter Individuen vertreten würden, so käme diese Repräsentation der Interessen zukünftiger Generationen einer objektiven Evaluation des besten Zukunftsszenarios *all things*

165 Vgl. Ben Saunders. „Defining the demos", S. 286 ff.
166 Vgl. Torbjörn Tännsjö. „Future People, the All Affected Principle, and the Limits of the Aggregation Model of Democracy". In: *Hommage à Wlodek: Philosophical Papers Dedicated to Wlodek Rabinowicz*, Hrsg. von Toni Rønnow-Rasmussen, Björn Petersson, Jonas Josefsson u.a.: Department of Philosophy Lund University, 2007, S. 1–13. URL: http://www.lunduniversity.lu.se/lup/publication/1f14bc1d-bb9d-450b-a5cf-5b9ade6044e2 (letzter Zugriff: 09.11.2020).

considered gleich.[167] Dies widerspräche jedoch dem Konzept politischer Repräsentation, welches konkrete Interessen einer konkreten zu repräsentierenden Partei vorauszusetzt. Darüber hinaus hätte die politische Repräsentation zukünftiger Generationen die Konsequenz, dass die gegenwärtige Generation als permanente Minderheit stets durch zukünftige Generationen überstimmt werden könnte.[168] Die Inklusion zukünftiger Generationen in das Aktivvolk führte also unweigerlich dazu, dass die Verfahrensgerechtigkeit demokratischer Entscheidungsprozesse zugunsten einer objektiven ethischen Theorie aufgelöst würde, in welcher die politische Partizipation gegenwärtiger und zukünftiger Personen keinerlei prozeduralistischen Einfluss auf den Entscheidungsausgang besäße. So ersetzte es den partizipatorischen Einfluss zukünftiger Generationen durch eine objektive Werttheorie der Zukunft und würde zulassen, dass die Interessen gegenwärtiger Personen als permanente Minderheit stets überstimmt werden könnten.

Drittens ist schließlich unklar, weshalb die Tatsache, dass die Interessen von Personen durch politische Entscheidungen möglicherweise betroffen werden per se einen Anspruch auf deren politische Mitgliedschaft in einer sich kollektiv selbstregierenden globalen politischen Gemeinschaft und nicht vielmehr die inhaltliche Berücksichtigung ihrer Interessen in konkreten Entscheidungen begründet.[169] So expliziert das Betroffenheitsprinzip die Externalitäten politischer Ausschlüsse in einer globalisierten Welt auf plausible Weise, schließt jedoch vorschnell aus einem substanziellen Anspruch auf die gegenseitige Anerkennung von Personen als moralisch Gleiche mit Interessen, denen *pro tanto* gleichwertige Berücksichtigung geschuldet ist, auf einen prozeduralistischen Anspruch auf die Zuschreibung gleicher Autorität an einem institutionalisierten Entscheidungsprozess einer sich selbst regierenden politischen Gemeinschaft. Da Mitgliedschaftsfragen prinzipiell auch Nicht-Mitglieder betreffen, erscheint das Betroffenheitsprinzip geradezu antithetisch zu zustimmungsbasierten Mitgliedschaftsprinzipien, welche trotz umfangreicher Probleme den Vorteil besitzen, dass sie anti-imperialistische Intuitionen einfangen können, indem sie vermeiden, die Grenzen politischer Einheiten gegen den Willen potenzieller Mitglieder zu ziehen. In Kombination mit einem Subsidiaritätsprinzip können die

---

167 Vgl. Karsten Klint Jensen. „Future Generations in Democracy: Representation or Consideration?". In: *Jurisprudence* 6.3 (2015), S. 538.
168 Vgl. ebd., S. 538
169 Vgl. Francis Cheneval. „Constituting the dêmoi democratically", S. 16 – 17 und Rainer Bauböck. „Democratic inclusion: a pluralist theory of citizenship". In: *Democratic Inclusion: Rainer Bauböck in dialogue*. Hrsg. von Rainer Bauböck. Manchester: Manchester University Press, 2018, S. 22 – 28.

zentralistischen Tendenzen des Betroffenheitsprinzips bei lokalen Fragen zwar abgemildert werden, die Verteilung von Mitgliedschaftsansprüchen würde jedoch weiterhin einen globalen Demos implizieren. Während ein Betroffenheitsprinzip in privaten Mitgliedschaftsfragen, wie Liebesbeziehungen, Familien oder freiwilligen Vereinigungen, kontraintuitive Implikationen aufweist,[170] scheint es für politische Gemeinschaften jedoch nur deshalb plausibler zu sein, da diese alle territorial anwesenden Personen unfreiwillig und dauerhaft unter die politische Autorität eines Staates bei hohen Austrittskosten in einem System multipler Territorialstaaten unterwerfen. Dies spricht jedoch dafür, Mitgliedschaftsansprüche in politischen Gemeinschaften eher an ein Unterworfenheits- als ein Betroffenheitskriterium zu binden.

Zusammenfassend ist das Prinzip Möglicher Betroffenheit für die Demos-Konstitution somit ungeeignet, da es nicht nur die politische Gleichheit der beteiligten Entscheidungssubjekte nicht angemessen reflektiert und prinzipiell unfähig ist, einen handlungsfähigen Demos zu konstituieren, sondern auch, da es weniger einen Anspruch auf Mitgliedschaft als auf inhaltliche Rechtfertigung und Berücksichtigung begründet.

3.2 Unterworfenheit

3.2.1 Rechtsunterworfenheit

Prinzip 14. *Der Demos soll aus denjenigen Personen bestehen, die seinen Entscheidungen rechtlich unterworfen sind.*

Das klassische Prinzip der Rechtsunterworfenheit (*All-Subjected-Principle*) fordert, dass alle Personen, die den Gesetzen einer politischen Autorität unterworfen sind, ein Recht darauf haben sollten, an den betreffenden Gesetzesentscheidungen zu partizipieren.[171] Dieses Prinzip wurde u. a. von Robert Dahl vertreten, der es wie folgt zusammenfasst: „no one subject to the rules of the demos

---

170 Vgl. Robert Nozick. *Anarchy, State, and Utopia.* New York: Basic Books, 1974, S. 268–271.
171 Vertreterinnen und Vertreter des All-Subjected-Principles sind u. a. Robert A. Dahl. *Democracy and Its Critics*, Nancy Fraser. *Scales of Justice: Reimagining Political Space in a Globalizing World.* New York: Columbia University Press, 2009, S. 65, Johan Karlsson. *Democrats without borders: A critique of transnational democracy*, Claudio López-Guerra. „Should Expatriates Vote?". In: *The Journal of Political Philosophy* 13.2 (2005), S. 216–234, Carol C. Gould. „Self-Determination beyond Sovereignty: Relating Transnational Democracy to Local Autonomy". In: *Journal of Social Philosophy* 37.1 (2006), S. 44–60 und Joshua Cohen. „Democracy and Liberty". In: *Deliberative Democracy.* Hrsg. von Jon Elster. Cambridge: Cambridge University Press, 1988, S. 185–231.

should be excluded from the demos".[172] Angewendet auf die demokratische Konstitution von demokratischen Territorialstaaten wird das All-Subjected-Principle gemeinhin so gedeutet, dass alle Personen, die einem Rechtssystem unterworfen sind, in das Staatsbürgervolk inkludiert werden müssen. In der Regel wird das All-Subjected-Principle daher so interpretiert, dass es sich auf ein Mindestmaß der Rechtsunterworfenheit, nämlich die physische Präsenz von rechtsfähigen Personen in einer territorialen Jurisdiktion, bezieht. Das All-Subjected-Principle formuliert in dieser Lesart folglich die These, dass alle Personen, die sich im *status negativus* befinden, sich auch im *status activus* befinden sollten.[173] Indem es also das Konzept demokratischer Selbstgesetzgebung ausbuchstabiert, nach welchem Regierte und Regierende identisch sind, fügt es sich kohärent in das freiheitsbasierte Demokratiemodell ein.

Darüber hinaus fügt sich das Rechtsunterworfenheitsprinzip jedoch auch kohärent in gleichheitsbasierte Demokratiemodelle ein, da ein wesentlicher Vorteil des Kriteriums der Rechtsunterworfenheit ist, dass es binär ist, also eine Person entweder unterworfen oder nicht unterworfen ist, ohne dass graduelle Abstufungen zwischen diesen beiden Zuständen herrschen.[174] Diese Binarität erlaubt nicht nur nach außen eine eindeutige Demos-Konstitution in Abgrenzung zu allen Nicht-Unterworfenen, sondern differenziert außerdem demokratische Partizipationsrechte nach innen nicht weiter aus, sodass allen Unterworfenen in Abwesenheit gradueller Unterschiede gleiches Stimmrecht zugeschrieben werden kann. Diese Kohärenz mit den zentralen demokratischen Idealen kollektiver Selbstregierung und politischer Gleichheit macht das All-Subjected-Principle aus demokratietheoretischer Perspektive besonders attraktiv.

Trotz seiner generellen Plausibilität und demokratietheoretischen Kohärenz, ist das Rechtsunterworfenheitsprinzip mit Herausforderungen konfrontiert. So könnte man auf den ersten Blick meinen, das Prinzip sei überinklusiv, da die Identifizierung des Kriteriums der Rechtsunterworfenheit mit dem physischen Aufenthalt rechtsfähiger Personen im Staatsgebiet dazu führe, dass der Demos auch Touristinnen und Touristen sowie Durchreisende umfassen müsste, obwohl diese den Folgen von Gesetzesentscheidungen, die zum Zeitpunkt des Aufenthaltes vor Ort getroffen werden, i. d. R. nicht mehr unterworfen sind.[175] Vertreterinnen und Vertreter des All-Subjected-Principles können an dieser Stelle jedoch

---

172 Robert A. Dahl. *Democracy and Its Critics*, S. 122. Nach Dahl ist das All-Subjected-Principle jedoch zusätzlich durch ein Kompetenzkriterium beschränkt. Vgl. ebd., S. 127.
173 Vgl. Hauke Brunkhorst. *Solidarität: Von der Bürgerfreundschaft zur globalen Rechtsgenossenschaft*. Frankfurt a. Main: Suhrkamp, 2002, S. 109.
174 Vgl. Eva Erman. „The Boundary Problem and the Ideal of Democracy", S. 538.
175 Vgl. Robert A. Dahl. *Democracy and Its Critics*, S. 128, Fn. 11.

insistieren, dass die Logik des Kriteriums selbst dafürspreche, solche Personen aus dem Demos auszuschließen und eine bestimmte Mindestdauer des Aufenthaltes in einem rechtlich definierten Territorium als maßgeblich dafür anzusehen, ab wann eine Person als unterworfen im engeren Sinne gilt und damit berechtigt ist, politische Partizipationsrechte zu erhalten.[176] So wurde beispielsweise vorgeschlagen, das Recht auf politische Partizipation auf die vor Ort ansässigen Personen mit festem Wohnsitz zu beschränken.[177] Sowohl retrospektive als auch prospektive Lesarten von Rechtsunterworfenheit tendieren jedoch dazu, das Ideal kollektiver Selbstgesetzgebung zu verletzen, da beide die Kongruenz von Regierten und Regierenden negieren.[178] Bindet man politische Teilnahmerechte etwa retrospektiv daran, dass eine Person für eine gewisse Zeit in der Vergangenheit bereits den Gesetzen des Staates als Rechtssubjekt unterworfen wurde oder prospektiv daran, dass eine Person die Intention hat, sich in der Zukunft für eine gewisse Zeit den Gesetzen des Staates als Rechtssubjekt zu unterwerfen, so wird entweder Fremdbestimmung durch Andere oder gegenüber Anderen zur notwendigen Bedingung demokratischer Selbstgesetzgebung. Nur der gegenwärtige Aufenthalt im Staatsgebiet steht daher strenggenommen als Bedingung für die Zuweisung politischer Partizipationsrechte im Einklang mit der Identifikation von Regierenden und Regierten. Solange der zeitliche Schwellenwert, ab dem politische Partizipationsrechte zugeschrieben werden, die faktische Unterworfenheit von Personen jedoch möglichst adäquat trackt, könnte argumentiert werden, dass dieser lediglich einen empirischen *proxy* darstellt und noch keine normative Über- oder Unterinklusivität verursacht.

Eine weitere Herausforderung wird ersichtlich, wenn man den Blick im Umkehrschluss darauf richtet, wem das All-Subjected-Principle politische Partizipationsrechte entzieht. So würden ausgewanderte Staatsbürgerinnen und Staatsbürger aus dem Demos ausgeschlossen werden, selbst wenn sie beispielsweise Eigentum im Herkunftsland besitzen, welches der staatlichen Regelung des Systems privater Eigentumsrechte unterworfen bleibt. Da unklar ist, weshalb ein mit Zwang durchgesetztes System privater Eigentumsregelungen aus der internen Logik des Unterworfenheitskriterium keiner politischen Legitimation bedürfen sollte, erscheint das Prinzip an dieser Stelle in normativer Hinsicht unterinklusiv. So würde das Rechtsunterworfenheitsprinzip nicht nur erlauben, ausgewanderten Staatsbürge-

176 Vgl. ebd., S. 129.
177 Vgl. Carol C. Gould. „Self-Determination beyond Sovereignty: Relating Transnational Democracy to Local Autonomy", S. 48 – 49.
178 Vgl. Ludvig Beckman. *The Frontiers of Democracy: The Right to Vote and its Limits*. Basingstoke: Palgrave Macmillan, 2009, S. 83 – 85.

rinnen und Staatsbürgern politische Partizipationsrechte zu entziehen, ihre Exklusion aus dem Demos wäre vielmehr normativ gefordert.[179] Dies hätte ebenfalls Implikationen für die Institution der (doppelten) Staatsbürgerschaft: Entweder würde bei Auswanderung bzw. permanenter Abwesenheit den Entzug der Staatsbürgerschaft drohen, oder die Staatsbürgerschaft müsste prinzipiell von politischen Partizipationsrechten entkoppelt werden.[180] Während die erste Option die doppelte Staatsbürgerschaft grundsätzlich verhindert, verringert die zweite Option die politische Relevanz derselben. Folgt man also der vorherrschenden Interpretation, nach welcher das All-Subjected-Principle eine Verschränkung politischer Partizipationsrechte mit dem permanenten Aufenthalt innerhalb der territorialen Grenzen eines Nationalstaates impliziert,[181] so führt dies zu praktischen Anwendungsproblemen. Die starre Binarität von Inklusion nach innen und Exklusion nach außen führt dazu, dass das Prinzip der Rechtsunterworfenheit der sozialen Dynamik von Migration und der Bedeutung der Institution der Staatsbürgerschaft in einer zunehmend globalisierten Welt, in welcher Personen gleichzeitig multiple, überlappende soziale Bindungen und Zugehörigkeiten haben, nur äußerst schwer Rechnung tragen kann.[182]

Neben diesen Herausforderungen ist in dem hier vorliegenden Kontext jedoch problematischer, dass das Kriterium der Rechtsunterworfenheit in seiner klassischen Interpretation die territoriale Jurisdiktion eines positiven Rechtssystems bereits voraussetzt, welche die Menge der Rechtssubjekte immer schon räumlich bestimmt und damit in der Anwendung auf das Demos-Problem normativ unterbestimmte Ergebnisse produziert.[183] Dies wird deutlich, wenn man versucht, das Rechtsunterworfenheitsprinzip als Gründungsprinzip auszubuchstabieren:

---

179 Vgl. Claudio López-Guerra. „Should Expatriates Vote?" und Ludvig Beckman. „Citizenship and Voting Rights: Should Resident Aliens Vote?". In: *Citizenship Studies* 10.2 (2006), S. 161–162.
180 Vgl. Claudio López-Guerra. „Should Expatriates Vote?", S. 228.
181 Nach Hauke Brunkhorst impliziert das Prinzip der Rechtsunterworfenheit aufgrund der zunehmenden Ausgestaltung eines globalisierten Rechtscodes hingegen die demokratische Partizipation und Repräsentation aller Adressatinnen und Adressaten des Weltrechts. Vgl. Hauke Brunkhorst. *Solidarität: Von der Bürgerfreundschaft zur globalen Rechtsgenossenschaft*, S. 175–176, 216–217. Es ist jedoch fraglich, ob das All-Subjected-Principle in analoger Form auf internationales Recht angewendet werden kann, da es (überwiegend) nicht primär Individuen, sondern Staaten adressiert und nicht bindend bzw. durchsetzbar ist. Vgl. Johan Karlsson Schaffer. „The boundaries of transnational democracy: alternatives to the all-affected principle", S. 339.
182 Vgl. Robert E. Goodin. „Inclusion and exclusion". In: *European Journal of Sociology* 37.2 (1996), S. 343–371.
183 Für die stärkere Behauptung, dass das Prinzip in der Anwendung auf die Gründungsfrage zirkulär wird, vgl. Sofia Näsström. „The Challenge of the All-Affected Principle". In: *Political Studies* 59.1 (2011), S. 122 und Jürgen Habermas. „Nachwort", S. 670.

Das Gründungsproblem fragt danach, wie der Demos zusammengesetzt sein muss, der die Zuständigkeit hat, über die Zusammensetzung eines Staatsbürgervolkes im Einklang mit demokratischen Prinzipien zu entscheiden. Das Rechtsunterworfenheitsprinzip fordert in seiner klassischen Auslegung unter Bezugnahme auf ein positives Rechtssystem hingegen, dass ein historisch gewachsener territorial fixierter Zuständigkeitsbereich vorliegt, aus welchem die Zusammensetzung des Staatsbürgervolkes unmittelbar folgt. Nicht spezifiziert wird dabei, welcher Demos über die Grenzen dieser historisch gewachsenen Einheiten bestimmen soll. Würde man das Rechtsunterworfenheitsprinzip in seiner klassischen Auslegung auf das Gründungsproblem anwenden, so müsste es die kontingenten Grenzen bestehender Institutionen selbst heranziehen, um diese normativ zu legitimieren. Die einzige normative Beschränkung für die Zusammensetzung dieser Einheit wäre dabei, dass sie intern inklusiv ist, wobei jede andere ursprüngliche Grenzziehung andere normative Ergebnisse produzierte. Es gibt jedoch keinen Grund anzunehmen, dass die Grenzen kontingent gewachsener Einheiten, welche die politischen Externalitäten ihrer Mitgliedschaftspolitik nicht reflektieren, in einem globalen Gründungszustand ein normativ relevantes Kriterium darstellen sollten. So ist es kein Zufall, dass Dahl selbst bemerkt, die Demokratietheorie setze die Existenz demokratischer Einheiten bereits voraus:

> [W]e cannot solve the problem of the proper scope and domain of democratic units from within democratic theory. Like the majority principle, the democratic process presupposes a proper unit. *The criteria of the democratic process presuppose the rightfulness of the unit itself.* If the unit itself is not proper or rightful – if its scope or domain is not justifiable – then it cannot be made rightful simply by democratic procedures.[184]

Unabhängig davon, wie kohärent sich das Rechtsunterworfenheitsprinzip also in die Demokratietheorie einfügt und wie plausibel seine Implikationen sind, kann es keine Antwort auf die Gründungsfrage geben, da es kein Konstitutionsprinzip für den Demos, sondern ein Inklusionsprinzip für das Staatsbürgervolk formuliert.

An dieser Stelle könnten Vertreterinnen und Vertreter dieses Prinzips zu Recht insistieren, dass sie das All-Subjected-Principle als Inklusionskriterium für die Redistribution von Mitgliedschaftsrechten vertreten und die vorliegende Argumentation nicht gezeigt hat, dass das Prinzip hierfür ungeeignet ist. Dies widerspricht der vorliegenden Argumentation nicht, da diese lediglich zu zeigen beansprucht, dass das Prinzip der Rechtsunterworfenheit das Gründungsproblem nicht zufriedenstellend lösen kann. Dies ist insofern relevant, als dass die

---

184 Robert A. Dahl. *Democracy and Its Critics*, S. 207, Hervorhebung im Original.

Gründungsfrage der Inklusionsfrage logisch vorgeordnet ist, da ihre Beantwortung ipso facto jede Inklusionsproblematik durch die reine Verfahrensgerechtigkeit demokratischer Entscheidungsprozesse auflösen würde. Die Frage, ob das Rechtsunterworfenheitsprinzip in Ermangelung einer Lösung der Gründungsfrage als Inklusionsprinzip überzeugen kann, wird daher erst im zweiten Teil dieser Untersuchung behandelt.[185] Festzuhalten bleibt jedoch, dass das Rechtsunterworfenheitsprinzip in der Anwendung auf die Gründungsfrage normativ unterbestimmte Ergebnisse produziert, da es die Zusammensetzung des Demos, den es erst zu konstituieren beansprucht, faktisch durch den territorial fixierten Zuständigkeitsbereich des Staatsbürgervolkes voraussetzt.

Um der oben beschriebenen Problematik zu entkommen, könnte entgegen der klassischen Auffassung versucht werden, das Rechtsunterworfenheitsprinzip als Gründungsprinzip *issue-specific* auf die Mitgliedschaftspolitik eines Staatsbürgervolkes zu wenden und somit ausschließlich auf die rechtliche Unterworfenheit durch Mitgliedschaftsgesetze selbst anzuwenden. Nach dieser Auffassung würde das Rechtsunterworfenheitsprinzip nun fordern, all diejenigen Personen in den Demos mit Entscheidungskompetenz über die Mitgliedschaftspolitik eines Staatsbürgervolkes zu inkludieren, welche dessen Mitgliedschaftsgesetzen unterworfen sind. In dieser Form wäre das Rechtsunterworfenheitsprinzip zwar nicht länger normativ unterbestimmt, scheint nun jedoch auf ein anderes normatives Kriterium, nämlich das der Zwangsunterworfenheit, verweisen zu müssen. So würde bei extraterritorialen Mitgliedschaftsgesetzen mit universeller Jurisdiktion weniger die tatsächliche Unterworfenheit unter die territorial begrenzte, politische Autorität eines Staates, sondern, wie sich im nächsten Abschnitt zeigen wird, die Unterworfenheit unter dessen ausgeübten oder kommunikativ angedrohten Zwang, als Konstitutionsprinzip für Mitgliedschaftsrechte fungieren.

Zusammenfassend lässt sich daher festhalten, dass sich das Prinzip der Rechtsunterworfenheit aus demokratietheoretischer Sicht zwar besonders kohärent unter Rekurs auf die normativen Ideale der kollektiven Selbstgesetzgebung und politischen Gleichheit rechtfertigen lässt. Dabei weist es weitgehend plausible Implikationen auf, erlaubt jedoch teilweise unterinklusive Demoi-Konstitutionen. Da sich das Prinzip der Rechtsunterworfenheit in normativer Hinsicht durch die Unterworfenheit unter die politische Autorität eines Staates auszeichnet, kann es das Demos-Problem jedoch nicht lösen, sondern zeigt lediglich Implikationen für die In- bzw. Exklusion in bzw. aus bereits bestehenden Rechtsgemeinschaften – also gegründeten Territorialstaaten – auf.

---

185 Vgl. Kapitel 4.

3.2.2 Zwangsunterworfenheit

Prinzip 15. *Der Demos soll aus denjenigen Personen bestehen, denen seine Entscheidungen aufgezwungen werden.*

Das expansivere Prinzip der Zwangsunterworfenheit (*All-Coerced-Principle*[186]) fordert hingegen, dass alle Personen, die durch eine demokratische Entscheidung einem Zwang unterworfen werden, ein Recht darauf haben müssen, an der betreffenden Entscheidung zu partizipieren.[187] Diesem Prinzip nach begründet also nicht lediglich die Unterworfenheit unter die politische Autorität eines Staates durch physische Präsenz im Staatsgebiet, sondern bereits die extraterritoriale Ausübung oder kommunikative Androhung staatlichen Zwangs einen Anspruch auf demokratische Rechtfertigung.

Dem All-Coerced-Principle, welches von Arash Abizadeh vertreten wird, liegt ein Autonomieprinzip zugrunde, nach welchem zwangausübende staatliche Praktiken vermieden oder aber gegenüber allen Zwangsunterworfenen gerechtfertigt werden müssen.[188] Dieses Autonomieprinzip, welches ursprünglich von Michael Blake formuliert wurde,[189] stützt sich auf Joseph Raz' drei Autonomiebedingungen. Nach Raz setzt ein autonomes Leben erstens die mentalen Kapazitäten für das Verfolgen persönlicher Projekte, zweitens eine adäquate Auswahl wertvoller Handlungsoptionen sowie drittens Unabhängigkeit, also die Abwesenheit von Zwang oder Manipulation durch Andere, voraus.[190] Wird die Ausübung oder kommunikative Androhung von Zwang durch den Staat gegenüber den Zwangsunterworfenen also nicht gerechtfertigt, so verletzt dies stets die dritte Autonomiebedingung der Unabhängigkeit. Unter Rekurs auf das All-Coerced-Principle argumentiert Abizadeh nun wie folgt für einen prinzipiell unbegrenzten Demos (*unbounded demos thesis*):[191]

1. Eine demokratisch legitimierte Entscheidung gewährt allen Demos-Mitgliedern politische Partizipationsrechte an einem faktischen, diskursiven und

---

186 Dieses Prinzip wird auch als *coercion principle* oder *maximal-autonomy-principle* bezeichnet. Vgl. David Miller. „Democracy's Domain", S. 214 und Johan Karlsson Schaffer. „The boundaries of transnational democracy: alternatives to the all-affected principle", S. 335.
187 Vgl. Arash Abizadeh. „Democratic Theory and Border Coercion: No Right to Unilaterally Control Your Own Borders".
188 Vgl. ebd., S. 40.
189 Vgl. Michael Blake. „Distributive Justice, State Coercion, and Autonomy", S. 281–282.
190 Vgl. Joseph Raz. *The Morality of Freedom*, S. 372–378.
191 Die Argumentation ist in Abizadehs Darstellung auf zwei Prämissen reduziert. Vgl. Arash Abizadeh. „Democratic Theory and Border Coercion: No Right to Unilaterally Control Your Own Borders", S. 44–45.

institutionalisierten Deliberationsprozess, der diese Entscheidung rechtfertigt. (Deliberative Demokratiekonzeption)

2. Die durch (1) vorausgesetzte Verteilung der Mitgliedschaftsrechte wird in der empirischen Realität durch staatliche Grenzkontrollen durchgesetzt, welche Demos-Mitglieder und Nicht-Mitglieder staatlich ausgeübten oder kommunikativ angedrohten Zwang unterwerfen. (Empirische These)

3. Staatlich ausgeübter oder kommunikativ angedrohter Zwang ist nur dann demokratisch legitimiert, wenn er gegenüber all denjenigen Personen, die diesem unterworfen werden, demokratisch – im Sinne von (1) – gerechtfertigt ist. (Zwangsunterworfenheitsprinzip)

*4. Der Demos ist folglich unbegrenzt: Da die Verteilung der Mitgliedschaftsrechte auch Nicht-Mitgliedern aufgezwungen wird und erst die Rechtfertigung gegenüber allen Zwangsunterworfenen diesen Umstand demokratisch legitimiert, müssen auch Nicht-Mitglieder politische Partizipationsrechte an dem faktischen, diskursiven und institutionalisierten Deliberationsprozess über die Verteilung der Mitgliedschaftsrechte im Demos erhalten. (*Unbounded-demos-thesis*)

Laut Abizadeh produzieren demokratische Entscheidungen somit ein Externalitätsproblem, da die Verteilung der Mitgliedschaftsrechte Demos-Mitgliedern wie Nicht-Mitgliedern gleichermaßen aufgezwungen wird.[192] Nur eine demokratische Rechtfertigung staatlicher Zwangsausübung oder -androhung, welche allen Zwangsunterworfenen politische Partizipationsrechte an einem faktischen Deliberationsprozess über die Gestaltung der entsprechenden staatlichen Institutionen gewährt, steht diesem Ansatz nach folglich im Einklang mit deren Autonomie.

Anders als das All-Subjected-Principle antwortet das All-Coerced-Principle daher tatsächlich auf das Demos-Problem, indem es einen prinzipiell unbegrenzten Demos für die Konstitution eines Staatsbürgervolkes vorschlägt, dessen Kompetenz zugleich *issue-specific* auf die globale Regelung der Mitgliedschaftspolitik beschränkt bleibt. Genauer betrachtet changiert Abizadehs Argumentation für den unbegrenzten Demos jedoch zwischen einer schwächeren empirischen und einer stärkeren konzeptuellen Variante. In der ersten Variante deduziert Abizadeh den unbegrenzten Demos mittels der empirischen Prämisse (2), nach welcher der *territoriale* Ausschluss von Nicht-Mitgliedern in der empirischen

---

192 Ein ähnliches Externalitätsproblem, allerdings unter Rekurs auf das Betroffenheitsprinzip, konstatiert auch Benhabib. Vgl. Seyla Benhabib. *The Rights of Others: Aliens, Residents and Citizens*, S. 15.

Realität eine Form staatlichen Zwangs darstellt, welcher einen Anspruch auf demokratische Rechtfertigung, d. h. auf die politische Inklusion von Nicht-Mitgliedern auslöst. Entfiele diese empirische Prämisse, da die territorialen Grenzen zwischen Demoi offen blieben, wie beispielsweise zwischen den Mitgliedsstaaten der Europäischen Union, würde nach dieser Argumentation kein prinzipiell unbegrenzter Demos folgen.

Bei Abizadeh findet sich jedoch auch eine zweite Variante, nach welcher der prinzipiell unbegrenzte Demos unmittelbar aus dem Externalitätsproblem demokratischer Theorien selbst folgt, also bereits aus der begrifflichen Notwendigkeit, nach welcher Nicht-Mitglieder per definitionem staatlicher Macht ausgesetzt sind, da sie einem Mitgliedschaftsregime unterworfen sind, welches sie *politisch* exkludiert:

> [T]he democratic theory of political legitimacy requires justifying the exercise of power to those over whom power is exercised. On the other hand, the assumption that the demos is inherently bounded makes fulfilling this criterion impossible *conceptually speaking:* by virtue of what a (civic) border is conceptually, constituting it is always an exercise of power over persons who, in the very act of constituting the border, are excluded from the membership to whom power is justified. The source of incoherence, however, is not democratic theory as such: both the boundary and externality problems are artefacts of the democratic theory of *bounded* popular sovereignty. The view that the demos is inherently bounded leads to incoherence, but it rests on a mistaken reading of the principle of democratic legitimacy.[193]

Während die *unbounded-demos-thesis* in der ersten Variante also auf dem empirisch-kontingenten, territorialen Ausschluss von politisch Exkludierten basiert, folgt sie in der zweiten Variante bereits aus dem begrifflich notwendigen, politischen Ausschluss von Nicht-Mitgliedern. Der theoretische Unterschied zwischen beidem ist aufgrund der empirischen Praxis, in welcher politische Partizipationsrechte i. d. R. an die Staatsbürgerschaft und damit an territoriale Aufenthaltsrechte geknüpft sind, nicht sofort offensichtlich.

Die theoretische Unterscheidung ist jedoch bedeutsam, da Kritik an dem All-Coerced-Principle u. a. an der empirischen Prämisse ansetzt. So bestreitet David Miller beispielsweise, dass unilaterale Einwanderungsbeschränkungen überhaupt einen Zwang darstellen, indem er zwischen Zwang (*coercion*) und Prävention (*prevention*) unterscheidet und Einwanderungsbeschränkungen als Prä-

---

193 Arash Abizadeh. "Democratic Theory and Border Coercion: No Right to Unilaterally Control Your Own Borders", S. 47. Hervorhebung im Original.

vention fasst.[194] Während sich Zwang laut Miller dadurch auszeichne, dass Personen spezifische Tätigkeiten vorgeschrieben würden, zeichne sich Prävention hingegen lediglich dadurch aus, dass Personen an spezifischen Tätigkeiten gehindert würden. Laut Miller schränkt eine positive Pflicht (Zwang) die Autonomie von Personen dabei weitaus stärker ein als eine negative Pflicht (Prävention), weshalb ausschließlich erstere demokratischer Legitimation bedürften. Da unilaterale Einwanderungsbeschränkungen lediglich eine spezifische Tätigkeit – nämlich den Grenzübertritt – verhinderten, stellten sie laut Miller jedoch keinen Zwang, sondern eine Form der Prävention dar und bedürften folglich keiner demokratischen Legitimation.

Positive Handlungspflichten beschränken die Autonomie von Personen jedoch nicht generell stärker, als negative Unterlassenspflichten, was sich beispielsweise anhand der zentralen Bedeutung der Religionsfreiheit für die Autonomie von Personen zeigen lässt.[195] Darüber hinaus formulieren ein Großteil staatlich verabschiedeter Gesetze Unterlassenspflichten, denen folglich jegliche demokratische Legitimation fehlen dürfte.[196] In Abwesenheit überzeugender Gegenargumente ist es daher plausibel anzunehmen, dass unilaterale Einwanderungsbeschränkungen tatsächlich eine Form staatlich ausgeübten oder kommunikativ angedrohten Zwangs darstellen.

Das All-Coerced-Principle weist als Lösung der Gründungsfrage jedoch trotzdem Herausforderungen auf, die es teilweise mit anderen Prinzipien teilt. So könnte argumentiert werden, dass es Kinder und Jugendliche in den Demos inkludieren oder aber einen kontingent gesetzten Schwellenwert für die erforderliche Kompetenz zur politischen Partizipation unter Rekurs auf das Ideal der Autonomie rechtfertigen müsste. Insbesondere im Fall von strafmündigen Jugendlichen, denen juristisch unterstellt wird, dass sie die Folgen ihrer Handlungen ausreichend überblicken, würde das All-Coerced-Principle entgegen der gängigen empirischen Praxis politische Partizipationsrechte fordern müssen.[197] Dies wäre jedoch lediglich insofern problematisch, als dass Vertreterinnen und Vertreter dieses Prinzip damit ihren eigenen Anspruch unterliefen, bloß implizit zugrundeliegende Prämissen demokratischer Praktiken aufzuzeigen.[198]

---

194 Vgl. David Miller. „Why Immigration Controls Are Not Coercive: A Reply to Arash Abizadeh". In: *Political Theory* 38.1 (2010), S. 111–120.
195 Vgl. Ben Saunders. „Immigration, Rights and Democracy". In: *Theoria* 58.129 (2011), S. 61.
196 Vgl. Arash Abizadeh. „Democratic Legitimacy and State Coercion: A Reply to David Miller". In: *Political Theory* 38.1 (2010), S. 125.
197 Vgl. Ben Saunders. „Immigration, Rights and Democracy", S. 69.
198 Vgl. ebd., S. 69.

Ein größeres Problem besteht hingegen darin, dass das All-Coerced-Principle nicht binär ist, sondern unterschiedliche Grade der Zwangsunterworfenheit zulässt, denen unterschiedlich stark gewichtete politische Partizipationsrechte folgen müssten. Dem All-Coerced-Principle liegen wie oben ausgeführt drei Autonomiebedingungen zugrunde, die in jeweils unterschiedlichem Ausmaß verletzt werden können. Während der territoriale und politische Ausschluss von Nicht-Mitgliedern stets die Unabhängigkeit aller Zwangsunterworfenen beeinträchtigt, verletzt er die Wahlmöglichkeit zwischen adäquaten Handlungsoptionen jedoch nur in Bezug auf einen Teil der Nicht-Mitglieder. Daher schlussfolgert Abizadeh:

> [T]here is a kernel of truth to the unequal-stakes objection [...] Thus, when thinking about the cosmopolitan democratic institutions necessary for legitimating regimes of border control, the second condition of autonomy suggests giving the weakest rights of participation to foreigners for whom the option of entry is of little value; a greater participatory say to foreigners for whom entry actually represents a valuable option; an even greater say to those for whom the option is necessary to have an adequate range of valuable options; and perhaps the greatest say to citizens themselves.[199]

Dies ist jedoch problematisch, da es ähnlich wie das Prinzip Möglicher Betroffenheit mit dem normativen Ideal politischer Gleichheit kollidiert.[200] So reicht für eine demokratisch legitimierte Demos-Konstitution nicht aus, dass alle Mitglieder staatlichem Zwang in unterschiedlichem Ausmaß unterworfen sind. Die Verleihung eines gleichen Anspruchs auf Autorität und der Zuschreibung gleichgewichteter Stimmrechte in einer Mehrheitsentscheidung setzt vielmehr voraus, dass die Mitglieder das als relevant erachtete normative Inklusionskriterium in gleichem Ausmaß erfüllen.

Schlussendlich gelingt es dem All-Coerced-Principle – wenn es als generelles Kriterium demokratischer Legitimität verstanden wird – nicht, die expansiven Implikationen des weiten Zwangsbegriffes auf die Kompetenz zur Verteilung von Mitgliedschaftsrechten zu beschränken. Stattdessen würde aus diesem vielmehr folgen, dass selbst lokale politische Entscheidungen, die nur wenige Personen vor Ort direkt betreffen, von einem globalen Demos ausgehen müssten.[201] Nach Abizadeh begründet bereits die kommunikative Androhung von Zwang einen Anspruch auf demokratische Legitimation, selbst gegenüber denjenigen Personen, die keinerlei Interesse oder Intention aufweisen, die untersagte Handlung

---

199 Arash Abizadeh. "Democratic Theory and Border Coercion: No Right to Unilaterally Control Your Own Borders", S. 54–55.
200 Vgl. Abschnitt 3.1.2.
201 Ben Saunders führt hier das Beispiel britischer Verkehrsvorschriften an. Vgl. Ben Saunders. „Immigration, Rights and Democracy", S. 70.

auszuführen. Folgt man Abizadehs expansiver Konzeption von Zwang, so würden selbst lokale Gesetze Personen außerhalb der Staatsgrenzen dem kommunikativen Zwang eines Staates unterwerfen, untersagte Handlungen auf dem Territorium nicht durchzuführen.[202] Abizadeh begegnet diesem Einwand, indem er den Anspruch auf demokratische Rechtfertigung auf die tatsächlichen Adressatinnen und Adressaten kommunikativen Zwangs beschränkt.[203] Dieser Vorstellung nach implizieren somit lediglich Gesetze mit universaler Jurisdiktion, wie Einwanderungsgesetze, einen globalen Demos, da nur diese ausnahmslos alle Personen dem kommunikativen Zwang eines Staates aussetzen würden, während lokale Gesetze ausschließlich Rechtssubjekte innerhalb des Staatsgebietes adressieren. Letztere würden nur dann alle Personen adressieren, sofern zwei voneinander unabhängige Handlungen, nämlich der Grenzübertritt sowie das Ausführen einer lokal untersagten Handlung, künstlich zu einer Handlung kombiniert würden. Dies ist jedoch unbefriedigend, da unklar bleibt, wie ein sinnvolles Kriterium zur Individuierung von Handlungen aussehen soll.[204]

Darüber hinaus könnte eine Einschränkung auf den faktischen Adressatenkreis derjenigen Personen, die kommunikativ angedrohten oder exekutierten Zwang unmittelbar durch Gesetze unterworfen sind, zu stark dynamischen Demoi-Konstitutionen führen. So adressieren viele Gesetze nicht alle Bürgerinnen und Bürger, sondern spezifische Personengruppen innerhalb der Gesellschaft. Sofern das All-Coerced-Principle daher fordert, die Demos-Konstitution an den faktischen Adressatenkreis eines Gesetzes zu bemessen, folgt nicht nur, dass der Demos bei vielen Gesetzesentscheidungen variieren würde, sondern auch, dass potenzielle Adressatinnen und Adressaten aus dem Demos ausgeschlossen würden. Dies ist jedoch problematisch, da die Frage, ob jemand zukünftig zu einem bestimmten Adressatenkreis eines Gesetzes gehören will, mitunter davon abhängt, welche inhaltlichen Gesetzesvorschriften für diesen Adressatenkreis in der Gegenwart beschlossen werden.[205]

Schlussendlich lässt sich daher festhalten, dass das Prinzip der Zwangsunterworfenheit gegenüber dem Rechtsunterworfenheitsprinzip zwar den Vorteil

---

202 Ein anonymes Review von Abizadeh führt in diesem Zusammenhang das Beispiel des Verbots homosexueller Praktiken in Nigeria an, welches alle Personen dem kommunikativen Zwang des nigerianischen Rechtssystems aussetzt, entsprechende Handlungen auf nigerianischem Territorium durch staatlich exekutierten Zwang zu ahnden. Vgl. Arash Abizadeh. „Democratic Theory and Border Coercion: No Right to Unilaterally Control Your Own Borders", S. 65, Fn. 59.
203 Vgl. ebd., S. 65, Fn. 59.
204 Vgl. Ben Saunders. „Immigration, Rights and Democracy", S. 70.
205 Vgl. Andreas Cassee. *Globale Bewegungsfreiheit: Ein philosophisches Plädoyer für offene Grenzen*, S. 206 – 207.

hat, dass es auf die Gründungsfrage antwortet, indem es nicht ausschließlich mitgliedschaftspolitische Konsequenzen für bestehende Institutionen aufzeigt, sondern versucht, die Errichtung einer übergeordneten globalen Institution zu begründen, welche die Verteilung der Mitgliedschaftsrechte in bestehenden Staaten demokratisch legitimiert. Als Konstitutionsprinzip für den Demos bleibt es jedoch ungeeignet, da es die politische Gleichheit stark adressierter Normadressatinnen und Normadressaten nicht ausreichend berücksichtigen kann und – aufgrund seines Anspruchs jeden staatlichen Zwang demokratisch zu legitimieren – entweder jede lokale politische Entscheidung global expandiert oder durch eine entsprechende Beschränkung des Adressatenkreises zu stark dynamischen Demos-Konstitutionen führen würde.

3.3 Fazit

Es lässt sich festhalten, dass die hier untersuchten Lösungswege, welche die Demos-Konstitution nicht unter Rückgriff auf interne Eigenschaften des Demos, sondern unter Bezugnahme auf dessen externe Wirkungen bestimmen, auch kein klar umrissenes politisches Subjekt konstituieren können. Sowohl Vorschläge, welche die Mitgliederzusammensetzung des Demos in Anlehnung daran bestimmen, wer durch seine Entscheidungen faktisch oder möglicherweise betroffen ist, können als Lösung der Gründungsfrage nicht überzeugen, da sie entweder zirkulär oder prinzipiell unfähig sind, ein handlungsfähiges Entscheidungssubjekt zu konstituieren und eher Rechtfertigungs-, als Mitgliedschaftsansprüche begründen. Doch auch Vorschläge, welche die Mitgliederzusammensetzung des Demos in Anlehnung daran bestimmen, wer durch die Gesetzesentscheidungen des Demos rechtlich unterworfen bzw. einem Zwang ausgesetzt wird, sind unbefriedigend, da sie entweder lediglich Implikationen für die In- bzw. Exklusion in bzw. aus bereits bestehenden Rechtsgemeinschaften aufzeigen oder jede lokale Frage im globalen Maßstab expandieren. Darüber hinaus kollidieren insbesondere das Prinzip Möglicher Betroffenheit und das Zwangsunterworfenheitsprinzip mit dem Wert politischer Gleichheit, da sie ein graduelles Inklusionskriterium nahelegen, welches sich nicht ohne Weiteres in einen binären Mitgliedschaftsstatus übersetzen lässt.

Zwischenüberlegung

Inklusion statt Konstitution

Die bisherige Untersuchung hat im ersten Teil danach gefragt, wie ein Demos zusammengesetzt sein muss, der die Zuständigkeit hat, über die Zusammensetzung eines Staatsbürgervolkes im Einklang mit demokratischen Prinzipien zu entscheiden. Hierbei wurde versucht zu zeigen, dass die vorgestellten Lösungsvorschläge das Demos-Problem im Sinne eines Gründungsparadoxes, welches die ursprüngliche Demos-Konstitution demokratischer Territorialstaaten zu bestimmen sucht, nicht lösen können. Hieraus folgt, dass die Gründung eines Territorialstaates aus demokratischer Perspektive bestenfalls kontingent und schlimmstenfalls wie ein politisch nicht legitimierter Gewaltakt erscheint. Dies stellt ein normatives Defizit im Kern des demokratischen Theoriegebäudes dar, welches in Teilen zu einer Beweislastverschiebung der Mitgliedschaftspolitik souveräner demokratischer Territorialstaaten führt. Gibt es keinerlei Kriterien für die demokratische Gründung eines Staatsbürgervolkes, so kann auch die Verteilung politischer Partizipationsrechte in solchen Staaten nicht einfach durch demokratische Iterationen bzw. eine verfahrensgerechte Übertragung von Mitgliedschaftsrechten ausgehend von einem demokratisch legitimierten Gründungszustand gerechtfertigt werden. Die Souveränität demokratischer Territorialstaaten, mittels kollektiven Entscheidungsprozessen ihre eigene extraterritoriale Mitgliedschaftspolitik unilateral festzulegen, erscheint somit bis auf Weiteres rechtfertigungsbedürftig.[206] Dies wirft die Frage auf, wer aus demokratischer Sicht in das Staatsbürgervolk eines bestehenden Territorialstaates inkludiert werden sollte, welches selbst nicht unter Rekurs auf demokratische Prinzipien gegründet werden kann.

Der zweite Teil soll sich daher der Frage widmen, welchen Zuständigkeitsbereich ein bestehendes Staatsbürgervolk über seine eigene Mitgliedschaftspolitik aus demokratischer Perspektive besitzen muss. Diese Art der Fragestellung krempelt das Demos-Problem gewissermaßen um, indem es eine kontingente Mitgliederzusammensetzung stipuliert und deren Entscheidungskompetenzen in Bezug auf die fortwährende Beschaffenheit des kollektiven Selbst zu legitimieren versucht. Während das Demos-Problem in Teil I also nach einem Konstitutionsprinzip fragte, welches die ursprüngliche Verteilung politischer Mitgliedschafts-

---

206 Außer natürlich, man ist bereit, den intrinsischen Wert demokratischer Entscheidungsprozesse zu negieren.

https://doi.org/10.1515/9783110788884-006

rechte im Gründungszustand erfolgreich regelt und dadurch die Möglichkeit einer verfahrensgerechten Redistribution dieser Rechte impliziert, stellt sich jetzt, in Ermangelung der Legitimation eines solchen Ausgangszustands, die Frage nach Inklusionsprinzipien, welche politische Mitgliedschafts- und territoriale Aufenthaltsrechte im Hinblick auf ein Verteilungsergebnis, welches normativ gefordert strukturelle Eigenschaften aufweist, rechtfertigt oder umverteilt.[207] Diese – nicht mit der Konstitutionsproblematik zu verwechselnde – Frage danach, unter welchen Bedingungen bestehende demokratische Territorialstaaten aus demokratischer Perspektive inklusiv oder exklusiv sind, setzt eine kontingente (mitunter gewaltsame) Genese solcher Staaten als Tatsache voraus und fragt lediglich danach, welche Personen aus demokratieimmanenten Gründen politische Partizipations- und territoriale Aufenthaltsrechte in diesen erhalten sollten.

Kongruenz

Gesucht sind also Inklusionskriterien, welche die strukturellen Eigenschaften bestimmen, die eine demokratische Verteilung politischer Mitgliedschafts- und territorialer Aufenthaltsrechte in bestehenden demokratischen Territorialstaaten aufweisen sollte. Da das Mitgliedschaftsrecht in einem solchen Staat nicht nur die politische, sondern zugleich auch territoriale Inklusion seiner Trägerinnen und Träger impliziert, muss die Verteilungsstruktur von Mitgliedschaftsrechten im Zurechnungs-, Aktiv- und Adressatenvolk als Ganzes betrachtet werden, um angemessen beurteilen zu können, wann dieser aus demokratischer Perspektive in- oder exklusiv ist.

Theoretisch sind hierbei zwei hypothetische Extreme vorstellbar. Einerseits der Fall, in dem die Extension von Zurechnungs-, Aktiv- und Adressatenvolk nahezu identisch ist (Szenario 1), und andererseits der Fall, in dem das Aktivvolk eine (kleine) Teilmenge des Zurechnungsvolkes ausmacht und dieses wiederum eine (kleine) Teilmenge des Adressatenvolkes ausmacht (Szenario 2). Auch wenn eine vollkommene Kongruenz von Zurechnungs-, Aktiv- und Adressatenvolk bereits aus prinzipiellen Gesichtspunkten praktisch nicht herstellbar ist,[208] sprechen die normativen Ideale der kollektiven Selbstregierung und politischen Gleichheit dafür, eine möglichst starke Überschneidung von Zurechnungs-, Aktiv- und

---

207 Siehe Robert Nozicks Unterscheidung zwischen historischen Prinzipien und Endzustandsprinzipien sowie zwischen strukturellen und nicht-strukturellen Prinzipien. Vgl. Robert Nozick. *Anarchy, State, and Utopia*, S. 153–160.

208 Da beispielsweise Kleinkinder kein Teil des Aktivvolks sein können. Vgl. Robert A. Dahl. *Democracy and Its Critics*, S. 126–127.

Adressatenvolk anzustreben. In dem hypothetischen Idealfall, in welchem Zurechnungs-, Aktiv-, und Adressatenvolk (nahezu) identisch sind, sind alle Personen politisch Gleiche im umfassenden Sinne, da der Mitgliedschaftsstatus im Zurechnungsvolk jeder Person die notwendigen materialen Voraussetzungen garantiert, um politische Rechte effektiv wahrzunehmen. Darüber hinaus wird jeder Person das Maximum an aktiver Selbstregierung gewährt, das mit der gleichen aktiven Selbstregierung jeder anderen Person in einer pluralistischen Gesellschaft vereinbar ist, da keine Person staatlichen Gesetzen unterworfen ist, an deren Gestaltung sie nicht teilhaben kann. Umgekehrt werden in dem Fall, in welchem Zurechnungs-, Aktiv- und Adressatenvolk stark auseinanderklaffen, die Ideale der kollektiven Selbstregierung und politischen Gleichheit verletzt, da die überwiegende Mehrheit der Personen von den materialen Voraussetzungen ausgeschlossen ist, die eine effektive Wahrnehmung politischer Rechte garantieren. Darüber hinaus ist eine noch größere Zahl an Personen Gesetzen unterworfen, an deren Gestaltung sie nicht teilhaben kann, sodass der überwiegenden Mehrheit von Personen die Ausübung aktiver Selbstregierung, die mit der gleichen aktiven Selbstregierung jeder anderen Person unter pluralistischen Bedingungen vereinbar ist, verwehrt bleibt.[209]

Die normativen Ideale kollektiver Selbstregierung und politischer Gleichheit sprechen also dafür, eine möglichst starke Überschneidung von Zurechnungs-, Aktiv- und Adressatenvolk demokratischer Territorialstaaten anzustreben. Diese Forderung gerät jedoch durch die ansteigende internationale Mobilität in Folge von Globalisierungsprozessen zunehmend unter Druck, da sich immer mehr Personen vorübergehend oder dauerhaft in demokratischen Territorialstaaten aufhalten, ohne die entsprechende Staatsbürgerschaft ihres jeweiligen Aufenthaltsstaates zu besitzen und nationalstaatliche Entscheidungen mitunter extraterritoriale Normadressatinnen und Normadressaten (sowie globale Auswirkungen) produzieren.[210]

Hierdurch sind nicht eingebürgerte Migrantinnen und Migranten sowie extraterritoriale Normadressatinnen und Normadressaten zwar Teil des Adressatenvolkes demokratischer Territorialstaaten, bleiben i. d. R. jedoch von der Mitgliedschaft

---

209 An dem Beispiel der *metics*, also den dauerhaft anwohnenden Nicht-Bürgerinnen und Nicht-Bürgern des antiken Athens, erläutert Michael Walzer, dass die permanente Herrschaft von Bürgerinnen und Bürgern über einen Teil der ansässigen Bevölkerung eine Form von Tyrannei darstellt. Vgl. Michael Walzer. *Spheres of Justice: A Defense of Pluralism and Equality*, S. 53–55.
210 Rainer Bauböck weist daraufhin, dass eine solche Kongruenz unter Bedingungen von internationaler Mobilität sowie politischen Entscheidungen mit extraterritorialen Auswirkungen nicht herstellbar ist und daher pluralistische Inklusionsprinzipien erforderlich macht. Vgl. Rainer Bauböck. „Democratic inclusion: a pluralist theory of citizenship", S. 47–48.

in dem entsprechenden Zurechnungsvolk – und dadurch auch Aktivvolk – ausgeschlossen. Neben dem Adressatenvolk gibt es darüber hinaus bei vielen unilateralen Entscheidungen oft einen noch größeren Kreis an Personen außerhalb des Territoriums, deren Interessen stark von dem Entscheidungsergebnis betroffen sind.[211] Die Beurteilung demokratischer Inklusion befindet sich in einer globalisierten internationalen Ordnung daher im Spannungsfeld zwischen den Idealen der kollektiven Selbstregierung und politischen Gleichheit, welche eine abgrenzbare kongruente politische Einheit fordern, und der realpolitischen Wirklichkeit, in welcher Personen zunehmend multiple, überlappende soziale und rechtliche Bindungen an unterschiedliche politische Einheiten entwickeln.[212] Vor diesem Hintergrund stellt sich daher nun die Frage, welche Verteilungsstruktur von Mitgliedschaftsrechten kontingent entstandene Territorialstaaten aus demokratischer Perspektive aufweisen sollten.

---

211 Diese Personen sind meiner Auffassung nach nicht automatisch Teil des Adressatenvolkes, da eine Person erst dann zur Normadressatin oder zum Normadressaten eines demokratischen Staates wird, wenn sie dessen Gesetzen unterworfen ist.

212 Vgl. Robert E. Goodin. „Inclusion and exclusion", S. 363 – 364 und Rainer Bauböck. „Political Membership and Democratic Boundaries". In: *The Oxford Handbook of Citizenship*. Hrsg. von Ayelet Shachar, Rainer Bauböck, Irene Bloemraad u. a. New York: Oxford University Press, 2017, S. 60 – 82.

—

Teil II **Inklusion und Exklusion**

Kapitel 4 Demokratische Inklusion

Das folgende Kapitel untersucht, wer aus demokratischer Perspektive in bestehende demokratische Territorialstaaten inkludiert werden muss. Vor dem Hintergrund weitgehend sesshafter Bevölkerungen mit Migrationsaufkommen wird dafür argumentiert, dass ein demokratischer Territorialstaat dann inklusiv[213] ist, wenn er alle Personen mit genuinen sozialen oder ortsabhängigen Bindungen in das Zurechnungsvolk inkludiert, die Interessen des Adressatenvolks ex ante deliberativ berücksichtigt und alle minimal kompetenten Mitglieder des Zurechnungsvolkes – vorzugsweise durch Regularisierung und Einbürgerung anstelle einer Disaggregation der Staatsbürgerschaft von politischen Partizipationsrechten – elektiv repräsentiert.

4.1 Staatsbürgerschaft und Zurechnungsvolk

4.1.1 Die Institution der Staatsbürgerschaft

In Kapitel 1 wurde Demokratie als eine Regierung des Zurechnungsvolkes, durch das Aktivvolk und für das Adressatenvolk bestimmt. Das Zurechnungsvolk eines demokratischen Territorialstaates wird dabei durch die Institution der Staatsbürgerschaft definiert und umfasst daher alle Staatsbürgerinnen und Staatsbürger des jeweiligen Territorialstaates. Fragt man also nach einem Inklusionsprinzip für das bestehende Zurechnungsvolk eines demokratischen Territorialstaates, so fragt man erstens danach, welches Bündel an Rechten und Pflichten an die Staatsbürgerschaft geknüpft sein sollte, und zweitens, unter welchen Umständen Migrantinnen und Migranten (oder deren Nachkommen) aus demokratischer Perspektive das Recht auf den Erwerb der Staatsbürgerschaft erhalten müssen.

Staatsbürgerschaftsrechte in demokratischen Territorialstaaten zeichnen sich in normativer Hinsicht vor allem dadurch aus, dass sie territoriale Aufenthalts- und politische Partizipationsrechte miteinander verknüpfen. Das Staatsbürgerschaftsrecht muss hier somit im Kern als ein Bündel aus (mindestens) folgenden Rechtsrelationen verstanden werden:[214] Erstens Rechte auf Bewegungsfreiheit

---

213 Im Folgenden verwende ich diesen Begriff im Zusammenhang mit demokratischen Territorialstaaten normativ aufgeladen und bezeichne damit, dass diejenigen Personen eingeschlossen werden, die in normativer Hinsicht eingeschlossen werden sollten.
214 Zur Analyse des Rechts als Bündel verschiedener Rechtsrelationen vgl. Wesley Newcomb Hohfeld. „Some Fundamental Legal Conceptions as Applied in Judicial Reasoning". In: *The Yale*

https://doi.org/10.1515/9783110788884-007

und territorialen Aufenthalt, d. h. Freiheiten, sich dauerhaft (nicht) innerhalb des Staatsgebietes aufzuhalten und (nicht) über die Staatsgrenzen zu bewegen sowie Ansprüche, nicht durch den Staat an dieser Bewegungsfreiheit gehindert zu werden. Zweitens Rechte auf politische Partizipation, d. h. Kompetenzen, als Teil des Staatsbürgervolkes in periodischen Wahlen politische Autorität an eine Regierung zu übertragen und Freiheiten, (nicht) um politische Ämter zu kandidieren, Freiheiten, (nicht) von diesen Kompetenzen Gebrauch zu machen[215] sowie Immunitäten dagegen, diese Kompetenzen durch den Staat abgesprochen zu bekommen.[216]

Demokratische Erwägungen sprechen dafür, diese minimalistische Interpretation des Rechtes auf politische Partizipation um weitere Rechtsrelationen zu ergänzen. So folgt aus dem Ideal kollektiver Selbstregierung, dass das Recht auf politische Partizipation möglichst starke Kompetenzen zur direkten politischen Teilhabe, beispielsweise durch Petitionen, Bürgerinitiativen, Volksentscheide usw., umfassen sollte. Darüber hinaus spricht das Ideal politischer Gleichheit dafür, dass das Recht auf politische Partizipation die materialen Bedingungen seiner Inanspruchnahme voraussetzen sollte, d. h. Ansprüche auf ökonomische und soziale Ressourcen beinhalten sollte, die allen Personen eine effektive Wahrnehmung ihrer politischen Rechte ermöglicht. Eine solche anspruchsvollere Auslegung der Staatsbürgerschaft setzt politisch gebildete Staatsbürgerinnen und Staatsbürger mit Sprachkenntnissen der Amtssprache sowie starke redistributive Institutionen voraus, die allen Staatsbürgerinnen und Staatsbürgern ein wirtschaftliches Existenzminimum garantieren.

Law Journal 23.1 (1913), S. 16 – 59. Ich verwende hier Leif Wenars Interpretation der Hohfeld'schen Begriffsanalyse, nach welcher der Ausdruck *Recht* ein Privileg, einen Anspruch, eine Kompetenz, eine Immunität oder eine Kombination derselben meint und diese Rechtsrelationen jeweils unterschiedliche Funktionen besitzen können. Vgl. Leif Wenar. „The Nature of Rights". In: *Philosophy & Public Affairs* 33.3 (2005), S. 223 – 252.

215 In manchen empirischen demokratischen Staaten, wie beispielsweise Australien, besteht hingegen eine Wahlpflicht. Aus normativer Sicht widerspricht dies meines Erachtens der Logik responsiver, zustimmungsbasierter politischer Institutionen.

216 Diese Immunitäten bestehen nicht *all things considered*, sondern müssen in seltenen medizinisch indizierten Ausnahmen, welche beispielsweise eine starke kognitive Beeinträchtigung der jeweiligen Personen belegen, übertrumpft werden können, da gewisse sprachliche und kognitive Fähigkeiten eine Voraussetzung der aktiven Partizipation an elektiven Entscheidungsverfahren sind. Für Kritik an dieser restriktiven Auslegung politischer Partizipation vgl. Will Kymlicka u. Sue Donaldson. „Metics, members and citizens". In: *Democratic Inclusion: Rainer Bauböck in dialogue*. Hrsg. von Rainer Bauböck. Manchester: Manchester University Press, 2018, S. 160 – 182.

Je anspruchsvoller jedoch die Ausübung der Staatsbürgerschaft und je umfangreicher das an die Staatsbürgerschaft gekoppelte Bündel an Rechten und Pflichten ist, desto beschränkter wird der Kreis der jeweiligen Rechtsträgerinnen und Rechtsträger in der Realität, d. h. bei knappen Ressourcen und ungleich verteilten Sprach- bzw. Diskursfähigkeiten, ausfallen müssen. Eine anspruchsvolle Auslegung der Staatsbürgerschaft ist daher zunehmend unfähig, den Herausforderungen der Globalisierung angemessen begegnen zu können. Bei einer wachsenden internationalen Mobilität umfasst das Adressatenvolk demokratischer Territorialstaaten zunehmend Personen unterschiedlicher politischer Bildungshintergründe und Sprachkenntnisse. Darüber hinaus stiften extreme ökonomische Ungleichheiten zwischen Staaten Anreize zur Migration, was wiederum oft den realpolitischen Willen der Zielstaaten verringert, starke redistributive Maßnahmen durchzusetzen.[217] Wird Migrantinnen und Migranten das Staatsbürgerschaftsrecht jedoch unter Rekurs auf die anspruchsvollen Teilnahmevoraussetzungen politischer Partizipation oder die Aufrechterhaltung redistributiver Institutionen des Zielstaates vorenthalten, so wird in Kauf genommen, dass ein Teil des Adressatenvolkes dauerhaft politisch, ökonomisch und sozial exkludiert wird. Während die demokratietheoretisch geforderte, anspruchsvolle Auslegung der Staatsbürgerschaft daher zwar für eine internationale Ordnung mit undurchlässigen Grenzen geeignet ist, in welcher die Mitgliedschaftspolitik einzelner Staaten nach innen inklusiv und nach außen exklusiv ist, verletzt sie in einer internationalen Ordnung mit hohem Migrationsaufkommen zunehmend die normativ geforderte Kongruenz von Zurechnungs-, Aktiv- und Adressatenvolk. Es stellt sich somit die Frage, welche Verteilung von Staatsbürgerschaftsrechten in einer globalisierten politischen Ordnung mit diffusen Grenzen gefordert ist.

4.1.2 Geburtsstaatsbürgerschaft und Verbundenheit

Sofern die faktische Verteilung von Staatsbürgerschaftsrechten in Ermangelung eines demokratisch legitimierten ursprünglichen Zurechnungsvolkes den Ausgangspunkt der normativen Analyse bildet, kann nur ein Prinzip, welches strukturelle Gesichtspunkte der Mitgliedschaftsverteilung berücksichtigt, beurteilen, ob ein Zurechnungsvolk aus demokratischer Perspektive inklusiv ist. Da es ohne ein Prinzip für den legitimen Erwerb von Mitgliedschaftsansprüchen kein sinnvolles Prinzip für deren verfahrensgerechte Übertragung oder die rektifikatorische

---

217 Für die Auswirkungen von Immigration auf die Implementierung redistributiver Institutionen vgl. David Miller. *Strangers in Our Midst: The Political Philosophy of Immigration*, S. 64.

Wiedergutmachung verletzter ursprünglicher Ansprüche gibt, müssen Kriterien für eine demokratische Inklusion in bestehende Territorialstaaten daran bemessen werden, welche Mitgliedschaftsansprüche mit der Zeit aus einem historisch kontingenten, demokratisch nicht legitimierten Zustand erwachsen können. Hierbei bietet sich insbesondere die dauerhafte und tatsächliche Praxis sozialer Mitgliedschaft in politischen Gemeinschaften als normatives Kriterium für die Verteilung von Mitgliedschaftsrechten im Zurechnungsvolk an, da diese imstande ist, Zurechnungs-, Aktiv- und Adressatenvolk weitgehend zu integrieren.[218]

Nach dieser Vorstellung erwächst aus der dauerhaften, alltäglichen Interaktion einer Person mit dem sozialen Gefüge ihres Aufenthaltsstaates, dessen Gesetzen sie permanent unterworfen ist, ein Anspruch auf den Erwerb der entsprechenden Staatsbürgerschaft, woraus dreierlei folgt: Erstens wird die tatsächliche Mitgliedschaft in einer politischen Gemeinschaft primär über de facto Bindungen anstelle eines formalen Rechtsstatus bestimmt.[219] Zweitens wirft die Verleihung des formalen Mitgliedschaftsrechts Verteilungsfragen auf, die anhand des normativen Kriteriums genuiner sozialer Bindungen beurteilt werden müssen.[220] Drittens können teils überlappende oder ineinander verschachtelte faktische Bindungen an unterschiedliche politische Gemeinschaften mitunter zu pluralen Inklusionsprinzipien führen.[221]

Geburtsstaatsbürgerschaft

Im Gegensatz hierzu wird die Staatsbürgerschaft in empirischen Staaten anhand von zwei miteinander kombinierbaren Mitgliedschaftsregeln verliehen, welche die Geburtsumstände einer Person zum alleinigen Verteilungsmaßstab von Mitgliedschaftsansprüchen im Zurechnungsvolk deklarieren.[222] Während das Geburtsortprinzip (*ius soli*) die Staatsbürgerschaft an alle Personen verleiht, die in dem Staatsterritorium geboren wurden, verleiht das Abstammungsprinzip (*ius sanguinis*) die Staatsbürgerschaft an alle Personen, die als Kinder von Staats-

---

218 Für Ansätze, die ein Kriterium sozialer Mitgliedschaft vertreten, vgl. Joseph Carens *social membership thesis* in Joseph Carens. *The Ethics of Immigration*, S. 158–169, Ayelet Shachars *ius nexi principle* in Ayelet Shachar. *The Birthright Lottery: Citizenship and Global Inequality*, S. 164–190 und Rainer Bauböcks *stakeholder principle* in Rainer Bauböck. „Democratic inclusion: a pluralist theory of citizenship", S. 37–47, 49.
219 Vgl. Joseph Carens. *The Ethics of Immigration*, S. 160–162.
220 Vgl. Ayelet Shachar. *The Birthright Lottery: Citizenship and Global Inequality*, S. 165.
221 Vgl. Rainer Bauböck. „Democratic inclusion: a pluralist theory of citizenship", S. 54.
222 Für die Unterscheidung zwischen Mitgliedschaftscharakter (*birthright citizenship*), Mitgliedschaftsregeln (*ius soli* und *ius sanguinis*) und Erwerbsmodalitäten (bei oder nach Geburt sowie *ex matre* oder *ex patre*) vgl. ebd., S. 64.

bürgerinnen und Staatsbürgern geboren wurden.[223] Da der Mitgliedschaftsstatus im Zurechnungsvolk laut beiden Prinzipien ausschließlich von den Geburtsumständen einer Person abhängt, sind die an den Mitgliedschaftsstatus gebundenen Rechte und Pflichten folglich nicht das Resultat freiwilliger Zustimmung bzw. eigenverantwortlichen Handelns, sondern das Ergebnis kontingenter, externer Faktoren.[224]

Sowohl *ius soli* als auch *ius sanguinis* sind als normative Inklusionskriterien für das Zurechnungsvolk insofern bedenklich, als sie gleichzeitig über- wie unterinklusive Konsequenzen haben. *Ius sanguinis* ist einerseits überinklusiv, da es die unbegrenzt fortlaufende Weitervererbung von Staatsbürgerschaftsrechten an die Nachkommen ausgewanderter Staatsbürgerinnen und Staatsbürger erlaubt, die selbst keinerlei Bindungen an das soziale Gefüge des Herkunftsstaates ihrer Vorfahrinnen und Vorfahren aufweisen. Auf der anderen Seite ist *ius sanguinis* unterinklusiv, da es neben Migrantinnen und Migranten auch deren Nachkommen exkludiert, welche dadurch ohne eigenes Zutun von Geburt an in einem Staat leben, der ihnen die Rechtssicherheit des Mitgliedschaftsstatus und damit fundamentale politische, ökonomische und soziale Rechte vorenthält.[225] Ähnliches gilt für das Geburtsortprinzip: So erlaubt *ius soli* auf der einen Seite die Übertragung von Mitgliedschaftsrechten an die Nachkommen durchreisender Personen, die sich nicht dauerhaft im Staatsgebiet aufhalten und keinerlei Bindungen zu dem sozialen Gefüge des jeweiligen Staates aufweisen. Auf der anderen Seite exkludiert *ius soli* Migrantinnen und Migranten der ersten Generation, selbst wenn diese bereits im frühen Kindesalter eingewandert sind und über die Jahre

---

223 Während beispielsweise Länder wie Kanada und die USA Staatsbürgerschaftsrechte primär unter Rückgriff auf das Geburtsortprinzip verteilen, hat Deutschland bis zur Reform des Staatsbürgerschaftsrechts im Jahre 2000 Staatsbürgerschaftsrechte primär unter Rückgriff auf das Abstammungsprinzip verteilt. Vgl. Joseph Carens. *The Ethics of Immigration*, S. 33 – 39 und Ayelet Shachar. *The Birthright Lottery: Citizenship and Global Inequality*, S. 111 – 123.
224 Vgl. ebd., S. 123 – 128.
225 Diese Konsequenz hatte das Abstammungsprinzip beispielsweise in Deutschland, da die Nachkommen türkischer Gastarbeiterinnen und Gastarbeiter, die in den 1960er Jahren nach Deutschland einwanderten, selbst in der zweiten und dritten Generation nicht eingebürgert wurden. Vgl. Joseph Carens. *The Ethics of Immigration*, S. 19. Carens zitiert hier einen New York Times Artikel über den Fall von Senay Kocadag, einer türkisch-stämmigen jungen Frau, die trotz der Tatsache, dass sie in Berlin geboren wurde und aufwuchs, keine deutsche Staatsbürgerschaft besitzt. Vgl. Stephen Kinzer. „Germany's Young Turks Say 'Enough' to the Bias". In: *New York Times* (1993). URL: https://www.nytimes.com/1993/06/06/world/germany-s-young-turks-say-enough-to-the-bias.html (letzter Zugriff: 11.11.2020).

starke Bindungen an die politische Gemeinschaft ihres Aufenthaltsstaates entwickelt haben.[226]

Isoliert voneinander betrachtet, ist das Geburtsortprinzip dem Abstammungsprinzip gegenüber leicht vorzugswürdig, da es ausschließt, dass Personen, welche seit Geburt ihr gesamtes Leben in einem Staat leben, über Generationen hinweg der vollwertige Mitgliedschaftsstatus verwehrt bleiben kann.[227] Folgt man einer Konzeption sozialer Mitgliedschaft, so sind beide Prinzipien jedoch in der Hinsicht unbefriedigend, dass sie Verteilungen formaler Mitgliedschaftsrechte produzieren, die nicht responsiv gegenüber strukturellen Veränderungen in der Zusammensetzung der faktischen sozialen Mitglieder von politischen Gemeinschaften sind. Sofern in Ermangelung einer ursprünglich gerechten Verteilung das Entstehen bzw. der Verlust faktischer sozialer Bindungen an bereits bestehende politische Gemeinschaften einen Anspruch auf Mitgliedschaft im Zurechnungsvolk begründet, ist es daher sinnvoll, die Institution der Geburtstaatsbürgerschaft durch ein strukturelles Verbundenheitsprinzip zu ergänzen, welches die Staatsbürgerschaft an Personen verleiht, die eine tatsächliche soziale Bindung zu der politischen Gemeinschaft des entsprechenden Staates aufweisen.[228]

Soziale Verbundenheit

Sowohl Ayelet Shachars *jus nexi principle*[229] als auch Rainer Bauböcks *all citizen stakeholder principle*[230] schlagen daher vor, formale Mitgliedschaftsrechte im Zurechnungsvolk in Anlehnung an das rechtliche Kriterium genuiner Verbundenheit[231] bzw. den Wert persönlicher Autonomie durch die Aufrechterhaltung

---

226 Für den Fall der *dreamers*, also Migrantinnen und Migranten, die seit ihrem Kindesalter ohne Aufenthaltsgenehmigung in den USA leben vgl. Fußnote 2.
227 In der üblicheren Kombination beider Prinzipien kann dieser Fall jedoch ausgeschlossen werden.
228 Je nach Ansatz wird das Verbundenheitsprinzip als Ergänzung oder Ersatz für die Institution der Geburtsstaatsbürgerschaft (*birthright citizenship*) konzipiert. Während Shachars Ansatz konzeptionelle Ressourcen aufweist, um die Geburtsstaatsbürgerschaft durch ein stark ausgelegtes Verbundenheitsprinzip zu ersetzen, verteidigt Rainer Bauböck plausibel den Erhalt derselben, indem er politische Gemeinschaften als transgenerationale Gemeinschaften versteht und die entpolitisierte Institution der Geburtsstaatsbürgerschaft befürwortet, da sie Staatenlosigkeit verringert. Vgl. Ayelet Shachar. *The Birthright Lottery: Citizenship and Global Inequality*, S. 165 und Rainer Bauböck. „Democratic inclusion: a pluralist theory of citizenship", S. 71–72.
229 Vgl. Ayelet Shachar. *The Birthright Lottery: Citizenship and Global Inequality*, S. 164–190.
230 Vgl. Rainer Bauböck. „Democratic inclusion: a pluralist theory of citizenship", S. 37–47.
231 Das Kriterium genuiner Verbundenheit, auf welches Shachar und Bauböck rekurrieren, findet sich in der Rechtsprechung des Internationalen Gerichtshofes zum *Nottebohm*-Urteil von 1955, nach welchem Staatsbürgerschaft nicht lediglich einen formalen Titel, sondern den sozialen

genuiner Bindungen an eine selbstregierte politische Gemeinschaft[232] zu vergeben, sodass die Institution der Staatsbürgerschaft mit der tatsächlichen sozialen
Mitgliedschaft in einem Staat zusammenfallen.

Um das Verbundenheitsprinzip als ergänzendes Staatsbürgerschaftsprinzip
rechtlich zu implementieren, muss es jedoch in konkrete objektivierbare Kriterien
übersetzbar sein. Obwohl theoretisch mehrere Kriterien diesen Zweck erfüllen
können, stellt die Aufenthaltsdauer im Staatsgebiet aus dieser Sicht mit Abstand
die pragmatischste Lösung hierfür dar.[233] In der rechtlichen Implementierung
ähnelt das Verbundenheitsprinzip dadurch auf den ersten Blick dem Rechtsunterworfenheitsprinzip, wobei aus den unterschiedlichen normativen Rechtferti-
gungen beider Prinzipien verschiedene mitgliedschaftsrechtliche Konsequenzen
folgen. So würde ein Rechtsunterworfenheitsprinzip als Inklusionsprinzip für das
Zurechnungsvolk nicht nur die zwangsweise Einbürgerung von Immigrantinnen
und Immigranten[234] und den Entzug der Staatsbürgerschaft für Emigrantinnen
und Emigranten[235] erlauben, sondern besäße darüber hinaus keine konzeptionellen Ressourcen, um imperialistische Annexionen, welche mit einer entsprechenden Extension des Wahlrechtes einhergehen, verurteilen zu können.[236]

An dieser Stelle könnte eingewendet werden, dass die Frage der zwangsweisen
Ein- oder Ausbürgerung orthogonal zu der Frage nach dem relevanten Kriterium
stehe, da sozial verankerte Menschen im Staatsgebiet sowohl das Kriterium der
Unterworfenheit als auch das Kriterium sozialer Verbundenheit erfüllten. Dieser
Ansicht nach wäre es eine zusätzliche Frage, ob die Staatsbürgerschaft nur ange-
boten oder auch gegen den Willen einer Bevölkerung verliehen werden sollte. Dies
stimmt, produziert jedoch lediglich ein Dilemma: Nehmen wir an, die Anwohne-

---

Fakt einer Verbundenheit mit der Bevölkerung des entsprechenden Staates reflektiert. Vgl. Ayelet
Shachar. *The Birthright Lottery: Citizenship and Global Inequality*, S. 166 – 170 und Rainer Bauböck.
„Democratic inclusion: a pluralist theory of citizenship", S. 44.
232 Vgl. ebd., S. 49.
233 Bauböck schlägt neben dem eigenen territorialen Aufenthalt auch den vorübergehenden
territorialen Aufenthalt von Eltern mit entsprechender Staatsbürgerschaft als *proxy* für soziale
Verbundenheit vor. Vgl. Rainer Bauböck. „Response to critics". In: *Democratic Inclusion: Rainer
Bauböck in dialogue*. Hrsg. von Rainer Bauböck. Manchester: Manchester University Press, 2018,
S. 271. Analog des Rignano-Steuerkonzeptes, welches Erbe mit zunehmenden Transfer progressiv
besteuert, schlägt auch Shachar vor, die Übertragung von Mitgliedschaftsrechten im Falle von
Emigrantinnen und Emigranten mit zunehmender Generation auszuschleichen. Vgl. Ayelet Shachar. *The Birthright Lottery: Citizenship and Global Inequality*, S. 173.
234 Vgl. Ruth Rubio-Marín. *Immigration as a Democratic Challenge: Citizenship and Inclusion in
Germany and the United States*. Cambridge: Cambridge University Press, 2000, S. 99 – 129.
235 Vgl. Claudio López-Guerra. „Should Expatriates Vote?".
236 Vgl. Rainer Bauböck. „Response to critics", S. 245 – 246.

rinnen und Anwohner von Staat A erfüllten sowohl das Unterworfenheits- als auch das Verbundenheitskriterium. Hier scheinen beide Prinzipien auf den ersten Blick dasselbe Ergebnis zu produzieren, nämlich den Vollmitgliedschaftsstatus oder wenigstens politische Partizipationsrechte für alle Anwohnerinnen und Anwohner. Dieser Eindruck täuscht jedoch, da das Kriterium der Unterworfenheit anders als das Kriterium sozialer Verbundenheit emigrierten Menschen politische Partizipationsrechte absprechen müsste. So kann das Rechtsunterworfenheitsprinzip nun politische Partizipationsrechte von Staatsbürgerschaftsrechten entkoppeln und damit Gefahr laufen, einen Bürgerstatus zweiter Klasse zu bilden, in welchem andere Rechte vorenthalten werden, die eine effektive Ausübung politischer Partizipation ermöglichen. Oder es kann Emigrantinnen und Emigranten die Staatsbürgerschaft zwangsweise entziehen. Modifizieren wir das Beispiel und nehmen an, dass die Bevölkerung von Staat A entgegen ihren Willen von Staat B annektiert wird, so werden weitere Unterschiede offensichtlich. Ein Unterworfenheitskriterium hat keine konzeptuellen Ressourcen, um zu zeigen, dass sich der Status der Bevölkerung, die ehemals zu Staat A gehörte, in normativ relevanter Hinsicht von dem der restlichen Bevölkerung von Staat B unterscheidet und würde allen Personen politische Partizipationsrechte zuschreiben, wobei es erneut mit einem ähnlichen Dilemma konfrontiert wäre: Es kann politische Partizipationsrechte von Staatsbürgerschaftsrechten entkoppeln und damit Gefahr laufen, einen Bürgerstatus zweiter Klasse zu bilden oder die zwangsweise Zuschreibung von Staatsbürgerschaftsrechten erlauben.

Nach dem Kriterium sozialer Mitgliedschaft ist es hingegen die Verletzung persönlicher Autonomie durch das Aufbrechen existierender, interdependenter sozialer Bindungen und nicht lediglich die Unterworfenheit unter die politische Autorität eines Staates, welche aus normativer Hinsicht einen Inklusionsanspruch in das Zurechnungsvolk stiftet.[237] Insofern die zwangsweise Einbürgerung von Immigrantinnen und Immigranten, der Staatsbürgerschaftsentzug von Emigrantinnen und Emigranten oder die Annexion von Bevölkerungen ohne genuine Verbundenheit zu einem fremden Regime die Autonomie dieser Personen unterminiert, indem es diesen unmöglich macht, authentisch gewählte soziale Beziehungen einzugehen oder aufrechtzuerhalten, wären sie daher aus Sicht eines

---

237 Abizadeh gesteht als Vertreter des Zwangsunterworfenheitsprinzips in seiner Diskussion von Gegenargumenten zwar zu, dass es problematisch wäre, die politische Autonomie von Minderheiten zu verletzen. Diese Kritik ist seinem Ansatz nach jedoch ad hoc, da die kollektive Selbstbestimmung differenzierter demokratischer Gemeinschaften aus der Selbstbestimmung des globalen Demos abgeleitet wird. Vgl. Arash Abizadeh. „Democratic Theory and Border Coercion: No Right to Unilaterally Control Your Own Borders", S. 49.

sozialen Mitgliedschaftskriteriums illegitim.[238] Da das Konzept sozialer Mitgliedschaft jedoch eine graduelle und nicht binäre Eigenschaft ist, sollte die Funktion
des Verbundenheitsprinzip bei vorwiegend sesshaften Bevölkerungen auf die
eines Supplements zur Institution der Geburtsstaatsbürgerschaft beschränkt
bleiben, um die Inkongruenz zwischen formaler und faktischer Mitgliedschaft
abfedern zu können, ohne dabei das Ideal politischer Gleichheit, welches sich in
der Institution der Staatsbürgerschaft ausdrückt, zu unterminieren.[239] Unter den
gegebenen Voraussetzungen ist es daher lediglich auf lokaler Ebene mit hoch-
gradig mobiler Bevölkerung sinnvoll, die Mitgliedschaft durch ein strikt resi-
denzbasiertes Inklusionsprinzip (*ius domicilii*) zu vergeben.[240]

Soziale und lokale Verbundenheit

Da das Kriterium sozialer Mitgliedschaft, wie es durch Carens *social membership
thesis*, Shachars *jus nexi principle* und Bauböcks *all citizen stakeholder principle*
vertreten wird, jedoch ausschließlich auf Beziehungen zwischen Personen ab-
hebt, reflektiert es die Verknüpfung von politischer und territorialer Inklusion, die
sich in der Institution der Staatsbürgerschaft ausdrückt, nicht angemessen. Vor
dem Hintergrund, dass die politische Autorität eines Staates die Jurisdiktion in
einem abgrenzbaren Territorium voraussetzt und die Menge vorfindlicher, natürlicher Ressourcen, welche als menschliche Lebensräume fungieren können,
gleichzeitig stark begrenzt ist, ist es verkürzt, politische Mitgliedschaftsfragen in
einem territorialrechtlichen Vakuum zu erörtern.

   Ein geeignetes Mitgliedschaftskriterium sollte daher ortsbezogene Ansprüche
von Anwohnerinnen und Anwohnern berücksichtigen können und somit nicht
lediglich responsiv gegenüber de facto Bindungen zwischen Personen und ihren
entsprechenden Gemeinschaften, sondern auch zwischen Personen und ihren
partikulären Lebensräumen sein. So kann die persönliche Autonomie von Anwohnerinnen und Anwohnern nicht nur durch das Aufbrechen sozialer Bindungen, sondern ebenso durch die Disruption idiosynkratischer ortsabhängiger Le-

---

238 Das normative Ideal der Autonomie setzt in diesen Fällen nicht voraus, dass jede soziale
Beziehung ursprünglich freiwillig gewählt wurde, sondern lediglich, dass sie aus einer adäquaten
Auswahl von Alternativen nach authentischer Reflexion nicht zurückgewiesen wurde.
239 Für eine pessimistische Diagnose über die Aufrechterhaltung einer egalitaristischen
Staatsbürgerschaftsinstitution vgl. Peter J. Spiro. „Stakeholder theory won't save citizenship". In:
Democratic Inclusion: Rainer Bauböck in dialogue. Hrsg. von Rainer Bauböck. Manchester: Manchester University Press, 2018, S. 206.
240 Bauböck vertritt daher ein soziales Mitgliedschaftsprinzip auf nationaler und ein residenz-
basiertes Mitgliedschaftsprinzip auf lokaler Ebene. Vgl. Rainer Bauböck. „Democratic inclusion: a
pluralist theory of citizenship", S. 89.

benspläne (*located lifeplans*) unterminiert werden, welche nicht notwendigerweise eine soziale Komponente enthalten.[241] Auch sozial isolierte Individuen können daher moralisch relevante planungsbasierte Interessen an der autonomen Gestaltung umfassender ortsbezogener Projekte in partikulären Gebieten sowie Kontrollinteressen an der Autorenschaft über ihr Leben besitzen, welche durch eine territoriale Abschiebung oder Vertreibung verletzt würden.[242]

Da demokratische Territorialstaaten nicht lediglich politische Vereinigungen, sondern zugleich territorial strukturierte institutionelle Einheiten mit Jurisdiktionsrechten über partikuläre Gebiete sind, sollte sich ein autonomiebasiertes Mitgliedschaftskriterium daher nicht ausschließlich über soziale Bindungen zu der politischen Gemeinschaft definieren, sondern breiter gefasst werden und auch ortsabhängige Bindungen an den infrage stehenden Lebensraum berücksichtigen. Aus diesem Grund ist es daher nicht lediglich pragmatisch, sondern normativ gefordert, das so verstandene soziale und ortsbezogene Verbundenheitsprinzip durch die physische Aufenthaltsdauer in der territorialen Jurisdiktion eines demokratischen Territorialstaates zu implementieren und nicht etwa Sprach- oder Einbürgerungstests als *proxies* anzuwenden, da die soziale Verbundenheit mit einer politischen Gemeinschaft keine notwendige, sondern lediglich eine hinreichende Bedingung faktischer Mitgliedschaft darstellt. Trotz der Tatsache, dass eine rechtliche Implementierung des Verbundenheitsprinzips daher auf die physische Aufenthaltsdauer einer Person in einer territorialen Jurisdiktion zurückgreifen sollte, lässt sich das Verbundenheitsprinzip nicht vollständig auf das Rechtsunterworfenheitsprinzip reduzieren. Letzteres beschreibt vielmehr ein Kriterium für die Zuschreibung universaler Grundrechte – nicht jedoch partikulärer Bürgerrechte – an alle physisch präsenten rechtsfähigen Personen, also auch Touristinnen und Touristen.[243]

Ich schlage daher zusammenfassend vor, dass all diejenigen Personen einen Inklusionsanspruch in das Zurechnungsvolk besitzen sollten, welche genuine soziale oder ortsabhängige Bindungen an die politische Gemeinschaft oder den in Frage stehenden Lebensraum des entsprechenden demokratischen Territorialstaates aufweisen, da nur eine strukturelle Anpassung formaler Mitgliedschaftsrechte an die tatsächlichen Mitglieder demokratischer Institutionen Verhältnisse realisieren, in denen niemand permanent durch Andere beherrscht wird. Da soziale Verbundenheit neben ortsbezogenen Bindungen jedoch lediglich eine hinreichende und keine notwendige Bedingung für die Zuschreibung demokratischer

---

241 Vgl. Anna Stilz. *Territorial Sovereignty: A Philosophical Exploration*, S. 42–47.
242 Vgl. ebd., S. 44.
243 Vgl. Rainer Bauböck. „Democratic inclusion: a pluralist theory of citizenship", S. 28–37.

Mitgliedschaftsrechte darstellt, ist es normativ gefordert, soziale und ortsbezogene Verbundenheit in ein Kriterium zu übersetzen, welches sich an der physischen Dauer des Aufenthaltes rechtsfähiger Personen in einer territorialen Jurisdiktion bemisst.

4.1.3 Irreguläre Migration

Aus einem so verstandenen Verbundenheitsprinzip folgt, dass selbst irreguläre Immigrantinnen und Immigranten[244] langfristig einen *pro tanto* Anspruch auf Regularisierung und Einbürgerung entwickeln, sofern sie soziale Bindungen an die politische Gemeinschaft ihres Aufenthaltsstaates oder ortsabhängige Bindungen an den in Frage stehenden Lebensraum ausbilden und ihre persönliche Autonomie mit zunehmender Aufenthaltsdauer stark durch eine Abschiebung beeinträchtigt würde.[245] Ein *all things considered* Anspruch auf Regularisierung hängt meines Erachtens davon ab, ob und wenn ja, wie stark die Autonomie irregulärer Migrantinnen und Migranten sowie formaler Mitglieder durch eine entsprechende In- oder Exklusion eingeschränkt würde. So liegen erstens ausschlaggebende Autonomiebeschränkungen vor, wenn die Handlungsfähigkeit irregulärer Migrantinnen und Migranten durch eine Abschiebung zerstört würde, da diese entweder noch minderjährig sind oder da ihre Grundbedürfnisse in ihrem Herkunftsstaat verletzt würden.[246]

Sofern es sich bei den infrage stehenden Personen um Erwachsene handelt, deren Grundbedürfnisse in ihrem Herkunftsstaat befriedigt wurden und würden,

---

244 Ich benutze diesen Begriff in Ermangelung einer geeigneten Alternative. Die Bezeichnung von Migrantinnen und Migranten, die sich ohne Aufenthaltsgenehmigung in einem Staatsgebiet aufhalten, ist umstritten, da sie oft bereits eine politische Haltung impliziert. Während die Bezeichnung von Migrantinnen und Migranten als ‚illegal' eher in Ansätzen vorkommt, welche sich gegen ein Regularisierungs- und Einbürgerungsrecht aussprechen, kommt die Bezeichnung von Migrantinnen und Migranten als ‚undokumentiert' eher in Ansätzen vor, die sich für ein Regularisierungs- und Einbürgerungsrecht aussprechen. Vgl. Joseph Carens. *The Ethics of Immigration*, S. 129–130.

245 Vgl. ebd., S. 129–157 und Rainer Bauböck. „Response to critics", S. 241. Auch Shachar argumentiert für einen Regularisierungs- und Einbürgerungsanspruch irregulärer Migrantinnen und Migranten, indem sie das Mitgliedschaftsrecht in Analogie zu Eigentumsrechten versteht und unter Rekurs auf das Konzept von Besetzerrechten (*adverse possession*) einen gewohnheitsrechtlichen Anspruch auf Einbürgerung ableitet. Vgl. Ayelet Shachar. *The Birthright Lottery: Citizenship and Global Inequality*, S. 184–188.

246 Dies gesteht auch Michael Blake als Gegner eines generellen Regularisierungs- und Einbürgerungsanspruch für irreguläre Migrantinnen und Migranten zu. Vgl. Michael Blake. *Justice, Migration, and Mercy*, S. 153–156.

ist zweitens relevant, ob die Inklusion irregulärer Migrantinnen und Migranten die Autonomiebedingungen bestehender Mitglieder verletzt, da eine Inklusion diesen unmöglich machen würde, ihre sozialen und ortsabhängigen Bindungen aufrechtzuerhalten. Da es der Wert persönlicher Autonomie ist, welcher überhaupt erst einen *pro tanto* Inklusionsanspruch irregulärer Migrantinnen und Migranten begründet, spräche eine unverhältnismäßige Verletzung der Autonomie formaler Mitglieder gegen einen solchen Regularisierungsanspruch. Vor dem Hintergrund, dass es sich bei irregulären Migrantinnen und Migranten jedoch bereits um faktische Mitglieder handelt, ist bei dieser Abwägung nicht relevant, ob formale Mitglieder ihre sozialen oder ortsabhängigen Bindungen durch die Anwesenheit irregulärer Migrantinnen und Migranten anpassen müssten, sondern lediglich, ob die Inklusion irregulärer Migrantinnen und Migranten disruptiver für soziale und ortsabhängige Bindungen formaler Mitglieder ist, als der Verlust entsprechender sozialer und ortsabhängiger Bindungen durch eine entsprechende Abschiebung für irreguläre Migrantinnen und Migranten, was in der Realität selten zuzutreffen scheint.[247]

Schlussendlich müsste drittens berücksichtigt werden, ob aus der Rechtspraxis des jeweiligen Aufenthaltsstaates ein gewohnheitsrechtlicher Inklusionsanspruch folgt, da eine andauernde Praxis staatlicher Duldung vorliegt, die durch Repräsentantinnen und Repräsentanten des Staates wie geltendes Recht behandelt wird und mit zunehmender Zeit zu einer vermeidbaren Erwartungshaltung auf Seiten irregulärer Migrantinnen und Migranten führt.

Einwände

An dieser Stelle könnte entgegnet werden, dass aus der kontingenten Genese demokratischer Territorialstaaten noch kein normativer Umverteilungsanspruch von Mitgliedschaftsrechten folgt, da nicht alle kontingent verursachten Unterschiede einen normativen Ausgleichsanspruch begründen.[248] In diesem Zusammenhang könnte mit Michael Blake insistiert werden, dass die ortsabhängigen und sozialen Bindungen irregulärer Migrantinnen und Migranten das Resultat

---

247 Da es sich bei irregulären Migrantinnen und Migranten, anders als bei Nicht-Mitgliedern insgesamt, oft um faktische Mitglieder handelt, muss meines Erachtens selbst unter der Annahme spezieller Verpflichtungen zwischen Mitgliedern einer politischen Gemeinschaft in diesem Fall unparteiisch zwischen formalen Mitgliedern und irregulären Migrantinnen und Migranten abgewogen werden dürfen.

248 Zumindest wäre eine solche glücksegalitaristische These nicht unumstritten. Für Kritikerinnen und Kritiker des Glücksegalitarismus vgl. Elizabeth S. Anderson. „What Is the Point of Equality?". In: *Ethics* 109.2 (1999), S. 287–337 und Samuel Scheffler. „What Is Egalitarianism?". In: *Philosophy & Public Affairs* 31.1 (2003), S. 5–39.

eigenverursachten und rechtswidrigen Handelns sind und es daher nicht ungerecht, sondern höchstens unbarmherzig ist, sie die Konsequenzen ihrer Entscheidungen selbst tragen zu lassen.[249]

Blakes Argumentation stützt sich darauf, dass Staaten deshalb ein Ausschlussrecht gegenüber Migrantinnen und Migranten haben, da sie die Freiheit besitzen, nicht ungefragt Verpflichtungen auferlegt zu bekommen, die aus der physischen Präsenz zusätzlicher Personen in der eigenen territorialen Jurisdiktion erwachsen, sofern diese Verpflichtungen bereits ausreichend durch die Herkunftsstaaten der jeweiligen Personen erfüllt werden.[250] In vielen Fällen ist es jedoch plausibel, dass moralische Verpflichtungen ungefragt und aus scheinbar willkürlichen Umständen erwachsen können, wie beispielsweise im Falle der Pflicht, räumlich nahstehenden Unfallopfern zu helfen.[251] Die bloße Tatsache, dass solche Pflichten aufgrund von physischer Nähe erwachsen können, begründet darüber hinaus noch kein Recht, potenzielle Unfallopfer in spe physisch von einem partikulären Gebiet der Erde auszuschließen.[252] Es erscheint vielmehr nur dann plausibel, aus dem Recht von Mitgliedern, nicht ungefragt Verpflichtungen auferlegt zu bekommen, auf ein territoriales Ausschlussrecht gegenüber Nicht-Mitgliedern zu schließen, wenn gezeigt werden kann, dass Staaten im Status quo vor der Auferlegung neuer Verpflichtungen durch Nicht-Mitglieder keine territorialrechtlich basierten redistributiven Pflichten besitzen, da sie legitime Jurisdiktions- und Ausschlussrechte über partikuläre Gebiete besitzen. Ein rein institutionalistisch fundiertes Ausschlussrecht gegenüber Migrantinnen und Migranten scheint daher maßgeblich von dem Erfolg einer territorialrechtlichen Verteidigung territorialer Jurisdiktions- und Ausschlussrechte über partikuläre Gebiete abzuhängen, welche, wie das nächste Kapitel zu zeigen versucht, diverse Probleme beinhaltet.

Doch selbst unter der Voraussetzung, dass Staaten territoriale Jurisdiktions- und Ausschlussrechte über partikuläre Gebiete der Erde besitzen und sogar unabhängig davon, ob Migrantinnen und Migranten ihrem ungleichen Mitglied-

---

249 Blake bezieht sich in seiner Argumentation auf Ronald Dworkins Unterscheidung von *option luck* und *brute luck* und weist daraufhin, dass die Abschiebung erwachsener irregulärer Migrantinnen und Migranten, deren fundamentale Bedürfnisse in ihrem Herkunftsstaat erfüllt waren und werden, ein Fall von *option luck* ist. Vgl. Michael Blake. *Justice, Migration, and Mercy*, S. 152.
250 Vgl. Michael Blake. „Immigration, Jurisdiction, and Exclusion". In: *Philosophy & Public Affairs* 41.2 (2013), S. 103–130.
251 Vgl. David Miller. *Strangers in Our Midst: The Political Philosophy of Immigration*, S. 83–84.
252 Für eine ähnliche Kritik vgl. Andreas Cassee. *Globale Bewegungsfreiheit: Ein philosophisches Plädoyer für offene Grenzen*, S. 87–88.

schaftsstatus beispielsweise als Gastarbeiterinnen und Gastarbeiter explizit zugestimmt haben, würde ein prinzipiell unbefristeter politischer Ausschluss ganzer
Bevölkerungsschichten einen Teil gleichstark unterworfener Normadressatinnen
und Normadressaten permanent unterdrücken.[253] Ich teile daher zwar Blakes
Ansicht, dass Kinder oder Personen, deren Grundbedürfnisse in ihrem Herkunftsstaat nicht befriedigt wurden bzw. bei einer Abschiebung verletzt würden,
einen *all things considered* Anspruch haben, nicht von der Mitgliedschaft exkludiert zu werden. Darüber hinaus sollten meines Erachtens jedoch selbst illegal
eingereiste handlungsfähige Erwachsene, deren fundamentale Bedürfnisse in
ihrem Herkunftsstaat befriedigt waren oder würden, irgendwann einen Inklusionsanspruch in das Zurechnungsvolk eines demokratischen Territorialstaates
ausbilden können, da sich ansonsten das demokratische Projekt bestehender
Mitglieder auf lange Sicht selbst unterminieren würde, indem ein Teil gleichstark
unterworfener Normadressatinnen und Normadressaten permanent durch einen
anderen Teil derselben unterdrückt werden könnte. Dies bedeutet im Umkehrschluss jedoch auch, dass ein solcher gewohnheitsrechtlicher Inklusionsanspruch auf Mitgliedschaft primär für demokratische Regime gilt.

4.2 Repräsentation und Adressatenvolk

4.2.1 Die Diversität des Adressatenvolkes

In dem vorherigen Abschnitt wurde dafür argumentiert, dass alle Personen mit
genuinen sozialen Bindungen zu einer politischen Gemeinschaft oder ortsabhängigen Bindungen zu dem entsprechenden Lebensraum eines demokratischen
Territorialstaates ein Recht auf Mitgliedschaft im Zurechnungsvolk und damit den
Erwerb der Staatsbürgerschaft ihres Aufenthaltsstaates haben sollten. Wie in
Kapitel 3 bereits ausgeführt wurde, produziert jede Mitgliedschaftspolitik jedoch
unweigerlich Externalitäten, da sie indirekt zugleich den Mitgliedschaftsstatus
aller Nicht-Mitglieder festlegt. Wird die Mitgliedschaftspolitik eines Zurechnungsvolkes beispielsweise durch Einwanderungsbeschränkungen umgesetzt, so

---

253 Zur Verdeutlichung kann hier das Beispiel von Katar herangezogen werden, dessen Bevölkerung zu 70 % aus Migrantinnen und Migranten besteht, die 94 % der Arbeitskräfte stellen.
Sofern demokratische Institutionen lediglich verlangten, dass formale Mitglieder einen gleichen
Anspruch auf Autorität an kollektiven Entscheidungsverfahren hätten, wäre es unproblematisch,
dass eine Minderheit der Bevölkerung permanent über eine politisch, sozial und ökonomisch
exkludierte Mehrheit herrschen würde. Für das Beispiel der demographischen Zusammensetzung
von Katar vgl. David Miller. *Strangers in Our Midst: The Political Philosophy of Immigration*, S. 3.

ist dies nur durch Gesetze mit extraterritorialem Anwendungsbereich möglich. Dadurch ist die Menge der Normadressatinnen und Normadressaten, d. h. derjenigen Rechtssubjekte, die durch demokratisch verabschiedete Rechtsnormen angesprochen werden, prinzipiell unbegrenzt. Zu den Normadressatinnen und Normadressaten eines demokratischen Territorialstaates gehören daher nicht nur alle Personen, welche der entsprechenden territorialen Jurisdiktion durch Aufenthalt im Staatsgebiet unterworfen sind, sondern auch diejenigen Personen, welche durch extraterritoriale Gesetze außerhalb des Staatsgebietes adressiert werden. Sofern die Mitgliedschaftspolitik des Zurechnungsvolkes eines demokratischen Territorialstaates daher durch extraterritoriale Gesetze geregelt ist, wird die Menge der Normadressatinnen und Normadressaten demokratisch verabschiedeter Gesetze global expandiert.

Das Adressatenvolk eines demokratischen Territorialstaates ist somit in zweierlei Hinsicht divers. Erstens umfasst es notwendigerweise Personen, die unterschiedlich stark ausgeprägte Kompetenzen zur aktiven Selbstregierung aufweisen, beispielsweise dadurch, dass manche Normadressatinnen und Normadressaten aufgrund ihres jungen Alters in ihrer rationalen Entscheidungsfähigkeit beeinträchtigt sind. Zweitens umfasst es Personen, die in unterschiedlich starkem Ausmaß durch staatliche Normen adressiert werden, beispielsweise dadurch, dass manche Normadressatinnen und Normadressaten der territorialen Jurisdiktion eines Staates in allen Lebensbereichen durch dauerhaften Aufenthalt im Staatsgebiet unterworfen sind, während andere lediglich durch spezifische extraterritoriale Gesetze außerhalb der Staatsgrenzen adressiert werden. Aufgrund dieser diversen Zusammensetzung stellt sich die Frage, welche normativen Ansprüche die Zugehörigkeit zum Adressatenvolk aus demokratischer Perspektive implizieren muss, da nicht nur das Ausmaß, in dem Normadressatinnen und Normadressaten staatlichen Gesetzen unterworfen sind, sondern auch deren Kompetenz, autonome Entscheidungen zu treffen und freiwillige Zustimmung auszudrücken, stark variieren. Im Folgenden soll dafür argumentiert werden, dass die diverse Zusammensetzung des global expandierten Adressatenvolkes, d. h. der unterschiedliche Grad, zu welchem Mitglieder des Adressatenvolkes staatlichen Normen unterworfen sind und zu aktiver Selbstgesetzgebung imstande sind, plurale Formen politischer Repräsentation notwendig machen.

Da das Adressatenvolk notwendigerweise Personen umfasst, welche die Fähigkeit zu aktiver politischer Partizipation noch nicht aufweisen, wie beispielsweise Kleinkinder, kann aus der bloßen Mitgliedschaft im Adressatenvolk in der Praxis kein unqualifizierter Anspruch auf die Legitimation staatlicher Normen durch die elektive politische Partizipation bzw. tatsächliche Zustimmung aller Normadressatinnen und Normadressaten erwachsen. Aus dem Umstand, dass alle Normadressatinnen und Normadressaten demokratischer Territorialstaaten durch das Gewaltmonopol des Staates in letzter Konsequenz staatlichem Zwang ausgesetzt sind, folgt jedoch, dass alle staatlich verabschiedeten Normen unter Rekurs auf Gründe rechtfertigbar sein müssen, denen freie und gleiche Personen unter zwangsfreien Bedingungen zustimmen können müssen. Dies bedeutet, dass sich die Rechtfertigung staatlicher Normen auf verallgemeinerbare Gründe beziehen können muss, welche die aufgeklärten Interessen aller Normadressatinnen und Normadressaten, also auch derjenigen Personen ohne Fähigkeit zu aktiver Selbstgesetzgebung, gleich berücksichtigen. Wie die Untersuchung des Betroffenheitsprinzips nahegelegt hat, wird dieser Anspruch auf Rechtfertigung jedoch nicht nur von Normadressatinnen und Normadressaten, sondern allen Personen geteilt, deren Interessen faktisch durch politische Entscheidungen betroffen sind.[254]

Neben territorial anwesenden, aber eingeschränkt partizipationsfähigen Personen umfasst das Adressatenvolk jedoch auch partizipationsfähige Personen außerhalb der Staatsgrenzen, welche in quantitativer Hinsicht in deutlich weniger Lebensbereichen durch staatliche Normen adressiert werden als diejenigen Personen, welche der territorialen Jurisdiktion ihres Aufenthaltsstaates in allen Lebensbereichen dauerhaft unterworfen sind. Darüber hinaus ist das quantitative Ausmaß, zu welchem Personen durch staatliche Normen adressiert sind, nicht notwendigerweise proportional zu der qualitativen Stärke, in welcher Personen durch staatliche Normen betroffen sind. So können bereits einzelne staatliche Normen die Interessen ihrer Adressatinnen und Adressaten stark betreffen, wie es beispielsweise insbesondere bei extraterritorialen Einwanderungsbeschränkungen der Fall sein kann. Darüber hinaus können sogar die Interessen nicht-adressierter Personen durch staatliche Normen stark betroffen sein, beispielsweise wenn eine unsichere Gewinnung oder Verwendung von Kernenergie nahe der Staatsgrenzen erlaubt würde.[255] Würde eine gleichwertige Berücksichtigung der Interessen von Normadressatinnen und Normadressaten proportional zu dem qualitativen Ausmaß ihrer Betroffenheit oder quantitativen Ausmaß ihrer Rechtsunterworfenheit jedoch in einen unterschiedlich gewichteten Anspruch auf politische Partizipation übersetzt, so widerspräche dies der politischen Gleichheit der beteiligten Entscheidungssubjekte.[256] Aus der Zuschreibung gleicher politi-

---

254 Vgl. David Owen. „Constituting the polity, constituting the demos: on the place of the all affected interests principle in democratic theory and in resolving the democratic boundary problem", S. 143 – 145 und Rainer Bauböck. „Democratic inclusion: a pluralist theory of citizenship", S. 22 – 28.

255 Für dieses Beispiel vgl. Gustaf Arrhenius. „The Democratic Boundary Problem Reconsidered", S. 100 – 101.

256 Für das Problem ungleich gewichteter Stimmen vgl. Abschnitte 3.2.2 und 3.1.2.

scher Partizipationsrechte folgt im Umkehrschluss, dass Personen durch staatliche Normen in quantitativ vergleichbarem Ausmaß adressiert sein sollten. Aus
demokratischer Perspektive liefert also die Tatsache, dass Personen Teil eines
diversen global expandierten Adressatenvolkes sind, d. h. in stark unterschiedlichem Ausmaß durch staatliche Normen adressiert (und darüber hinaus betroffen) werden, noch keinen gleichen Anspruch auf Autorität an der politischen
Gestaltung dieser Normen.

Die formale, institutionalisierte Repräsentation politischer Interessen durch
die Zuschreibung gleicher politischer Partizipationsrechte in territorial begrenzten Wahlkreisen setzt daher nicht nur voraus, dass alle wahlberechtigten Normadressatinnen und Normadressaten die Fähigkeit zu politischer Partizipation
besitzen, sondern auch, dass diese in quantitativ vergleichbarem Ausmaß durch
staatliche Normen adressiert werden. In der Realität besteht (noch) ein ent-
scheidendes Ungleichgewicht zwischen dem quantitativen Ausmaß, in dem ein
Rechtssubjekt durch staatliche Normen innerhalb des territorialen Hoheitsge-
bietes eines Staates adressiert wird, und dem quantitativen Ausmaß, in dem ein
Rechtssubjekt durch extraterritoriale staatliche Normen außerhalb der Staatsgrenzen adressiert wird. Unter diesen Umständen ist es, wie weiter unten ausgeführt wird, geboten, gleiche politische Partizipationsrechte jeweils innerhalb von
Einheiten mit territorialer Jurisdiktion zu verteilen, um die politische Gleichheit
stark unterworfener Normadressatinnen und Normadressaten nicht zu verletzen.

4.2.2 Kontestation und Deliberation

Nach der Standardauffassung politischer Repräsentation werden Repräsentantinnen und Repräsentanten durch die Wahl in einem territorial-begrenzten
Wahlkreis für spezifische Amtszeiten, während derer sie an die in dem Wahler-
gebnis ausgedrückten politischen Interessen ihrer Wählerschaft gebunden sind,
politisch legitimiert.[257] Diese elektive und territoriale Form politischer Repräsentation ist extraterritorialen Normadressatinnen und Normadressaten gegen-

---

257 Diese klassische Repräsentationsform (*promissory representation*) kann entweder so ver-
standen werden, dass Repräsentantinnen und Repräsentanten unmittelbar an die ausgedrückten
Präferenzen der Wählerschaft gebunden sind (*mandate version*) oder, dass diese die langfristigen
Interessen der Wählerschaft und Nation im Blick behalten müssen (*trustee version*). Vgl. Jane
Mansbridge. „Rethinking Representation". In: *American Political Science Review* 97.4 (2003),
S. 516.

über jedoch nicht rechenschaftspflichtig.[258] Während Personen als moralisch Gleiche einen Anspruch darauf haben, dass politische Entscheidungen, die ihre Interessen faktisch betreffen, ex post unter Rekurs auf verallgemeinerbare Gründe rechtfertigbar sind, besitzen die Normadressatinnen und Normadressaten demokratischer Gesetze als Unterworfene darüber hinaus einen Anspruch darauf, dass die inhaltliche Berücksichtigung ihrer Interessen ex ante in einer Gemeinschaft politisch Gleicher institutionell proceduralisiert wird.[259] Insoweit es die politische Gleichheit faktischer Mitglieder daher nicht verletzt, ist es angemessen, die Interessen aller Normadressatinnen und Normadressaten nicht nur durch verallgemeinerbare Gründe moralisch zu berücksichtigen, sondern darüber hinaus politisch zu repräsentieren.

Aufgrund der Diversität der global expandierten Menge demokratischer Normadressatinnen und Normadressaten sollte dies jedoch wie oben ausgeführt nicht durch die elektive Repräsentation innerhalb entscheidungsbefugter Institutionen, sondern durch kontestatorische und deliberative Repräsentationsformen geschehen, welche die politische Gleichheit stark unterworfener Normadressatinnen und Normadressaten nicht verletzen. Aus deliberativer Perspektive kann eine ungleiche Einflussnahme demokratischer Normadressatinnen und Normadressaten einen epistemischen Gewinn darstellen, da eine möglichst vollständige Formulierung und Berücksichtigung aller Argumente, einer möglichst vollständigen Beteiligung aller Normadressatinnen und Normadressaten vorzuziehen ist. Da die Mitgliedschaft in einer Diskursgemeinschaft somit nicht mit einem Anspruch auf chancengleiche diskursive Einflussnahme einhergeht, ist es legitim, die Interessen aller Normadressatinnen und Normadressaten auf unterschiedlich partizipative Weise durch deliberative Repräsentationsformen an politische Repräsentantinnen und Repräsentanten rückzubinden. Insbesondere

---

258 Jane Mansbridge unterscheidet von diesem klassischen Repräsentationstyp daher weitere Repräsentationstypen. Während *anticipatory representation* politische Entscheidungen legitimiert, indem sich Repräsentantinnen und Repräsentanten von dem zum Wahlzeitpunkt ausgedrückten Präferenzen lösen, um die deliberativ veränderbaren antizipierten Interessen der Normadressatinnen und Normadressaten bei einer zukünftigen Wahl zum Maßstab nehmen zu können, legitimiert *gyroscopic representation* politische Entscheidungen systemisch dadurch, dass der spezifische Hintergrund ausgewählter Repräsentantinnen und Repräsentanten dazu führt, dass diese ohne externe Anreize im Interesse der jeweiligen Normadressatinnen und Normadressaten agieren. *Surrogate representation* legitimiert politische Entscheidungen schließlich insbesondere gegenüber Interessensminderheiten durch Repräsentantinnen und Repräsentanten außerhalb territorial begrenzter Wahlkreise in nicht-elektiver Form. Vgl. ebd., S. 516 – 525.
259 Für die Unterscheidung zwischen ex post Rechtfertigung und ex ante Deliberation vgl. Rainer Bauböck. „Response to critics", S. 235.

diskurstheoretische Demokratieansätze haben für die deliberative Partizipation extraterritorialer Normadressatinnen und Normadressaten bereits unterschiedlich anspruchsvolle konkrete Vorschläge unterbreitet.[260] Hierzu zählen erstens die Kontestation bestehender Mitgliedschaftsnormen auf gerichtlicher Ebene sowie durch nicht-parlamentarischen politischen Aktivismus von Nichtregierungsorganisationen.[261] Zweitens die Einrichtung von Ombudsstellen, welche die Interessen extraterritorialer Normadressatinnen und Normadressaten neutral vertreten und in beratender Funktion an Gesetzesvorhaben beteiligt werden können.[262] Drittens die Installation deliberativer Mini-Öffentlichkeiten (*mini-publics*), welche zu einem repräsentativen Anteil mit extraterritorialen Normadressatinnen und Normadressaten besetzt sind und über Gesetzesvorschläge beraten können, die anschließend dem Parlament oder den Staatsbürgerinnen und Staatsbürgern zur Abstimmung vorgelegt werden können.[263] Obwohl die konkrete Ausgestaltung deliberativer Repräsentationsformen eine kontextabhängige, politische Aufgabe bleiben muss, ist die ex ante deliberative Einbeziehung extraterritorialer Normadressatinnen und Normadressaten im Hinblick auf eine zunehmend interdependente globale Ordnung mit internationaler Mobilität aus demokratischer Perspektive insgesamt erstrebenswert.

---

260 Vgl. Seyla Benhabib. *The Rights of Others: Aliens, Residents and Citizens*, S. 171–212 und Svenja Ahlhaus. *Die Grenzen des Demos: Mitgliedschaftspolitik aus postsouveräner Perspektive*, S. 213–243. Obwohl ich diesen Vorschlägen teilweise zustimme, widerspreche ich beiden Ansätzen methodisch und inhaltlich. Im Gegensatz zu Benhabibs Ansatz besitzen irreguläre Migrantinnen und Migranten meines Erachtens unabhängig von dem Ausgang demokratischer Iterationen einen Anspruch auf Mitgliedschaft und im Gegensatz zu Ahlhaus besitzen extraterritoriale Normadressatinnen und Normadressaten meines Erachtens keinen Anspruch auf elektive Partizipation in postsouveränen entscheidungsbefugten Institutionen.

261 Benhabib skizziert dies anhand eines Urteils des deutschen Bundesverfassungsgerichts von 1990. In diesem wurde das Wahlrecht für Ausländerinnen und Ausländer auf kommunaler Ebene in Schleswig-Holstein zwar untersagt, der Gesetzgeber wurde jedoch zugleich aufgefordert, die Einbürgerung von Ausländerinnen und Ausländern zu vereinfachen. Vgl. Seyla Benhabib. *The Rights of Others: Aliens, Residents and Citizens*, S. 202–209.

262 Vgl. Rainer Bauböck. „Democratic inclusion: a pluralist theory of citizenship", S. 34 und Svenja Ahlhaus. *Die Grenzen des Demos: Mitgliedschaftspolitik aus postsouveräner Perspektive*, S. 215–216.

263 Ahlhaus schlägt mit ihrer *Boundary Assembly* jedoch eine *entscheidungsbefugte* geloste Bürgerversammlung vor, die paritätisch mit Mitgliedern und Nicht-Mitgliedern besetzt ist und somit zu einer postsouveränen Mitgliedschaftspolitik führt. Vgl. ebd., S. 213–243.

4.3 Elektive Partizipation und Aktivvolk

Die Frage, wer aus demokratischer Perspektive in das Aktivvolk eines demokratischen Territorialstaates inkludiert werden sollte und somit politische Partizipationsrechte in Letzterem erhalten muss, hängt, wie sich nun gezeigt hat, auch von dem Verhältnis von Zurechnungs- und Adressatenvolk ab. In den vorherigen Teilen wurde erstens dafür argumentiert, dass alle Normadressatinnen und Normadressaten mit genuinen sozialen oder ortsabhängigen Bindungen ein Recht auf Mitgliedschaft im Zurechnungsvolk eines demokratischen Territorialstaates und damit den Erwerb der Staatsbürgerschaft haben sollten sowie zweitens, dass die Diversität des globalen Adressatenvolkes neben der elektiven Repräsentation stark unterworfener, territorial anwesender faktischer Mitglieder die kontestatorische und deliberative Repräsentation der Interessen extraterritorialer Normadressatinnen und Normadressaten bei spezifischen extraterritorialen Gesetzesnormen impliziert.

In einem Szenario, welches beide oben genannten Bedingungen erfüllt, d. h. in welchem sich Zurechnungs- und Adressatenvolk erstens verhältnismäßig stark überschneiden, da alle faktischen Mitglieder mit sozialen oder ortsabhängigen Bindungen auf lange Sicht durch ein Verbundenheitsprinzip in das Zurechnungsvolk ihres Aufenthaltsstaates inkludiert werden und in welchem die Externalitäten der kollektiven Selbstregierung dieses Zurechnungsvolkes zweitens gegenüber allen Normadressatinnen und Normadressaten durch kontestatorische und deliberative Repräsentationsformen gerechtfertigt sind, ist lediglich die möglichst vollständige Inklusion aller Staatsbürgerinnen und Staatsbürger in das Aktivvolk gefordert. Unter diesen Umständen würde eine globale Expansion des Aktivvolks zwar eine stärkere Kongruenz von Aktiv- und Adressatenvolk herstellen, dadurch jedoch gleichzeitig die politische Gleichheit der Normadressatinnen und Normadressaten verletzen, da das Ausmaß, in welchem Staatsbürgerinnen und Staatsbürger sowie extraterritoriale Normadressatinnen und Normadressaten politischer Autorität und staatlichem Zwang unterworfen sind, zu unterschiedlich ist, um die Zuschreibung gleicher politischer Partizipationsrechte im Aktivvolk zu rechtfertigen.

In einem Szenario, welches die oben genannten Bedingungen jedoch nicht erfüllt, d. h. unter Bedingungen, in denen Staatsbürgerschaftsrechte trotz hohem Migrationsaufkommen ausschließlich durch *ius soli* oder *ius sanguinis* Prinzipien vergeben werden und in welchem die Externalitäten des Zurechnungsvolkes nicht gegenüber allen Mitgliedern des Adressatenvolkes gerechtfertigt sind, verstärkt die Kopplung politischer Partizipationsrechte an die Institution der Staatsbürgerschaft die politische Ungleichheit faktischer Mitglieder, da Migrantinnen und Migranten durch den Ausschluss aus dem Zurechnungsvolk indirekt aus dem

Aktivvolk ihres Aufenthaltsstaates exkludiert würden, obwohl sie staatlichen Normen in gleichem Ausmaß ausgesetzt wären wie Staatsbürgerinnen und Staatsbürger. Bildet das Zurechnungsvolk also eine verhältnismäßig kleine Teilmenge des Adressatenvolkes, die nicht alle (gleich) stark unterworfenen Normadressatinnen und Normadressaten umfasst, so könnte als nächstbester Kompromiss vorgeschlagen werden, politische Partizipationsrechte teilweise von der Staatsbürgerschaft zu entkoppeln, um aus demokratischer Sicht politisch inklusive Institutionen zu gewährleisten.

Eine solche Disaggregation der Staatsbürgerschaft von politischen Partizipationsrechten hätte extensive, wie restriktive Implikationen: Einerseits würde sie nicht nur die politische Inklusion aller Staatsbürgerinnen und Staatsbürger, sondern aller Personen mit sozialen oder ortsabhängigen Bindungen, die sich dauerhaft im Staatsgebiet aufhalten, ermöglichen. Als pragmatischer Kompromiss könnte hierfür das nach politischer Ebene gestaffelte Wahlrecht an die Dauer des Aufenthaltes (bzw. andere rechtlich implementierbaren Kriterien genuiner Verbundenheit) geknüpft werden.[264] Hieraus würde folgen, dass politische Partizipationsrechte auf lokaler Ebene extrem niedrigschwellig an alle Personen mit Wohnsitz im Staatsgebiet verliehen werden könnten, während die Verteilung politischer Partizipationsrechte auf nationaler (und ggf. supranationaler) Ebene eine bestimmte Mindestaufenthaltsdauer voraussetzte. Andererseits implizierte die Disaggregation politischer Partizipationsrechte von der Institution der Staatsbürgerschaft jedoch auch, dass ausgewanderte Staatsbürgerinnen und Staatsbürger, sofern sie politische Partizipationsrechte in ihrem Aufenthaltsstaat besitzen, während ihrer andauernden Abwesenheit keine politischen Partizipationsrechte in ihrem Herkunftsstaat besitzen sollten, um Überinklusion zu vermeiden. Eine Regularisierung und Einbürgerung faktischer Mitglieder bliebe einer Disaggregation von Wahlrecht und Staatsbürgerschaft gegenüber jedoch insgesamt vorzugswürdig, da eine entsprechende Entkopplung Gefahr liefe, einen Bürgerstatus zweiter Klasse zu stiften, indem die gleiche Ausübung politischer Partizipationsrechte durch einen unsichereren Rechtsstatus, beispielsweise in Bezug auf territoriale Aufenthaltsrechte oder materiale Teilhaberechte, unterminiert werden könnte.[265]

---

264 Für residenzbasierte Mitgliedschaft auf lokaler Ebene vgl. Rainer Bauböck. „Democratic inclusion: a pluralist theory of citizenship", S. 75–80.
265 Vgl. Robin Celikates. „Demokratische Inklusion: Wahlrecht oder Bürgerschaft". In: *Migration und Ethik*. Hrsg. von Andreas Cassee und Anna Goppel. Münster: Mentis, 2012, S. 299–301.

4.4 Fazit

In diesem Kapitel wurde dafür argumentiert, dass ein kontingent entstandener demokratischer Territorialstaat in einer globalisierten internationalen Ordnung mit einer weitgehend sesshaften Bevölkerung trotz Migrationsaufkommen unter drei Bedingungen inklusiv ist: Erstens sollte er alle Personen mit sozialen Bindungen an die politische Gemeinschaft oder ortsabhängigen Bindungen an den Lebensraum des entsprechenden Territorialstaates durch eine Kombination aus Geburtsstaatsbürgerschaft (*ius soli* und *ius sanguinis*) sowie einem Verbundenheitsprinzip, welches sich an der physischen Aufenthaltsdauer bemisst, in das Zurechnungsvolk inkludieren. Zweitens sollte er die Interessen der Normadressatinnen und Normadressaten spezifischer extraterritorialer Gesetze in diesen Gesetzesanliegen durch nicht-territoriale politische Repräsentationsformen ex ante deliberativ berücksichtigen. Drittens sollte er die elektive politische Partizipation aller kompetenten faktischen Mitglieder, vorzugsweise durch Regularisierung und Einbürgerung von Migrantinnen und Migranten, zur Not jedoch kompromisshaft durch Entkopplung des Wahlrechtes von der Staatsbürgerschaft und Staffelung nach politischer Ebene, ermöglichen.

Kapitel 5 Territoriale Exklusion

Das folgende Kapitel untersucht die territorialrechtlichen Externalitäten politischer Ausschlüsse. Hierbei wird dafür argumentiert, dass eine moralische Rechtfertigung territorialer Jurisdiktionsrechte über klar umgrenzte, partikuläre Gebiete unter realistischen Bedingungen ein Boundary-Problem auf höherer Ebene produziert. Im Anschluss wird daher vorgeschlagen, dass symmetrische Ansprüche aller Personen auf natürliche Ressourcen dafürsprechen, Ausschlussrechte gegenüber potenziellen Migrantinnen und Migranten vor dem Hintergrund einer egalitaristischen Verteilung des Wertes natürlicher Ressourcen zu beurteilen. Eine solche Verteilung sollte neben der Befriedigung basaler Grundbedürfnisse aller Personen eine proportionale Nutzung natürlicher Ressourcen erlauben, sofern hierdurch die ortsabhängigen Stabilitätsinteressen der gegenwärtigen Generation bestehender Anwohnerinnen und Anwohner partikulärer Gebiete nicht verletzt werden.

5.1 Territorialrechte

5.1.1 Territorialrechtliche Externalitäten

Das letzte Kapitel hat dafür argumentiert, dass die politische und territoriale Inklusion in Territorialstaaten aus demokratischer Perspektive verknüpft sein sollten. Ins Staatsinnere gerichtet, folgt aus der territorialen Inklusion von Personen dadurch auf Dauer auch deren politische Inklusion. Aus globaler Perspektive beinhaltet der politische Ausschluss von Migrantinnen und Migranten hingegen i. d. R. zugleich deren territorialen Ausschluss von der Nutzung eines geographischen Lebensraumes in einer Welt mit flächendeckenden Territorialstaaten und begrenzten natürlichen Ressourcen. Da politische Inklusionsansprüche in demokratischen Territorialstaaten gleichzeitig Residenzrechte in einem geographischen Gebiet zuschreiben, wirft die Verleihung des formalen Mitgliedschaftsrechts somit nicht lediglich eine politische Inklusionsfrage, sondern gleichzeitig eine territorialrechtliche Verteilungsfrage auf. Um die territorialrechtlichen Externalitäten politischer Exklusion zu rechtfertigen, müsste folglich gezeigt werden, dass demokratische Staaten territoriale Jurisdiktions- und staatliche Ausschlussrechte für partikuläre Gebiete besitzen, welche rechtfertigen, potenzielle Migrantinnen und Migranten von der Nutzung dieser spezifischen natürlichen Ressourcen auszuschließen.

https://doi.org/10.1515/9783110788884-008

Territorialrechtliche Verteilungsfragen sind demokratietheoretischen Inklusionserwägungen dabei aus liberaler Perspektive in normativer Hinsicht vorgeordnet. So beschreiben natürliche Rechte dieser Vorstellung nach fundamentale moralische Rechte, welche Personen unabhängig von spezifischen transaktionalen oder assoziativen Verpflichtungen im Naturzustand besitzen. Sofern eigentumsähnliche Ansprüche auf natürliche Ressourcen, wie z. B. Land, unmittelbar aus solchen natürlichen Rechten folgen, bedürfen naturrechtliche Ansprüche somit selbst unter der Voraussetzung, dass demokratische Entscheidungsverfahren intrinsisch wertvoll sind, keiner gesonderten, spezifisch demokratischen Rechtfertigung. Der Grund hierfür liegt dieser Vorstellung nach darin, dass fundamentale liberale Rechte selbst eine notwendige Voraussetzung legitimer demokratischer Entscheidungsverfahren darstellen, sodass eine vorgängige demokratische Legitimation dieser Rechte in einem Zirkelschluss endete. Anstatt fundamentale liberale Rechte daher durch einen demokratischen Entscheidungsprozess zu legitimieren, können aus dieser Perspektive sowohl liberale Rechte als auch der intrinsische Wert demokratischer Entscheidungsverfahren nur durch normativ vorgeordnete moralische Prinzipien begründet werden, welche zugleich als externe Beschränkung demokratischer Autorität fungieren.[266] In dieser Hinsicht ist es aus liberaler Perspektive, je nachdem durch welche moralischen Prinzipien subjektive Rechte und der intrinsische Wert demokratischer Entscheidungsverfahren genau begründet werden, theoretisch unproblematisch, legitime territoriale Jurisdiktionsrechte souveräner Staaten aus natürlichen, vor-institutionellen Rechten abzuleiten, ohne diese selbst mit demokratischen Mitteln, beispielsweise durch einen globalen Demos, zu legitimieren.

Diese normative Priorisierung legitimer Territorialrechtsansprüche souveräner Staaten vor demokratietheoretischen Inklusionserwägungen setzt jedoch voraus, dass die moralische Rechtfertigung territorialer Jurisdiktionsrechte entweder ohne Bezug auf „das" Volk als kollektiven Rechtsträger auskommt oder dessen Konstitution als normativ relevant aufweisen kann, da ansonsten ein ad hoc als inklusiv stipulierter kollektiver Rechtsträger die argumentative Beweislast für territoriale Jurisdiktions- und staatliche Ausschlussrechte über partikuläre, klar umgrenzte Gebiete trägt. Obwohl ich die normative Priorisierung liberaler Rechte vor dem Demokratieprinzip teile, versuche ich nun zu zeigen, dass selbst

---

266 Diskurstheoretische Ansätze, wie beispielsweise derjenige von Habermas, behaupten hingegen die Gleichursprünglichkeit von liberalen Rechten und Demokratieprinzip. In Abschnitt 1.1.3 und Fußnote 37 wurde bereits kurz auf das kontroverse Verhältnis von Liberalismus und Demokratie verwiesen.

aus liberaler Perspektive eine moralische Rechtfertigung territorialer Jurisdiktionsrechte über klar umgrenzte, partikuläre Gebiete unter realistischen Bedingungen ein Boundary-Problem[267] auf höherer Ebene produziert. Anschließend werde ich dafür argumentieren, dass dieses Boundary-Problem zusammengenommen mit symmetrischen Ansprüchen aller Personen auf natürliche Ressourcen dafürspricht, die In- oder Exklusion potenzieller Migrantinnen und Migranten vor dem Hintergrund einer egalitaristischen Verteilung des Wertes natürlicher Ressourcen zu berücksichtigen.

5.1.2 Eigentum, Jurisdiktion und Ausschluss

Konzeptuell beinhaltet der Begriff „Territorium" im Gegensatz zu dem Begriff „Land" bereits einen Bezug zu einer politischen Jurisdiktion.[268] Standardmäßig wird daher angenommen, dass ein Territorium ein geographisches Gebiet mit einer Gruppe an Bewohnerinnen und Bewohnern und einer Menge an politischen Institutionen verknüpft, welche innerhalb des Gebietes über diese herrschen.[269] Territorialrechte können somit begrifflich in drei Typen von Rechten ausdifferenziert werden: Erstens das Recht auf territoriale Jurisdiktion, also das Recht einer politischen Autorität, Gesetze innerhalb eines begrenzten Gebietes zu erlassen und durchzusetzen. Zweitens das Eigentumsrecht an den natürlichen Ressourcen innerhalb dieser Jurisdiktion. Drittens Rechte, den Personen- und Güterverkehr über die Grenzen dieser Jurisdiktion zu regulieren.[270]

Das Verhältnis dieser Rechte ist kontrovers und wird je nach Territorialrechtsansatz unterschiedlich verstanden, was sich anhand des Konzeptes der *meta-jurisdiction* verdeutlichen lässt. Rechte auf *meta-jurisdiction* beschreiben Kompetenzen, Jurisdiktionen zu kreieren oder zu verändern.[271] So kann das Ver-

---

267 In der Literatur wird der Ausdruck *Boundary-Problem* teilweise synonym mit dem Ausdruck *Demos-Problem* verwendet. Ich verwende den Ausdruck hingegen lediglich, um das Partikularitätsproblem territorialer Jurisdiktionsrechte zu beschreiben.
268 Zur etymologischen Herkunft des Wortes „Territorium" vgl. Lea Ypi. „A Permissive Theory of Territorial Rights", S. 291–292.
269 Vgl. David Miller. „Territorial Rights: Concept and Justification". In: *Political Studies* 60.2 (2012), S. 253.
270 Vgl. ebd. Miller bezieht sich dabei auf A. John Simmons, welcher Territorialrechte noch weiter ausdifferenziert. Vgl. A. John Simmons. „On the Territorial Rights of States". In: *Philosophical Issues* 11.1 (2001), S. 306.
271 Vgl. Allen Buchanan. „The Making and Unmaking of Boundaries: What Liberalism Has to Say". In: *States, Nations, and Borders: The Ethics of Making Boundaries.* Hrsg. von Allen Buchanan

hältnis der oben beschriebenen Rechtstypen hierarchisch verstanden werden, indem Territorialrechte auf vor-institutionelle, natürliche Eigentumsrechte von Individuen mit *meta-jurisdictional authority* reduziert werden.[272] Alternativ kann jedoch auch angenommen werden, dass sich diese Rechtstypen nicht bereits konzeptuell implizieren, auch wenn Staaten konventionell alle drei Arten von Rechten zugesprochen wird.[273]

Hierbei kann einerseits bestritten werden, dass das territoriale Jurisdiktionsrecht mit dem natürlichen Recht auf Durchsetzung der eigenen Eigentumsrechte im Naturzustand gleichgesetzt werden kann, da das Konzept territorialer Jurisdiktion die omnilaterale Durchsetzung aller Eigentumsrechte durch die Setzung positiven Rechts ermöglichen muss,[274] und eine Verortung von *meta-jurisdictional authority* bei Individuen dem konventionellen Verständnis von Territorialrechten widerspricht.[275] Andererseits kann jedoch auch bestritten werden, dass Eigentumsrechte vollständig aus territorialen Jurisdiktionsrechten ableitbar sind, da das territoriale Jurisdiktionsrecht lediglich gegenüber denjenigen Personen gerechtfertigt werden muss, welche der entsprechenden politischen Autorität unterworfen sind, Eigentums- und Ausschlussrechte jedoch auch gegenüber Nicht-Unterworfenen rechtfertigbar sein müssen.[276]

5.2 Das Boundary-Problem

5.2.1 Konsenstheoretische, aneignungsbasierte Ansätze

Aneignungsbasierte, konsenstheoretische (oder auch im weitesten Sinne Locke'sche) Ansätze argumentieren dafür, dass territoriale Jurisdiktionsrechte durch die tatsächliche Zustimmung von den Eigentümerinnen und Eigentümern na-

---

und Margaret Moore. New York: Cambridge University Press, 2003, S. 233 und Anna Stilz. „Why do states have territorial rights?". In: *International Theory* 1.2 (2009), S. 194 – 198.

272 Vgl. A. John Simmons. „On the Territorial Rights of States", S. 307 und Hillel Steiner. „May Lockean Doughnuts Have Holes? The Geometry of Territorial Jurisdiction: A Response to Nine". In: *Political Studies* 56.4 (2008), S. 949 – 956.

273 Vgl. David Miller. „Territorial Rights: Concept and Justification", S. 253 – 254.

274 Vgl. David Miller. „Property and Territory: Locke, Kant, and Steiner". In: *Journal of Political Philosophy* 19.1 (2011), S. 106 – 107 und Margaret Moore. *A Political Theory of Territory*, S. 15 – 16.

275 Vgl. Cara Nine. „Territory is Not Derived from Property: A Response to Steiner". In: *Political Studies* 56.4 (2008), S. 957 – 963.

276 Vgl. David Miller. „Property and Territory: Locke, Kant, and Steiner", S. 93 und David Miller. „Territorial Rights: Concept and Justification", S. 253 – 254.

türlicher Ressourcen im Naturzustand begründet werden.[277] Laut diesem Ansatz besitzen Personen im Naturzustand ein Eigentumsrecht am eigenen Körper und haben daher folglich ein natürliches Recht auf den Erwerb von Eigentum, sofern dieses durch die Vermischung von Arbeit[278] mit natürlichen Ressourcen und unter Berücksichtigung fairer Vorbehalte (*provisos*)[279] entsteht. So können Personen – je nach zugrundeliegender Interpretation – im Naturzustand durch Arbeit unter Voraussetzung besagter Vorbehalte das volle Bündel an eigentumsrechtlichen Gebietsansprüchen erwerben, d. h. beispielsweise Freiheiten, nach Belieben über ein Gebiet zu verfügen und Andere von der Nutzung dieses Gebietes auszuschließen, Ansprüche, nicht durch Andere an der Nutzung des Gebietes gehindert zu werden, Kompetenzen, das Gebiet durch Schenkung, Verkauf oder Erbschaft an Andere zu übertragen und Immunitäten dagegen, durch Andere enteignet zu werden.[280] Treten Grundbesitzerinnen und Grundbesitzer im Naturzustand die Kompetenz, ihre natürlichen Eigentumsrechte mittels Gewalt durchzusetzen, durch die freiwillige, tatsächliche Zustimmung zu der politischen Autorität eines Staates an diesen ab, können sie dadurch kollektiv das territoriale Jurisdiktionsrecht des Staates begründen. Laut konsenstheoretischen Ansätzen ist die

---

277 Vgl. John Locke. „Two Treatises of Government". Gegenwärtige Vertreter des Locke'schen Ansatzes sind beispielsweise A. John Simmons und Hillel Steiner. Vgl. A. John Simmons. *The Lockean Theory of Rights*. Princeton: Princeton University Press, 1992, A. John Simmons. „On the Territorial Rights of States", A. John Simmons. *Boundaries of Authority*, Hillel Steiner. *An Essay on Rights*. Oxford: Blackwell, 1994 und Hillel Steiner. „Territorial Justice". Darüber hinaus gibt es kollektivistische und nationalistische Spielarten des Locke'schen Ansatzes wie beispielsweise Cara Nine. „A Lockean Theory of Territory". In: *Political Studies* 56.1 (2008), S. 148 – 165 und David Miller. „Property and Territory: Locke, Kant, and Steiner". Da kollektivistische und nationalistische Spielarten jedoch auch Überschneidungen mit kollektivistischen, selbstbestimmungsbasierten Ansätzen aufweisen, systematisiere ich sie zum Zwecke der Übersichtlichkeit mit Letzteren.
278 Nach einer anderen Lesart werden Eigentumsrechte durch einen Schaffensprozess aus vorfindlichen Materien in Analogie zu einer Kreation ex nihilo gestiftet. Vgl. Gopal Sreenivasan. *The Limits of Lockean Rights in Property*. New York: Oxford University Press, 1995, S. 59 – 92. Sreenivasan stützt sich auf James Tullys *workmanship model*. Vgl. James Tully. *A Discourse on Property: John Locke and his adversaries*. New York: Cambridge University Press, 1980, S. 41 – 42.
279 Die meisten aneignungsbasierten Positionen setzen bestimmte Bedingungen voraus, die beim Erwerb von Eigentum erfüllt sein müssen. Eine ursprüngliche Formulierung dieser Bedingungen findet sich bei Locke, nach welchem gleichwertige und ausreichende natürliche Ressourcen für alle Personen im Naturzustand nach der Aneignung vorhanden bleiben müssen und keine natürlichen Ressourcen durch die Aneignung verschwendet werden dürfen. Vgl. John Locke. „Two Treatises of Government", S. 353 – 357, (II, 27 – 34).
280 Andere Interpretationen des Locke'schen Ansatzes weisen hingegen darauf hin, dass lediglich beschränkte Übertragungsrechte folgen. Vgl. Gopal Sreenivasan. *The Limits of Lockean Rights in Property*, S. 106 – 111.

Verteilung staatlicher Territorialrechtsansprüche daher legitim, wenn diese das Resultat verfahrensgerechter Transaktionen von historisch fair erworbenem Privateigentum sind.

Eine Konsequenz dieses Ansatzes ist, dass Staatsterritorien in ihrem Inneren Lücken aufweisen würden, sofern nicht alle Privateigentümerinnen und Privateigentümer der politischen Autorität des Staates tatsächlich zustimmen oder die Erben ursprünglicher Eigentümerinnen und Eigentümer ihre Zustimmung zu der politischen Autorität widerrufen.[281] Obwohl Locke'sche Ansätze unter idealen Bedingungen die politische Autorität von Staaten durch die faktische Zustimmung der Grundbesitzerinnen und Grundbesitzer begründen und spezifische, klar umrissene Gebiete durch die transaktionale Logik an die territoriale Jurisdiktion des Staates binden, sind sie daher nur bedingt auf das System territorialer Jurisdiktionsrechte existierender Staaten anwendbar, welche zwangausübenden, unfreiwillig entstandenen Institutionen die lückenlose Jurisdiktion in durchgehenden Territorien zusprechen. Eine historisch-transaktionale Rechtfertigung von Territorialrechtsansprüchen ist darüber hinaus mit mehreren Herausforderungen konfrontiert.

Erstens würde ein natürliches Recht auf Eigentum nicht alle Rechtsinstanzen beinhalten, welche dem Eigentumsbegriff konventionell zugesprochen werden, darunter insbesondere Kompetenzen, Eigentum durch Schenkung oder Erbschaft an Andere zu übertragen.[282] Im Rahmen aneignungsbasierter Ansätze, welche auf die Vermischung von Arbeit mit natürlichen Ressourcen abheben, scheint der Akt der Übertragung nicht dieselbe moralische Kraft wie die ursprüngliche Produktion bzw. Aneignung des in Frage stehenden Eigentumsobjektes durch Arbeit zu

---

281 Vgl. Margaret Moore. *A Political Theory of Territory*, S. 20 – 21. Während Hillel Steiners Argumentation diese Konsequenz akzeptiert, argumentiert A. John Simmons, dass die Zustimmung zu der politischen Autorität eines Staates den Verzicht auf Widerruf durch Erbinnen und Erben zwar impliziert, existierende Staaten jedoch nicht durch faktische Zustimmung entstanden und dadurch illegitim seien. Vgl. Hillel Steiner. „Territorial Justice", S. 144 und A. John Simmons. „On the Territorial Rights of States", S. 313 – 315. Laut Cara Nine folgt aus der individualistischen Version Locke'scher Ansätze, dass Individuen unilaterale Sezessionszechte zugeschrieben werden müssen, wodurch eine zustimmungsbasierte Rechtfertigung konventioneller Territorialrechte über einheitliche Gebiete scheitert. Vgl. Cara Nine. „A Lockean Theory of Territory", S. 150 – 154. Steiner bestreitet, dass ein geometrisches Verständnis territorialer Einheit konventionellen Territorialrechten widerspricht, worauf Nine erwidert, dass ein konventionelles Verständnis territorialer Einheit einen stabilen Staat mit Monopol auf *meta-jurisdiction* voraussetzt. Vgl. Hillel Steiner. „May Lockean Doughnuts Have Holes? The Geometry of Territorial Jurisdiction: A Response to Nine" und Cara Nine. „Territory is Not Derived from Property: A Response to Steiner".
282 Vgl. Jeremy Waldron. *The Right to Private Property*. Oxford: Clarendon Press, 1988, S. 259 – 262 und Margaret Moore. *A Political Theory of Territory*, S. 19.

besitzen. Da Eigentumsrechte nach diesem Ansatz durch den Wertzuwachs gerechtfertigt werden, welcher durch die Vermischung von Arbeit mit natürlichen Ressourcen entsteht, wird lediglich ein Recht auf den Genuss dieses Wertes begründet, nicht jedoch auf dessen Transfer.[283] Eine Folge hiervon wäre, dass sich historische Eigentumsansprüche entgegen der Annahme historisch-transaktionaler Ansätze mit fortschreitenden Übertragungen abschwächen würden.

Zweitens setzt die historisch-transaktionale Rechtfertigungsstrategie unter realistischen, nicht-idealen Bedingungen rektifikatorische Prinzipien voraus, welche in epistemischer Hinsicht unterbestimmt sind. Wurden Eigentumsansprüche zum Zeitpunkt t_0 verletzt, so ist unklar, wie die Kette von Transaktionen bis zu dem späteren Zeitpunkt t_1 weitergelaufen wäre, hätte dieser Eingriff nicht stattgefunden. Eine Rekonstruktion dieser Eigentumsansprüche zum Zeitpunkt t_1 ist aus moralischer Perspektive nicht möglich, da eine rein verfahrensgerechte Transaktionskette nicht mit kontrafaktischer, hypothetischer Reflexion vervollständigt werden kann.[284] Um dies zu verdeutlichen kann das Beispiel einer fairen Wette herangezogen werden.[285] Im Vorfeld zu der tatsächlichen Durchführung einer solchen Wette ist nicht deduzierbar, welche Vermögensverteilung in Höhe des Wetteinsatzes das gerechte Resultat dieser Wette ist. Eine spezifische Vermögensverteilung wird in diesem Fall erst dadurch gerecht, dass sie faktisch durch ein faires Verfahren verursacht wurde. Iteriert man die faire Wette beliebig oft, so entsteht eine Kette von verfahrensgerechten Transaktionen, mit jeweils unterschiedlichen, aber gerechten Vermögensverteilungen zu unterschiedlichen Zeitpunkten. Wurde die Wette nun zum Zeitpunkt t_0 manipuliert, so ist es nicht möglich, die manipulativ entstandene Vermögensverteilung V_1 zum Zeitpunkt t_1 im Hinblick auf eine gerechte Vermögensverteilung V_1' zu korrigieren, da unterbestimmt bleibt, welche Vermögensverteilung V_1' zum Zeitpunkt t_1 kausal verursacht worden wäre, hätte die Manipulation zum Zeitpunkt t_0 nicht stattgefunden.

Drittens müssen historisch-transaktionale Prinzipien durch die Installation fairer Vorbehalte kontextspezifische, strukturelle Gesichtspunkte berücksichtigen, welche die Legitimität der Ergebnisse historisch-transaktionaler Prinzipien unter bestimmten Bedingungen (nämlich genau denjenigen Bedingungen, welche durch den Vorbehalt ausgeschlossen werden sollen) auch im Falle einer rein verfahrensgerechten Kette von korrekten Transaktionen unterminieren könn-

---

283 Vgl. David Miller. „Property and Territory: Locke, Kant, and Steiner", S. 94–95.
284 Vgl. Jeremy Waldron. „Superseding Historic Injustice". In: *Ethics* 103.1 (1992), S. 9–10.
285 Für dieses Beispiel vgl. John Rawls. *A Theory of Justice*, S. 75.

ten.[286] Da eigentumsrechtliche Ansprüche durch die Zeit hinweg andauern, kann die Rechtfertigung eines exklusiven Anspruchs auf eine Ressource unter Knappheitsbedingungen somit anspruchsvoller sein, als unter Aneignungsbedingungen, in denen die entsprechende Vorbehalte noch gelten.[287] So wären nachfolgende Generationen beispielsweise schlechter gestellt, sofern sie lediglich einen gleichen Anspruch auf die Befriedigung ihrer Grundbedürfnisse durch Erwerbsarbeit besäßen, ihnen jedoch, anders als Grundbesitzerinnen und Grundbesitzern, Freiheiten auf die Erwirtschaftung eines Mehrbetrags durch Arbeit verwehrt bliebe.[288] Die Verteilung von Eigentumsansprüchen muss daher durch die Zeit hinweg sensitiv in Bezug die entsprechenden Vorbehalte bleiben, wodurch ein uneingeschränkter Transfer von im Naturzustand erworbenen, andauernden Eigentumsansprüchen an natürlichen Ressourcen selbst im Rahmen aneignungsbasierter Ansätze strukturellen Beschränkungen unterliegen muss.

5.2.2 Funktionalistische, gerechtigkeitsbasierte Ansätze

Während der (im weitesten Sinne) Locke'sche Ansatz bei partikulären Gebietsansprüchen ansetzt und hiervon ausgehend konsenstheoretisch für territoriale Jurisdiktionsrechte des Staates argumentiert, dreht der funktionalistische (oder im weitesten Sinne Kantische) Ansatz die Argumentation um und begründet partikuläre Gebietsansprüche gerechtigkeitstheoretisch mit der Notwendigkeit politischer Autorität.[289] So behaupten funktionalistische Positionen, dass Personen eine gerechtigkeitstheoretische Pflicht haben, den Naturzustand durch die Gründung eines Staates zu verlassen. Laut diesem Ansatz können Personen im Naturzustand zwar vorläufige Eigentumsansprüche an begrenzten natürlichen Ressourcen erwerben, da dies die gleiche Freiheit anderer Personen jedoch beschränkt, indem es diesen unilaterale Respektierungspflichten auferlegt, können vollständige Eigentumsansprüche erst durch ein omnilateral akzeptierbares Ei-

---

286 Vgl. Jeremy Waldron. „Superseding Historic Injustice", S. 22 ff.

287 Vgl. ebd., S. 24.

288 Vgl. Gopal Sreenivasan. *The Limits of Lockean Rights in Property*, S. 113 – 117.

289 Vgl. Immanuel Kant. „Metaphysik der Sitten", hier 6: 312 – 313. Zu gegenwärtigen Vertreterinnen und Vertretern des Kantischen Ansatzes gehören u. a. Jeremy Waldron. „Superseding Historic Injustice" und Lea Ypi. „A Permissive Theory of Territorial Rights". Allen Buchanan vertritt einen funktionalistischen Ansatz, ohne sich dabei auf Kant zu beziehen. Vgl. Allen Buchanan. *Justice, Legitimacy, and Self-Determination: Moral Foundations for International Law*. New York: Oxford University Press, 2004. Anna Stilz vertritt eine Hybridversion aus Kantischem und naturrechtlichem Ansatz. Vgl. Anna Stilz. *Territorial Sovereignty: A Philosophical Exploration*.

gentumsrechtsregime übertragen werden, welches vage, vorläufige Eigentumsansprüche unzweideutig in positives Recht übersetzt und im Konfliktfall durch
staatliche Autorität durchsetzt. Laut funktionalistischem Ansatz ist die staatliche
territoriale Jurisdiktion daher für eine effektive Durchsetzung privater Eigentumsansprüche notwendig.

Eine Herausforderung funktionalistischer Territorialrechtsansätze besteht
darin, nicht lediglich aufzuzeigen, dass ein System territorialer Jurisdiktionsrechte gerechtigkeitstheoretisch geboten ist, sondern darüber hinaus zu erklären,
weshalb Staaten spezifische Territorialrechtsansprüche auf partikuläre, klar
umrissene Gebiete besitzen. Diese Partikularitätsbedingung (*particularity requi-
rement*)[290] produziert laut libertären Kritikerinnen und Kritikern des funktionalistischen Ansatzes nicht nur ein Boundary-Problem in Bezug auf die territoriale
Grenzziehung souveräner Staaten, sondern darüber hinaus auch ein Defizit politischer Autorität allgemein, da der funktionalistische Ansatz – so die Kritik –
nicht abschließend zeigen kann, weshalb die universelle natürliche Pflicht den
Naturzustand zu verlassen, spezielle politische Pflichten gegenüber spezifischen
Institutionen begründet.[291] Eine zufriedenstellende Lösung des Partikularitätsproblems ist für die Plausibilität territorialrechtlicher Ansätze jedoch von zen-
traler Bedeutung, da nur so eindeutig zwischen kontingenten, aber moralisch
unproblematischen Gebietsansprüchen einerseits und imperialistischer Expansion bzw. kolonialistischer Unterdrückung indigener Bevölkerungen andererseits
unterschieden werden kann.

Vertreterinnen und Vertreter funktionalistischer Theorien versuchen dieses
Partikularitätsproblem, sofern sie es explizit adressieren, i. d. R. unter Rekurs auf
ein Kriterium räumlicher Nähe und dem daraus resultierenden Bedarf für institutionelle Koordination zu lösen.[292] Nach dieser Vorstellung muss sich die na-

---

290 Vgl. A. John Simmons. *Moral Principles and Political Obligations.* Princeton: Princeton University Press, 1979, S. 31 ff. und A. John Simmons. *Boundaries of Authority*, S. 60 – 61.
291 Vgl. ebd., S. 67.
292 Vgl. Jeremy Waldron. „Special Ties and Natural Duties", S. 14 – 15. Laut Waldron findet sich
dieses Kriterium bereits in Immanuel Kant. „Metaphysik der Sitten", hier 6: 307 – 308. Auch Arthur
Ripstein verweist auf das Kriterium räumlicher Nähe bei Kant und zeigt auf, dass aus dem Kantischen Ansatz eine endogene Volksauffassung und kein Weltstaat, sondern lediglich der Bedarf
für einen internationalen Gerichtshof, folgen. Vgl. Arthur Ripstein. *Force and Freedom: Kant's
Legal and Political Philosophy.* Cambridge: Harvard University Press, 2009, S. 195 – 197, 226 – 230.
Lea Ypi verweist auf die Kontingenz räumlicher bzw. geographischer Anordnungen. Nach Ypi sind
die partikulären Gebietsansprüche, welche Gegenstand territorialer Jurisdiktionsrechte von
Staaten sind, daher insofern vorläufig, als dass sie nur retrospektiv durch gerechte internationale
Beziehungen zwischen Territorialstaaten permissiv gerechtfertigt werden können. Vgl. Lea Ypi. „A
Permissive Theory of Territorial Rights", S. 301 – 303.

türliche Pflicht, gerechte Institutionen zu gründen, jeweils auf räumlich nahste-
hende Personen beziehen, da diese aufgrund ihrer physischen Nähe eine besondere Gefahr füreinander darstellen. Diese (kontroverse[293]) empirische Annahme lässt jedoch bei einer einigermaßen kontinuierlichen Bevölkerung der
Erdoberfläche immer noch diverse partikuläre Grenzziehungen zwischen be-
nachbarten Personen zu.[294] Da das Kriterium räumlicher Nähe allein somit noch
keine eindeutige Lösung des Partikularitätsproblems darstellt, müssen Vertreterinnen und Vertreter funktionalistischer Ansätze zusätzlich zu dem räumlichen
Kriterium ein kulturelles oder zeitliches Kriterium anführen. Während ein kulturelles Kriterium annehmen würde, dass sich Menschen natürlicherweise in
funktionalistisch rechtfertigbaren, kulturell homogenen Gruppen zusammen-
schließen,[295] setzt ein zeitliches Kriterium lediglich voraus, dass der Naturzustand
schnellstmöglich im Sinne einer gerechten staatlichen Ordnung überwunden
werden sollte.[296] Ein kulturelles Kriterium kann, wie in Abschnitt 2.1.3 bereits
argumentiert wurde, die Grenzziehung politischer Einheiten auf der Ebene idealer
Theorie nicht überzeugend rechtfertigen. Wenn hingegen durch ein zeitliches
Kriterium vorausgesetzt würde, dass die Installation einer gerechten Ordnung
nicht warten kann, bis es tatsächlich zu einer kontinuierlichen Bevölkerung der
Erdoberfläche käme, in welcher alle potenziellen Konflikte offen zu Tage träten,
und staatliche Institutionen daher bereits im Vorfeld zwischen räumlich nahstehenden Personen möglicherweise entlang natürlicher, geographischer Grenzen
errichtet werden müssten, müsste sich die Boundary-Problematik mit fortschrei-
tender technologischer Entwicklung und wachsender Weltbevölkerung auf internationaler Ebene wiederholen. Die spezifischen natürlichen Ressourcen und
Gebiete, welche benachbarte Staaten unter Zeitdruck ad hoc für sich beanspruchen mussten, wären laut funktionalistischem Ansatz erst retrospektiv durch die
omnilaterale Zustimmung und Übersetzung in positives Recht auf globaler Ebene
rechtfertigbar.[297] Obwohl dies im Rahmen funktionalistischer Theorien eine
konsistente Implikation darstellt, würde das Partikularitätsproblem existierender

---

293 Vgl. Christopher H. Wellman u. A. John Simmons. *Is There a Duty to Obey the Law?* New York:
Cambridge University Press, 2005, S. 174 – 175.
294 Vgl. A. John Simmons. *Boundaries of Authority*, S. 69 – 70 und David Miller. „Property and
Territory: Locke, Kant, and Steiner", S. 104.
295 Dieses Kriterium liest David Miller aus dem Kantischen Ansatz heraus. Vgl. ebd., S. 105. Laut
Lea Ypi entwickeln sich kulturelle Merkmale, wie beispielsweise eine gemeinsame Sprache,
hingegen lediglich derivativ durch die geographische Nähe der jeweiligen Personen. Vgl. Lea Ypi.
„A Permissive Theory of Territorial Rights", S. 301.
296 Vgl. Jeremy Waldron. „Special Ties and Natural Duties", S. 15.
297 Lea Ypis permissiver Ansatz akzeptiert diese Konsequenz explizit. Vgl. Lea Ypi. „A Permissive
Theory of Territorial Rights".

Staaten in Abwesenheit einer solchen globalen Ordnung dadurch eher vertagt als gelöst. Um das Partikularitätsproblem empirischer Territorialstaaten im Rahmen funktionalistischer Ansätze zu lösen und die Installation (und nicht lediglich Aufrechterhaltung) territorialer Jurisdiktionsrechte zu begründen, welche mit spezifischen Gebieten der Erdoberfläche verknüpft sind, scheint daher der Rekurs auf ein irgendwie geartetes historisches und nicht lediglich strukturelles Prinzip unvermeidbar.

5.2.3 Kollektivistische, selbstbestimmungsbasierte Ansätze

Selbstbestimmungsbasierte, kollektivistische[298] Ansätze zeichnen sich im Gegensatz zu konsenstheoretischen oder funktionalistischen Ansätzen dadurch aus, dass sie einem bestimmten Kollektiv, welches eine spezielle, normativ relevante Beziehung zu seinem Aufenthaltsgebiet aufweist, moralische Selbstbestimmungsrechte zuschreiben, welche territoriale Jurisdiktionsrechte über das jeweilige Aufenthaltsgebiet begründen. Selbstbestimmungsbasierte Ansätze unterscheiden sich untereinander vor allem hinsichtlich der Frage, ob das in Frage stehende Kollektiv aus einer nationalen, ethnogeographischen oder politischen Gemeinschaft besteht.

Wird der kollektive Rechtsträger des moralischen Selbstbestimmungsrechtes als nationale Gemeinschaft verstanden, so besitzt diesem Ansatz nach ein Kollektiv aus *co-nationals* territoriale Jurisdiktionsrechte über sein kulturell geprägtes, historisch in der nationalen Identität verwurzeltes Heimatland, um die intrinsisch wertvollen Beziehungen der *co-nationals* untereinander schützen und deren Interesse an kollektiver Selbstregierung verwirklichen zu können.[299] Sowohl die kulturelle Prägung des Aufenthaltsgebietes als auch die historisch-symbolische Verwurzelung spezifischer Orte in der nationalen Identität begrün-

---

298 Ich verwende diesen Begriff in Ermangelung einer geeigneten Alternative und subsumiere Anna Stilz unter die Vertreterinnen und Vertreter dieses Ansatzes, obwohl Stilz einen explizit individualistischen Hybridansatz vertritt, welcher sich auf Kant und Hugo Grotius stützt, und sich dadurch von Vertreterinnen und Vertreter kollektivistischer Ansätze abgrenzt. Meines Erachtens bestehen genügend Gemeinsamkeiten zwischen Stilzes Ansatz und den übrigen selbstbestimmungsbasierten, kollektivistischen Ansätzen, um eine solche Subsumtion zu rechtfertigen. Für Stilzes Kritik an kollektivistischen Ansätzen vgl. Anna Stilz. *Territorial Sovereignty: A Philosophical Exploration*, S. 27–30.
299 Vgl. David Miller. *On Nationality* und David Miller. *National Responsibility and Global Justice*. New York: Oxford University Press, 2007.

den dieser Auffassung nach eine normativ relevante Beziehung der *co-nationals* zu einem partikulären Gebiet.

Wird der kollektive Rechtsträger des moralischen Selbstbestimmungsrechtes hingegen als ethnogeographische Gemeinschaft verstanden, so besitzt diesem Ansatz nach ein Kollektiv, welches eine spezifische Wertkonzeption von Land teilt und zusammen auslebt, ein Recht, sein jeweiliges Aufenthaltsgebiet entsprechend dieser eigenen Konzeption zu nutzen.[300] Zwischen einem ethnogeographischen Kollektiv und seinem partikulären Aufenthaltsgebiet besteht dieser Vorstellung nach eine spezielle wechselseitige Beziehung, da sich konkrete Wertkonzeptionen von Land einerseits vor dem Hintergrund geographischer Besonderheiten ausbilden, ethnogeographische Gemeinschaften andererseits ihre natürliche Umwelt im Einklang mit ihrer jeweiligen Wertkonzeption transformieren. Um ihr Aufenthaltsgebiet entsprechend ihrer eigenen Wertkonzeption nutzen zu können, besitzt eine ethnogeographische Gemeinschaft Ausschlussrechte, sofern ihr Aufenthaltsgebiet voll (*full*) ist, d. h. entsprechend der eigenen Wertkonzeption bereits ausgiebig, aber nachhaltig genutzt wird. Das Kriterium der Fülle (*plenitude*), welches eine ökologische Nachhaltigkeitskomponente beinhaltet, muss diesem Ansatz nach nicht auf die Bevölkerungsdichte oder das Ausmaß wirtschaftlicher Nutzbarmachung natürlicher Ressourcen reduziert sein, sondern kann darüber hinaus auch religiöse, ästhetische und kulturelle Wertschöpfungsmechanismen von Land berücksichtigen.[301]

Wird der kollektive Rechtsträger des moralischen Selbstbestimmungsrechtes schließlich als politische Gemeinschaft verstanden, so besitzt diesem Ansatz nach ein Volk im Sinne einer Kooperationsgemeinschaft von politisch partizipierenden Individuen territoriale Jurisdiktionsrechte über ein spezifisches Gebiet, in welchem es sich rechtmäßig aufhält.[302] Der kollektive Rechtsträger wird diesem Ansatz nach über das Konzept von Besetzungsrechten (*occupancy rights*)[303] mit einem partikulären Gebiet verknüpft, wobei die normative Signifikanz von Besetzungsrechten je nach Auslegung durch den Wert räumlich bedingter, zwi-

---

300 Vgl. Avery Kolers. *Land, Conflict, and Justice: A Political Theory of Territory.* New York: Cambridge University Press, 2009.

301 Vgl. ebd., S. 100 – 138.

302 Vgl. Margaret Moore. *A Political Theory of Territory*, Anna Stilz. *Territorial Sovereignty: A Philosophical Exploration* und Sarah Song. *Immigration and Democracy*, S. 52 – 74.

303 Moore unterscheidet begrifflich zwischen Residenzrechten (*residency rights*) und Besetzungsrechten (*occupancy rights*), wobei sich erstere auf Individuen und letztere auf Kollektive beziehen. Stilz schreibt hingegen sowohl Individuen als auch Kollektiven Besetzungsrechte zu. Vgl. Margaret Moore. *A Political Theory of Territory*, S. 29 und Anna Stilz. *Territorial Sovereignty: A Philosophical Exploration*, S. 53 – 55.

schenmenschlicher Beziehungen[304] oder die Bedeutung ortsabhängiger Lebenspläne (*located lifeplans*) für die Autonomiefähigkeit von Individuen[305] begründet
wird. Obwohl Besetzungsrechte keine vollen Eigentumsrechte, sondern lediglich
begrenzte Nutzungsrechte darstellen, sind Ausschlussrechte diesem Ansatz nach
unter Bedingungen rechtfertigbar, in denen Migration die kollektive Selbstbestimmung des Volkes bzw. die ortsabhängigen Lebenspläne der Anwohnerinnen
und Anwohner unterminieren würde.

Da selbstbestimmungsbasierte, kollektivistische Ansätze in ihrer Rechtfertigung partikulärer Gebietsansprüche explizit Rekurs auf einen kollektiven
Rechtsträger nehmen, sind sie mit der Herausforderung konfrontiert, dessen
Konstitution als normativ relevant aufzuweisen, um einem Zirkelschluss zu ent-
gehen. Nationalistische und ethnogeographische Auslegungen des selbstbestimmungsbasierten Ansatzes behaupten dabei einen exogenen kollektiven
Rechtsträger, welcher unabhängig von staatlichen Institutionen identifizierbar
ist. Die nationalistische Auslegung scheint den Inhalt einer nationalen Identität,
welche die entsprechende Nation exogen identifizierbar macht, wie in Abschnitt 2.1.3 bereits ausgeführt, zirkulär als das Produkt der Deliberation einer
willkürlich bestimmten Personengruppe verstehen zu müssen.[306] Doch auch die
ethnogeographische Auslegung besitzt Schwierigkeiten, die Konstitution einer
exogen existierenden Gemeinschaft als normativ relevant aufzuweisen.

Erstens sind ethnogeographische Gemeinschaften oft nicht eindeutig voneinander abgrenzbar, da sie nicht einheitlich, sondern intern pluralistisch sind.[307]
Selbst die nicht nachhaltige anglo-amerikanische Ethnogeographie umfasst neben einer intensiven Landwirtschaft unberührte Naturparks und historische
Kulturstätten. Nach einer Lesart würde dieser Ansatz daher beispielsweise die
USA und Kanada aufgrund weitreichender ethnogeographischer Überschneidungen und stark ausgeprägten Wirtschaftsbeziehungen beider Länder entgegen
dem Empfinden der ansässigen Bevölkerung als eine ethnogeographische Einheit
behandeln.[308] Nach einer anderen Lesart hätte dieser Ansatz die nicht minder
radikale Implikation, dass viele moderne Industriestaaten, wie die USA und Kanada, überhaupt keine Territorialrechte besäßen, da die anglo-amerikanisch ge-

---

304 Vgl. Margaret Moore. *A Political Theory of Territory*, S. 40.
305 Vgl. Anna Stilz. *Territorial Sovereignty: A Philosophical Exploration*, S. 41.
306 Für eine detailliertere Rekonstruktion und Kritik des nationalistischen Ansatzes vgl. Abschnitt 2.1.3.
307 Vgl. Sarah Fine. „Avery Kolers. Land, Conflict, and Justice: A Political Theory of Territory.
Cambridge: Cambridge University Press, 2009. Pp. 238. $99.00 (cloth)". In: *Ethics* 120.3 (2010),
S. 612.
308 Vgl. ebd., S. 613.

prägte Wertkonzeption von Landnutzung insgesamt ökologische Nachhaltig-keitsbedingungen unterliefe.[309] Das Kriterium der Fülle, welches territoriale Ju-risdiktions- und Ausschlussrechte zuschreibt, ist darüber hinaus selbst viel-schichtig und kann keine handlungsleitenden Empfehlungen produzieren, wenn verschiedene Parteien im Konfliktfall unterschiedliche Aspekte des Kriteriums nur partiell erfüllen.[310]

Zweitens räumt die formal gleichwertige Berücksichtigung rein subjektiver Wertvorstellungen teuren Vorlieben, wie ästhetischen Werten, unverhältnismäßig viel Platz gegenüber dem Wert einer egalitaristischen Verteilung natürlicher Ressourcen ein.[311] Da laut diesem Ansatz bereits die konsistente und nachhaltige Instanziierung einer subjektiven Wertkonzeption von Land territoriale Jurisdik-tions- sowie Ausschlussrechte begründet, wird beispielsweise dem ästhetischen Genuss einer vom Menschen unberührten Landschaft, prinzipiell der gleiche Stellenwert eingeräumt, wie einer landwirtschaftlichen Flächennutzung zur Be-friedigung menschlicher Grundbedürfnisse.[312] Ein rein formales Kriterium, wel-ches lediglich beurteilt, ob ein bestimmtes Gebiet gemessen an der subjektiven Wertkonzeption der de facto Inhaberinnen und Inhaber voll ist und davon Aus-schlussrechte gegenüber Dritten ableitet, ist bei knappen natürlichen Ressourcen und einer wachsenden Weltbevölkerung kontraintuitiv.

Anders als die nationalistische oder ethnogeographische Auslegung ist die politische Auslegung nicht auf einen exogenen kollektiven Rechtsträger festge-legt, sondern lässt einen endogenen kollektiven Rechtsträger zu, welcher nur innerhalb staatlicher Institutionen identifizierbar ist. Dieser Auslegung nach folgt aus der Bedeutung räumlich bedingter zwischenmenschlicher Beziehungen oder ortsabhängiger Lebenspläne für die Autonomiefähigkeit von Personen, dass An-wohnerinnen und Anwohner unilaterale Nutzungsrechte an ihrem jeweiligen Aufenthaltsgebiet besitzen, sofern sie dieses nicht durch einen Akt unrechtmä-ßiger Vertreibung ursprünglicher Anwohnerinnen und Anwohner besetzt haben. Unterstützt die überwiegende Mehrheit dieser rechtmäßigen Anwohnerinnen und Anwohner politische Institutionen, die dieses Gebiet unter Wahrung fundamen-taler liberaler Rechte regieren, so bildet sich der politischen Auslegung zufolge ein endogen identifizierbares Volk mit einem moralischen Recht auf Selbstbe-stimmung heraus. Diese Auslegung scheint insofern plausibel, als dass sie ein normativ relevantes Kriterium für die spezifische Konstitution des Volkes vor-

---

309 Vgl. Anna Stilz. *Territorial Sovereignty: A Philosophical Exploration*, S. 164, Fn. 26.
310 Vgl. Margaret Moore. *A Political Theory of Territory*, S. 121–122.
311 Vgl. Chris Armstrong. „Resources, Rights and Global Justice: A Response to Kolers". In: *Political Studies* 62.1 (2014), S. 216–222.
312 Vgl. Anna Stilz. *Territorial Sovereignty: A Philosophical Exploration*, S. 164–165.

schlägt, welches den Wert kultureller Homogenität oder subjektiver Landnutzungskonzeptionen nicht überbewertet und den kollektiven Rechtsträger zugleich mit einem partikulären Gebiet verknüpft. Bei genauerer Betrachtung ist der kollektive Rechtsträger in der endogenen Auslegung jedoch unterbestimmt.

Erstens bleibt unklar, wie der räumliche Umfang des Besetzungsrechtes einzelner Anwohnerinnen und Anwohner bzw. eines Kollektivs derselben bestimmt werden muss.[313] Ist dieser Umfang lediglich auf den unmittelbar notwendigen Wohnraum beschränkt oder umfasst er periphere, umliegende Regionen? Hängt der Umfang des Besetzungsrechtes beispielsweise von dem konkreten ortsabhängigen Lebensplan der jeweiligen Anwohnerinnen und Anwohner ab, so würden anspruchsvollere ortsabhängige Lebenspläne bevorzugt werden, was ähnlich der ethnogeographischen Auslegung ein Problem teurer Vorlieben mit sich bringt. Darüber hinaus ist erklärungsbedürftig, bis zu welchem Punkt ortsabhängige Lebenspläne anpassungsfähig sind und ab wann diese Pläne durch Zuwanderung so nachhaltig unterminiert würden, dass die rechtmäßigen Anwohnerinnen und Anwohner nicht nur unilaterale Nutzungs-, sondern darüber hinaus Ausschlussrechte besitzen sollten. Hängt auch dies wiederum von dem Inhalt der jeweiligen ortsabhängigen Lebenspläne ab, so werden weniger flexible und resiliente Lebenspläne vergleichsweise stärker berücksichtigt.

Zweitens ist die Funktion, welche die politische Unterstützung der Anwohnerinnen und Anwohner für die endogene Konstitution des kollektiven Rechtsträgers einnimmt, schillernd. Dem endogenen Ansatz zufolge begründet die politische Unterstützung – und nicht faktische Zustimmung – von lediglich einer Mehrheit der rechtmäßigen Anwohnerinnen und Anwohner deren territoriale Jurisdiktionsrechte über partikuläre Gebiete. Um die Grenzziehung konkreter staatlicher Einheiten mit partikulären Gebieten zu begründen, ist jedoch mindestens die mehrheitliche Unterstützung konkreter politischer Institutionen notwendig, da eine grundsätzliche Unterstützung der Existenz eines Systems demokratischer Territorialstaaten keine abgrenzbaren Völker generieren könnte.[314]

---

313 Moore räumt selbst ein, dass Besetzungsrechte nur Kerngebiete (*heartlands*), nicht jedoch konkrete Grenzen identifizieren können. Vgl. Margaret Moore. *A Political Theory of Territory*, S. 120 ff. Stilz beschreibt den Umfang von Besetzungsrechten als „somewhat vague" und schlägt vor, der Kern eines Besetzungsrechtes „extends to one's place of permanent residence and to security in the comprehensive life commitments one has formed *nearby*, with a *sufficient* geographic scope to provide an *adequate* range of options for revising these commitments." Vgl. Anna Stilz. *Territorial Sovereignty: A Philosophical Exploration*, S. 55, 57. Eigene Hervorhebung.
314 Für Kritik an der These, dass bereits die mehrheitliche Unterstützung konkreter politischer Institutionen partikuläre politische Pflichten begründen kann, vgl. A. John Simmons. *Moral Principles and Political Obligations*.

In der Realität scheint die politische Unterstützung des Staates oft auf die grundlegende Zustimmung zu der Existenz politischer, vielleicht noch demokratischer, Kerninstitutionen beschränkt zu sein, wodurch der endogene Ansatz erneut zwischen einer konsenstheoretischen oder funktionalistischen Rechtfertigungsstrategie wählen müsste. Begründet er den kollektiven Rechtsträger konsenstheoretisch, so kann er unter stark idealisierten Bedingungen konkretere politische Einheiten zu dem Preis rechtfertigen, dass er nicht auf die historische Genese empirischer Staaten anwendbar ist. Begründet er den kollektiven Rechtsträger funktionalistisch, so kann er ein territoriales Jurisdiktionsrecht für Staaten im Allgemeinen – und damit höchstens die theoretische Notwendigkeit abstrakter Grenzen oder einen globalen Demos – rechtfertigen.

5.3 Postsouveräne Territorialrechtsverteilung

Ist die vorangegangene Analyse korrekt, so besitzt selbst eine dem Demokratieprinzip normativ vorgeordnete Begründung territorialer Jurisdiktionsrechte unter realistischen Bedingungen Schwierigkeiten, klar umgrenzte, partikuläre Gebiete mit der politischen Autorität eines Staates zu verbinden. Die geographischen Landmassen, welche sich als menschliche Lebensräume eignen, stellen jedoch endliche natürliche Ressourcen dar, die weitgehend ohne menschliches Zutun vorhanden sind. In Abwesenheit weiterer Qualifikationen sollten Personen daher *pro tanto* symmetrische Nutzungsansprüche auf natürliche Ressourcen zugesprochen werden, wodurch die unilaterale Nutzung natürlicher Ressourcen reziprok rechtfertigbaren Beschränkungen unterliegt.[315] Identifizieren territoriale Ju-

---

315 Mathias Risse zeigt auf, dass symmetrische Ansprüche auf natürliche Ressourcen in drei unterschiedlich starke Konzeptionen Kollektiver Eigentümerschaft der Erde (*Collective Ownership*) ausdifferenziert werden können: Die Konzeption Gemeinsamer Eigentümerschaft (*Common Ownership*) spricht allen Eigentümerinnen und Eigentümern die unilaterale Nutzung natürlicher Ressourcen innerhalb reziprok rechtfertigbarer Limits zu, die Konzeption Geteilter Eigentümerschaft (*Joint Ownership*) macht die Nutzung natürlicher Ressourcen von der omnilateralen Zustimmung aller Eigentümerinnen und Eigentümer abhängig und die Konzeption Strikter Gleichverteilung (*Equal Division*) teilt jedem von n Individuen einen $1/n$ großen Anteil an natürlichen Ressourcen als Privateigentum zu. Ich folge hier sowohl Mathias Risse als auch Anna Stilz darin, dass symmetrische Ansprüche keine omnilaterale Zustimmung aller Personen für die Nutzung natürlicher Ressourcen implizieren, solange diese reziprok rechtfertigbaren Beschränkungen unterliegt, da die Autonomie von Personen unverhältnismäßig stark eingeschränkt würde, sofern diese für die Befriedigung ihrer Grundbedürfnisse auf die omnilaterale Zustimmung aller anderen Personen angewiesen wären. Vgl. Mathias Risse. *On Global Justice*. Princeton: Princeton University Press, 2012, S. 120 – 122 und Anna Stilz. *Territorial Sovereignty: A Philoso-*

risdiktionsrechte nun höchstens partikuläre Kerngebiete und keine klaren Grenzen, so erscheinen Ausschlussrechte gegenüber Migrantinnen und Migranten aus territorialrechtlicher Perspektive bis auf Weiteres rechtfertigungsbedürftig. Zusammengenommen mit *pro tanto* symmetrischen Ansprüchen aller Personen auf natürliche Ressourcen sollte eine Rechtfertigung territorialer Jurisdiktions- und staatlicher Ausschlussrechte daher von einem globalen Standpunkt erfolgen und eine egalitaristische Verteilung natürlicher Ressourcen voraussetzen.[316]

Um die territorialrechtlichen Externalitäten politischer Exklusion in einer Welt mit begrenzten natürlichen Ressourcen und einer wachsenden Weltbevölkerung einfangen zu können, sollte die Mitgliedschaftspolitik kontingent entstandener Territorialstaaten mit territorialen Jurisdiktionsrechten über kontingent abgegrenzte partikuläre Kerngebiete durch eine egalitaristische Verteilung des Wertes natürlicher Ressourcen begrenzt werden. Die Frage, ob staatliche Ausschlussrechte demokratisch legitimiert sind, da sie alle Personen einbeziehen, die genuine soziale oder ortsabhängige Bindungen an die politische Gemeinschaft oder das in Frage stehende Gebiet aufweisen, impliziert somit die normativ vorgeordnete Frage, ob die territorialrechtlichen Externalitäten demokratisch legitimierter Ausschlussrechte durch eine faire Verteilung des Wertes natürlicher Ressourcen gegenüber Migrantinnen und Migranten gerechtfertigt sind. Symmetrische Ansprüche aller Personen auf natürliche Ressourcen sprechen hierbei dafür, den territorialen Ausschluss von Migrantinnen und Migranten mit einer fairen Verteilung des anteiligen Wertes der Herkunfts- und Zielgebiete als natürliche Ressourcen ins Verhältnis zu setzen.[317]

An dieser Stelle könnte eingewendet werden, dass sich symmetrische Ansprüche auf natürliche Ressourcen nicht in einer fairen Verteilung des Wertes dieser Ressourcen erschöpfen. So könnte argumentiert werden, dass symmetrische Ansprüche auf natürliche Ressourcen beispielsweise auch einen Anspruch auf gleiche ökonomische Chancen oder ein Recht auf die internationale Verfolgung wertvoller Projekte als Teil persönlicher Autonomie begründen. Diesem Einwand nach wäre es ungerechtfertigt, dass ein System territorialer Rechte

---

phical Exploration, S. 60 – 64, welche sich beide auf Hugo Grotius beziehen. Vgl. Hugo Grotius. *The Rights of War and Peace*. Hrsg. von Richard Tuck. Bd. 1. Indianapolis: Liberty Fund, 2005. (Ersterscheinung 1625), S. 184, (I.2.I.3).

316 Vgl. Mathias Risse. „Taking up space on earth: Theorizing territorial rights, the justification of states and immigration from a global standpoint". In: *Global Constitutionalism* 4.1 (2015), S. 84.

317 Dies lässt sich durch ein Gedankenexperiment von Mathias Risse veranschaulichen, indem eine auf zwei Personen geschrumpfte Bevölkerung der USA Migrantinnen und Migranten durch entsprechende Grenzüberwachungssysteme am Grenzübertritt hindert. Vgl. Mathias Risse. *On Global Justice*, S. 90.

Personen beispielsweise an dem Ausleben internationaler Beziehungen hindert oder im internationalen Vergleich ökonomisch benachteiligt. So wurden prinzipiell offene Grenzen u. a. als Instrument globaler Verteilungsgerechtigkeit[318] oder als logische Erweiterung eines autonomiebasierten Rechts auf innerstaatliche Bewegungsfreiheit[319] gefordert. Obwohl eine Redistribution von Mitgliedschafts- und Aufenthaltsrechten nicht das effizienteste Mittel für die Durchsetzung ökonomischer Umverteilungsansprüche darstellt[320] und das Recht auf innerstaatliche Bewegungsfreiheit nicht die Funktion hat, maximale Mobilität herzustellen, sondern Minderheiten vor politischer Unterdrückung zu schützen,[321] möchte ich hier nicht ausschließen, dass offene Grenzen *pro tanto* gerechtigkeitstheoretisch gefordert sein können und Grenzschließungen rechtfertigungsbedürftig sind.

Eine solche Argumentation verliefe meines Erachtens jedoch orthogonal zu der hier geführten Diskussion, die spezifiziert, unter welchen Bedingungen demokratische Territorialstaaten inklusiv – nicht vollkommen gerecht – sind. Das Ziel der vorliegenden Argumentation ist nicht, zu negieren, dass moralisch relevante Ansprüche globaler Gerechtigkeit für eine andere als die migrationspolitische Ordnung sprechen. Die Frage, ob sich eine Person über das System territorialer Rechte in moralischer Hinsicht beschweren kann, selbst wenn alle hier formulierten Bedingungen erfüllt sind, ist meines Erachtens eine gerechtigkeitstheoretische Frage, die, wenn sie affirmativ beantwortet wird, den hier angestrengten Überlegungen nicht widerspricht, sondern diese erweitert. Die vorliegende Untersuchung versucht hingegen lediglich, die enger gesteckte Frage zu beantworten, welche Kriterien in Bezug auf die Mitgliedschaftspolitik eines Territorialstaates erfüllt sein müssen, um diesem demokratische Legitimität zu- oder abzusprechen.

Die Tatsache, dass ein demokratischer Territorialstaat beispielsweise nicht gerecht entschieden haben mag, wenn er mitgliedschaftspolitische Gesetze verabschiedet, die ökonomische Ungleichheiten zwischen Staaten nicht verringern, ist dieser Ansicht nach noch kein Grund, anzunehmen, dass diese Gesetze nicht demokratisch, also prozeduralistisch korrekt, legitimiert wurden.[322] Anders verhält sich dies meines Erachtens mit dem Anspruch auf eine faire Verteilung des

---

318 Joseph Carens. *The Ethics of Immigration*, S. 233–236.

319 Ebd., S. 237–252 und Kieran Oberman. „Immigration as a Human Right".

320 David Miller. „Immigration: The Case for Limits". In: *Contemporary Debates in Applied Ethics.* Hrsg. von Andrew I. Cohen und Christopher H. Wellman. Malden: Blackwell Publishing, 2005, S. 198–199.

321 Sarah Song. *Immigration and Democracy*, S. 100–101.

322 Dies hebt Joseph Carens als prominenter Vertreter offener Grenzen sogar explizit hervor. Vgl. Joseph Carens. *The Ethics of Immigration*, S. 7–8.

Wertes natürlicher Ressourcen, da die physische Dimension territorialer Jurisdiktion Externalitäten produziert, die einen Teil begrenzter, vorfindlicher natürlicher Ressourcen dem Gebrauch aller Nicht-Mitglieder unter Zwangsanwendung
unilateral entzieht. Da territoriale Jurisdiktionsrechte meinem Ansatz nach ein
Boundary-Problem aufweisen, kreiert eine solche Durchsetzung staatlichen
Zwangs – sofern Personen symmetrische Ansprüche auf natürliche Ressourcen
besitzen – ein Legitimitätsdefizit. Aus der Tatsache, dass demokratische Territorialstaaten ihre territorialrechtlichen Externalitäten einfangen sollten, indem sie
Personen gewähren, natürliche Ressourcen innerhalb fairer Beschränkungen
unilateral zu nutzen, folgt jedoch noch nicht, dass diese Staaten beispielsweise
darüber hinaus die gerechtigkeitstheoretische Pflicht haben, Chancen auf die
Teilhabe an gesellschaftlich produziertem Eigentum nach glücksegalitaristischen
Maßstaben zu verteilen.

Unabhängig von unterschiedlichen Vorschlägen für den abschließenden
Vergleich des Wertes natürlicher Ressourcen und anschließender Distributions-
kriterien mit jeweils unterschiedlichen migrationsethischen Konsequenzen, begründen symmetrische Ansprüche auf natürliche Ressourcen mindestens einen
naturrechtlichen Anspruch auf die Befriedigung basaler Grundbedürfnisse, sofern hierfür natürliche Ressourcen notwendig sind.[323] Dies beinhaltet die Bedingungen für ein minimal würdevolles Leben, in welchem fundamentale Interessen
an physischer Gesundheit sowie mentaler Deliberations- und Handlungsfähigkeit
befriedigt werden. Hieraus folgt ein disjunktives Recht entweder natürliche Ressourcen zur Befriedigung basaler Grundbedürfnisse unilateral nutzen zu dürfen
oder unter einem Eigentumsrechtsregime leben zu können, welches die Befriedigung solcher Bedürfnisse ermöglicht.[324]

5.3.1 Proportionale Nutzung

Darüber hinaus könnte vorgeschlagen werden, den Wert natürlicher Ressourcen
durch einen hypothetischen Nützlichkeitswert für menschliche Zwecke zu bestimmen und hiervon ausgehend die Vernünftigkeit staatlicher Ausschlüsse an
deren proportionale Nutzung natürlicher Ressourcen zu koppeln.[325] Dieser Vor-

---

323 Vgl. Mathias Risse. *On Global Justice*, S. 119 – 120 und Anna Stilz. *Territorial Sovereignty: A
Philosophical Exploration*, S. 169 – 173.
324 Vgl. Mathias Risse. *On Global Justice*, S. 124 und Anna Stilz. *Territorial Sovereignty: A Philosophical Exploration*, S. 172.
325 Ein solcher Vergleichswert bezöge sich auf einen hypothetischen aggregierten Weltmarkt-
wert unbearbeiteter natürlicher Ressourcen und würde neben der quantitativen Fläche daher

stellung nach wäre es unvernünftig, Migrantinnen und Migranten von einem Staatsgebiet auszuschließen, dessen hypothetischer Nützlichkeitswert in Relation zur Bevölkerungsgröße im globalen Vergleich unterdurchschnittlich genutzt würde. Symmetrische Ansprüche begründeten somit nicht lediglich einen Mindestanspruch aller Personen auf die Befriedigung basaler Grundbedürfnisse, sondern darüber hinaus Freiheiten auf Seiten von Migrantinnen und Migranten, unterdurchschnittlich genutzte natürliche Ressourcen durch Residenz in entsprechenden Staatsgebieten verwenden zu dürfen.

Die Bestimmung des Wertes natürlicher Ressourcen in Anlehnung an deren Nachfrage hat den Vorteil, dass es aus egalitaristischer Sicht intuitiv ist, knappe und vorfindliche Ressourcen, die für die Befriedigung menschlicher Interessen notwendig sind, fair zu verteilen, ohne dabei ein vergleichbares Level an Wohlbefinden anstreben zu müssen.[326] Darüber hinaus wäre es unnötig restriktiv, die symmetrischen Ansprüche aller Personen auf die Befriedigung ihrer basalen Grundbedürfnisse zu beschränken und ihnen dadurch zu verweigern, sich durch die proportionale Nutzung natürlicher Ressourcen besser als überlebensfähig zu stellen.

Jeder Versuch, einen *all things considered* Vergleichswert für natürliche Ressourcen festzulegen, muss jedoch mit den Herausforderungen umgehen, dass dieser Wert mit sozialem Kontext, wie beispielsweise technologischen Entwicklungen, kulturellen Praktiken oder dem vorausgesetzten Eigentumsrechtsregime, variiert[327] und eine saubere Trennung zwischen vorfindlichen und menschlich be-

---

auch klimatische Bedingungen, geographische Lage, Öl- und Wasservorkommen, Vegetation, usw. umfassen. Vgl. Mathias Risse. *On Global Justice*, S. 152–166, Mathias Risse. „Taking up space on earth: Theorizing territorial rights, the justification of states and immigration from a global standpoint" und Michael Blake u. Mathias Risse. „Migration, Territoriality and Culture". In: *New Waves in Applied Ethics*. Hrsg. von Jesper Ryberg, Thomas S. Peterson und Clark Wolf. New York: Palgrave Macmillan, 2007, S. 153–181.

326 So schlägt beispielsweise Ronald Dworkin vor, den Wert natürlicher Ressourcen anhand eines Auktionsmechanismus zu bestimmen, indem er ein Schiffbruchsszenario entwickelt, in welchem Schiffbrüchige mit einer gleichen Anzahl an (wertlosen) Muscheln auf natürliche Ressourcen einer vorher unbevölkerten Insel bieten. Vgl. Ronald Dworkin. „What is Equality? Part 2: Equality of Resources". In: *Philosophy & Public Affairs* 10.4 (1981), S. 285–288 und Ronald Dworkin. *Sovereign Virtue: The Theory and Practice of Equality.* Cambridge: Harvard University Press, 2000, S. 66–69. Für eine globale Anwendung eines Auktionsmechanismus auf Territorialrechte, welche überdurchschnittlich wertvolle bzw. unterdurchschnittlich genutzte natürliche Ressourcen besteuert, vgl. auch Hillel Steiner. *An Essay on Rights*, S. 270 und Hillel Steiner. „Territorial Justice", S. 145–146.

327 Vgl. Avery Kolers. *Land, Conflict, and Justice: A Political Theory of Territory*, S. 51–57, Margaret Moore. *A Political Theory of Territory*, S. 176–181 und Anna Stilz. *Territorial Sovereignty: A Philosophical Exploration*, S. 160–163.

arbeiteten Ressourcen nicht immer eindeutig ist.[328] In der Praxis ließen sich diese Herausforderungen zwar teilweise dadurch einfangen, dass die meisten Zielstaaten empirischer Migrationsbewegungen eine nutzenorientierte Wertkonzeption natür-licher Ressourcen teilen und für Staaten ohne Migrationsdruck daher entspre-chende Ausnahmen gemacht werden könnten,[329] die Verknüpfung eines abschlie-ßenden Vergleichswertes natürlicher Ressourcen mit der Verteilung von Residenzrechten ist darüber hinaus jedoch mit einer weiteren Herausforderung konfrontiert. So scheint sich ein Nutzungsrecht auf natürliche Ressourcen nicht ohne Weiteres in ein Residenzrecht in einer territorialen Jurisdiktion übersetzen zu lassen, da Residenz in einem Staat noch keinen intern proportionalen Zugang zu natürlichen Ressourcen innerhalb dieser Jurisdiktion[330] – dafür jedoch politische Inklusion in eine sich kollektiv regierende politische Gemeinschaft – impliziert. Um die territorialrechtlichen Externalitäten politischer Exklusion gezielt einfangen zu können, sollte eine egalitaristische Verteilung von Residenzrechten somit nicht nur responsiv gegenüber der territorialen, sondern auch politischen Inklusion von Mi-grantinnen und Migranten in politische Gemeinschaften sein.

5.3.2 Ortsbezogene Stabilität

Es könnte daher versucht werden, die Herausforderungen eines *all things con-sidered* Vergleiches dadurch zu umgehen, eine faire Verteilung des Wertes na-türlicher Ressourcen auf deren Funktion als dauerhaften menschlichen Lebens-raum zu beschränken und einen gemeinsamen Nenner jeder Wertkonzeption natürlicher Ressourcen für Residenzzwecke zu bestimmen.[331] Hierbei würden sowohl Interessen, fundamentale biologische und soziale Bedürfnisse durch die Nutzung natürlicher Ressourcen zu befriedigen, als auch Interessen, partikulären Wertkonzeptionen von Land durch ortsabhängige Lebenspläne autonom nach-gehen zu können, berücksichtigt werden. Eine egalitaristische Verteilung des Wertes natürlicher Ressourcen würde somit sicherstellen, dass basale Grundbe-dürfnisse aller Personen befriedigt wären, würde darüber hinaus jedoch erlauben,

---

328 Risse führt in diesem Zusammenhang die Niederlande an, deren Territorium erst durch die Errichtung von Dämmen bewohnbar wurde. Vgl. Mathias Risse. *On Global Justice*, S. 156–159.
329 Vgl. ebd., S. 159–160.
330 Risse antizipiert diese Herausforderung, indem er darauf verweist, dass die Funktionalität von Staaten beschränkt würde, sofern ihnen Souveränität bei der internen Redistribution na-türlicher Ressourcen, aber nicht der Aufnahme von Migrantinnen und Migranten, verwehrt bliebe. Vgl. ebd., S. 155.
331 Vgl. Anna Stilz. *Territorial Sovereignty: A Philosophical Exploration*, S. 165–169.

ortsabhängige Lebenspläne von Personen gegeneinander abzuwägen.[332] Anders als ein Kriterium universeller Nützlichkeit würde diese Abwägung disproportionale Verteilungen zulassen, solange gezeigt werden könnte, dass andere Verteilungen das Stabilitätsinteresse einer Partei, ihrer partikulären Wertkonzeption weiter nachzugehen, (stärker) unterminieren würde.[333]

Dieses Distributionskriterium hat den Vorteil, dass es die territorialrechtlichen Externalitäten politischer Exklusion, welche darin bestehen, Nicht-Mitgliedern Residenzrechte in partikulären Gebieten abzusprechen, gezielt einfängt. So werden die Stabilitätsinteressen von Individuen auf Residenz in partikulären, nicht austauschbaren Gebieten durch den Verweis auf ortsabhängige Lebenspläne plausibel berücksichtigt. Darüber hinaus muss dieses Kriterium nicht ausschließen, dass aus dem Wert natürlicher Ressourcen für diverse menschliche Zwecke andersartige oder weitgehendere Eigentums- oder Umverteilungsansprüche globaler Gerechtigkeit erwachsen.

Anders als das Kriterium proportionaler Nutzung ist die Verteilung von Residenzrechten anhand der Stabilität ortsabhängiger Lebenspläne jedoch auf kollektiver Ebene – wie weiter oben bereits angedeutet wurde – unterbestimmt. So beschränkt es ortsabhängige Lebenspläne kaum durch inhaltliche Standards und lässt weitgehend offen, wann konfligierende ortsabhängige Lebenspläne einander gegenseitig unterminieren und wie sie in diesem Fall abgewogen werden müssen. Darüber hinaus ist unklar, weshalb Personen mit unterschiedlichen Wertkonzeptionen und symmetrischen Ansprüchen auf natürliche Ressourcen stark disproportionale Verteilungen über Generationen hinweg vernünftigerweise akzeptieren sollten. So erlaubt dieses Kriterium im Fall einer hypothetischen, durch Klimawandel bedingten Umsiedlung zwei gleichgroßer Bevölkerungen beispielsweise eine 70/30-Verteilung der zur Verfügung stehenden natürlichen Ressourcen unter Rekurs auf unterschiedlich anspruchsvolle Wertkonzeptionen von Landnutzung,[334] was auf Dauer preservationistisch und aus egalitaristischer Sicht kontraintuitiv erscheint.

---

332 Vgl. ebd., S. 175.
333 Aus dieser Auffassung folgt außerdem, dass Staaten einerseits eine moralische Pflicht haben, harmlose Migration zuzulassen und andererseits ein qualifiziertes Ausschlussrecht gegenüber Migrantinnen und Migranten besitzen, sofern Migration den ortsabhängigen Lebensplänen bestehender Anwohnerinnen und Anwohner signifikant schadet, wobei diese Abwägung parteiisch vorgenommen werden dürfte. Diese Pflichten implizierten jedoch keinen moralischen Anspruch auf ihre Durchsetzung, d. h. die jeweiligen Anwohnerinnen und Anwohner besäßen die Autorität, anders zu entscheiden. Vgl. ebd., S. 188.
334 Vgl. ebd., S. 182–185.

5.3.3 Intergenerationelle Tradierung

Während das Kriterium der Stabilität die konkreten ortsbezogenen Interessen von Individuen plausibler einfangen kann, skizziert das Kriterium der Proportionalität insbesondere unter Voraussetzung einer wachsenden Weltbevölkerung eine langfristig intuitivere Verteilung zwischen kontingent abgegrenzten Kollektiven. Ich schlage daher vor, dass die territorialrechtlichen Externalitäten politischer Ausschlüsse nur dann eingefangen werden können, wenn die Freiheit, unterdurchschnittlich genutzte natürliche Ressourcen durch Migration proportional zu nutzen, im Konfliktfall gegenüber dem Anspruch abgewogen wird, bereits gewählte Wertkonzeptionen aufgrund von Stabilitätsinteressen in Anbetracht symmetrischer Ansprüche aller Personen auf natürliche Ressourcen intergenerationell zu tradieren.

Hieraus folgt, dass es auf der einen Seite keinen Anspruch, sondern höchstens eine Freiheit gibt, unterdurchschnittlich genutzte natürliche Ressourcen durch Migration proportional zu nutzen. Damit ist aus egalitaristischer Sicht nicht gefordert, eine strikt proportionale Verteilung von Territorialrechten anzustreben oder gar durchzusetzen, sondern es wäre lediglich unvernünftig, wenn Staaten Migrantinnen und Migranten davon abhielten, unterdurchschnittlich genutzte natürliche Ressourcen zu nutzen. Eine solche Freiheit muss im Konfliktfall jedoch mit den Ansprüchen der Anwohnerinnen und Anwohner partikulärer Gebiete abgewogen werden, ihre ortsabhängigen Lebenspläne autonom ausüben zu können. Hierbei sollten Stabilitätsinteressen an der gegenwärtigen Ausübung einer partikulären Wertkonzeption – soweit es in komplexen empirischen Kontexten möglich ist – von intergenerationellen Preservationsinteressen unterschieden werden.[335] Während Stabilitätsinteressen gegenwärtiger Anwohnerinnen und Anwohner entsprechende Freiheiten von Migrantinnen und Migranten zeitweise trumpfen bzw. aufschieben können sollten, vermögen Preservationsinteressen an einer prinzipiell unbegrenzten Fortführung etablierter Wertkonzeptionen dies nicht, da hierbei keine Stabilitätsinteressen aktualer Personen verletzt würden, sondern stattdessen vielmehr spezifischen Wertkonzeptionen von Landnutzung kultureller Wert zugeschrieben würde. Symmetrische Freiheiten auf die proportionale Nutzung natürlicher Ressourcen sollten mit der Zeit also An-

---

335 Diese Trennung wird in der Realität nicht immer eindeutig aufrechtzuerhalten sein, da nicht ausschließbar ist, dass die intergenerationelle Tradierung einer spezifischen Praktik zugleich einen inhaltlichen Aspekt ortsbezogener Lebenspläne darstellt. In diesem Fall sollte ein Kriterium proportionaler Nutzung meines Erachtens jedoch inhaltliche Rahmenbedingungen für ortsabhängige Stabilitätsinteressen setzen, um die symmetrischen Ansprüche aller Personen auf natürliche Ressourcen berücksichtigen zu können.

sprüche, bereits gewählte, disproportionale Wertkonzeptionen intergenerationell zu tradieren, zunehmend unterminieren dürfen. Da die territoriale Inklusion von Migrantinnen und Migranten mit egalitaristischen Territorialrechtsansprüchen jedoch wiederum deren politische Inklusion in sich kollektiv regierende politische Gemeinschaften impliziert, muss in einem letzten Schritt überprüft werden, wie territorialrechtliche Inklusionsansprüche mit einem (potenziellen) Wert kollektiver Selbstbestimmung in Einklang gebracht werden können.

5.4 Fazit

Zusammenfassend produziert eine moralische Rechtfertigung territorialer Jurisdiktionsrechte über klar umgrenzte, partikuläre Gebiete unter realistischen Bedingungen ein Boundary-Problem auf höherer Ebene. So produzieren konsenstheoretische Positionen unter realistischen Bedingungen keine praktisch anwendbaren Ergebnisse und zeigen keine klaren Prinzipien rektifikatorischer Gerechtigkeit auf. Funktionalistische Positionen erklären hingegen die partikulären Grenzen territorialer Jurisdiktion nicht angemessen und produzieren im Konfliktfall keine handlungsleitenden Empfehlungen. Kollektivistische Positionen können schließlich die spezifische Konstitution des kollektiven Rechtsträgers nicht als normativ relevant aufweisen, da sie in der exogenen Auslegung zirkulär oder unverhältnismäßig konservativ sind und in der endogenen Auslegung wieder in den konsenstheoretischen oder funktionalistischen Ansatz kollabieren. Da Personen *pro tanto* symmetrische Ansprüche auf begrenzte und vorfindliche natürliche Ressourcen besitzen, sollten die territorialen Externalitäten politischer Exklusion somit vor dem Hintergrund einer egalitaristischen Verteilung des Wertes natürlicher Ressourcen beurteilt werden. Neben der Befriedigung basaler Grundbedürfnisse aller Personen sollte eine proportionale Nutzung natürlicher Ressourcen durch die Verteilung von Residenzrechten zwar zeitweise durch ortsabhängige Stabilitätsinteressen auf partikuläre Gebiete eingeschränkt bzw. aufgeschoben werden dürfen, eine intergenerationelle Tradierung partikulärer Wertkonzeptionen sollte einer egalitaristischen Verteilung natürlicher Ressourcen jedoch auf lange Sicht – und insbesondere vor dem Hintergrund einer wachsenden Weltbevölkerung – untergeordnet werden.

Kapitel 6 Kollektive Selbstbestimmung

Das folgende Kapitel untersucht, wie die im letzten Kapitel explizierten territorialrechtlichen Inklusionsansprüche mit einem (potenziellen) Wert kollektiver Selbstbestimmung in Einklang gebracht werden können. Dabei wird argumentiert, dass sich unilaterale Einwanderungsbeschränkungen nicht unter Rekurs auf ein moralisches Gruppenrecht eines Staates, Volkes oder einer Nation auf kollektive Selbstbestimmung begründen lassen. Stattdessen wird vorgeschlagen, kollektive Selbstbestimmung als gewohnheitsrechtliches korporatives Gruppenrecht eines Staates auf kollektive Selbstregierung zu verstehen, welches durch die geteilten Interessen seiner faktischen Mitglieder an politischem Einfluss begründet ist und Pflichten auf Seiten institutionalisierter Gruppen, nicht Individuen umfasst.

6.1 Das Konzept kollektiver Selbstbestimmung

Im letzten Kapitel wurde versucht zu zeigen, dass die demokratisch geforderte Verknüpfung politischer und territorialer Inklusion ein territorialrechtliches Externalitätsproblem durch den politischen Ausschluss von Nicht-Mitgliedern produziert, welches zusammen mit *pro tanto* symmetrischen Ansprüchen aller Personen auf natürliche Ressourcen dafürspricht, staatliche Ausschlüsse vor dem Hintergrund einer egalitaristischen Verteilung des Wertes natürlicher Ressourcen zu beurteilen. Da eine egalitaristisch geforderte territoriale Inklusion potenzieller Migrantinnen und Migranten aus demokratischer Sicht jedoch wiederum deren politische Inklusion in eine sich kollektiv selbstregierende politische Gemeinschaft impliziert, muss eine egalitaristische Verteilung natürlicher Ressourcen in einem letzten Schritt mit einem potenziellen Recht eines Staates, Volkes oder einer Nation auf kollektive Selbstbestimmung in Einklang gebracht werden.[336]

---

336 Für das international anerkannte Selbstbestimmungsrecht der Völker vgl. United Nations. *Charter of the United Nations.* 1 UNTS XVI, 24.10.1945, Artikel 1.2, United Nations. „International Covenant on Civil and Political Rights". In: *United Nations Treaty Series* 999.14668 (16.12.1966), S. 171–186, Artikel 1.1 und United Nations. „International Covenant on Economic, Social and Cultural Rights". In: *United Nations Treaty Series* 993.14531 (16.12.1966), S. 3–12, Artikel 1.1.

https://doi.org/10.1515/9783110788884-009

6.1.1 Gruppenrechte

Das Recht auf kollektive Selbstbestimmung bezieht sich auf das Recht einer Gruppe oder eines Kollektivs, sich kollektiv selbst zu regieren. Es umfasst nicht nur das Recht des jeweiligen Kollektivs bzw. der Gruppe, über die eigenen Belange fortwährend selbst zu entscheiden (*ongoing self-determination*), sondern auch das Recht, den eigenen politischen Status bzw. die Konstitution des kollektiven Selbst zu bestimmen (*constitutive self-determination*).[337] Anders als bei anderen Rechten handelt es sich dabei nicht um ein Individual-, sondern ein Gruppenrecht. Um zu verdeutlichen, wodurch es ausgezeichnet ist, werden Gruppenrechte im Folgenden von gruppendifferenzierten Rechten[338] abgegrenzt und anschließend in zwei Subtypen ausdifferenziert.

Im Gegensatz zu Gruppenrechten sind gruppendifferenzierte Rechte Individualrechte, die Personen aufgrund ihrer Mitgliedschaft in einer bestimmten Personengruppe in Abgrenzung zu einer größeren Gemeinschaft besitzen. Sie sind dadurch ausgezeichnet, dass ihre Rechtsträgerin oder ihr Rechtsträger also ein Mitglied einer Gruppe, aber nicht die Gruppe selbst ist. Darüber hinaus werden sie separat durch einzelne Individuen ausgeübt. Schließlich sind sie unter Rekurs auf die Interessen oder Diskretion von Individuen rechtfertigbar und setzen keinen gesonderten moralischen Status von Gruppen voraus.[339] Ein Beispiel für ein

---

337 Vgl. Allen Buchanan. *Justice, Legitimacy, and Self-Determination: Moral Foundations for International Law*, S. 332–333. Buchanan bezieht sich in dieser Unterscheidung auf S. James Anaya. *Indigenous Peoples in International Law*. New York: Oxford University Press, 1996, S. 81.
338 Vgl. Will Kymlicka. *Multicultural citizenship: A Liberal Theory of Minority Rights*. Oxford: Clarendon Press, 1995, S. 34–35.
339 Ob ein in Frage stehendes gruppendifferenziertes Recht unter Rekurs auf die Interessen oder die Diskretion der Rechtsträgerin oder des Rechtsträgers gerechtfertigt wird, hängt mitunter davon ab, welche Funktionstheorie von Rechten zugrunde gelegt wird. Während die Interessentheorie (*interest theory*) Rechte ausschließlich als Ansprüche versteht, deren Funktion es ist, das Interesse der Rechtsträgerinnen und Rechtsträger zu fördern, versteht die Willenstheorie (*will theory*) Rechte ausschließlich als Ansprüche mit Kompetenzen, deren Funktion es ist, den Rechtsträgerinnen und Rechtsträgern Diskretion über die Pflichten Anderer zu gewähren. Die Willenstheorie kann dadurch unveräußerlichen Rechten sowie Rechten von Personen ohne *agency* (z. B. Komapatientinnen und Komapatienten) nur schwer Rechnung tragen. Die Interessentheorie kann wiederum nicht für Rechte von Personen aufkommen, die an eine bestimmte institutionelle Rolle geknüpft sind (z. B. Rechte von Beamtinnen und Beamten). Da der normale Sprachgebrauch in beiden Fällen suggeriert, von Rechten zu sprechen, ist eine pluralistische Funktionstheorie sinnvoll, welche imstande ist, Rechten mehr als eine Funktion zuzuschreiben. Vgl. Leif Wenar. „The Nature of Rights" und Leif Wenar. „The Analysis of Rights". In: *The Legacy of H.L.A. Hart: Legal, Political, and Moral Philosophy*. Hrsg. von Matthew H. Kramer, Claire Grant, Ben Colburn u. a. New York: Oxford University Press, 2008, S. 251–273.

gruppendifferenziertes Recht ist das aktive Wahlrecht: Die Rechtsträgerin oder der Rechtsträger des aktiven Wahlrechts ist ein Individuum, welches zu der Gruppe der Staatsbürgerinnen und Staatsbürger im *status activus* gehört. Die Ausübung des Wahlrechts, also der Urnengang, ist durch jedes Individuum separat möglich und das Wahlrecht kann unter Rekurs auf die Interessen des Individuums, je nach zugrundeliegender Demokratietheorie z. B. ein Interesse an Freiheit oder Gleichheit,[340] gerechtfertigt werden.

Im Gegensatz dazu sind Gruppenrechte keine Individualrechte, sondern Rechte von Gruppen bzw. Kollektiven. Je nach Auslegung können sie korporativ oder kollektiv verstanden werden. *Korporative Gruppenrechte*[341] sind dadurch ausgezeichnet, dass ihr Rechtsträger aus einer Gruppe im Sinne einer singulären ontologischen Einheit besteht. Sie werden einzeln qua Gruppe ausgeübt und unter Rekurs auf die Interessen oder Diskretion der Gruppe als singuläre Einheit gerechtfertigt.[342] Da der moralische Wert eines korporativen Gruppenrechts nicht auf die geteilten Interessen der Mitglieder reduzierbar ist, implizieren moralische korporative Gruppenrechte, dass der entsprechende Rechtsträger aufgrund seiner (formal organisierten) Identität moralischen Status besitzt.

Kollektive Gruppenrechte[343] sind hingegen dadurch ausgezeichnet, dass ihr Rechtsträger aus den Mitgliedern eines Kollektivs im Sinne einer Menge von Individuen mit geteilten Interessen besteht. Sie werden gemeinsam durch alle Mitglieder ausgeübt und sind nur unter Rekurs auf die gemeinsam geteilten Interessen der Mitglieder rechtfertigbar. Kollektive Gruppenrechte definieren die Identität des Kollektivs daher allein über die geteilten Interessen der Mitglieder und setzen lediglich voraus, dass die Mitglieder des Kollektivs moralischen Status besitzen.

6.1.2 Kollektiv vs. Korporativ

Versteht man das Recht auf kollektive Selbstbestimmung als moralisches Recht, so können lediglich Ansätze, die den Rechtsträger in einer formal institutionalisierten Gruppe – wie einem Staat – verorten, sinnvollerweise von einem korpo-

---

340 Vgl. Abschnitte 1.1.1 und 1.1.2.

341 Vgl. Peter Jones. „Group Rights and Group Oppression". In: *The Journal of Political Philosophy* 7.4 (1999), S. 361–367.

342 Anders als die kollektive Auslegung von Gruppenrechten ist die korporative Auslegung nicht auf die Interessentheorie von Rechten festgelegt. Vgl. ebd., S. 364.

343 Vgl. ebd., S. 356–361. Die meisten Ansätze kollektiver Gruppenrechte gehen dabei auf Joseph Raz. *The Morality of Freedom*, S. 207–209 zurück.

rativen Gruppenrecht ausgehen, während Ansätze, die den kollektiven Rechtsträger in einer nicht formal organisierten Gruppe – wie einer vorpolitischen Nation – verorten, von einem kollektiven Gruppenrecht ausgehen müssen.[344]

Dies wird deutlich, sobald man ein moralisches korporatives Gruppenrecht
auf kollektive Selbstbestimmung stipuliert: Aus einem solchen Recht folgte erstens, dass „das" Volk, die Nation oder der Staat in der Funktion des Rechtsträgers
als Gruppe, d. h. als singuläre ontologische Einheit verstanden werden kann.
Doch selbst wenn eine klar umrissene Personengruppe als Volk oder Nation
vorausgesetzt werden könnte,[345] bleibt unklar, wer der Rechtsträger des in Frage
stehenden korporativen Gruppenrechts auf kollektive Selbstbestimmung ist. Da
der Rechtsträger eines korporativen Gruppenrechts nicht aus der Menge einzelner
Gruppenmitglieder, sondern der Gruppe als singulärer Einheit besteht, kann er im
Falle des Rechts auf kollektive Selbstbestimmung nicht einfach aus den jeweiligen
Mitgliedern bestehen. Dieses Problem scheint sich erst dann aufzulösen, wenn der
Rechtsträger des korporativen Gruppenrechts im Staat verortet und dadurch an
eine politisch repräsentative Institution geknüpft wird.

Des Weiteren müsste „das" Volk, die Nation oder der Staat qua Gruppe das
stipulierte Recht ausüben können. Doch nicht-institutionalisierte Völker und
Nationen können das in Frage stehende Recht nicht qua Volk oder Nation, sondern immer nur durch gemeinsam handelnde, einzelne Gruppenmitglieder ausüben, da sie als singuläre, irreduzible Gruppeneinheiten nicht handlungsfähig
sind.[346] Dieses Problem besteht abermals nicht für Ansätze, die den Rechtsträger
im Staat verorten und daher institutionalisierte kollektive Entscheidungsverfahren voraussetzen können, welche politische Vertreterinnen und Vertreter bestimmen.

---

344 Für Ansätze, die den Rechtsträger im Volk verorten, vgl. Sarah Song. *Immigration and Democracy*, S. 52–74 und Margaret Moore. *A Political Theory of Territory*, S. 188–218. Für Ansätze, die
den Rechtsträger im Staat verorten, vgl. Christopher H. Wellman. „Immigration and Freedom of
Association". In: *Ethics* 119.1 (2008), S. 109–141 und Christopher H. Wellman. „Freedom of Association and the Right to Exclude". Für Ansätze, die einer vorpolitischen Nation selbstbestimmungsbasierte Ansprüche zusprechen, vgl. David Miller. *Strangers in Our Midst: The Political
Philosophy of Immigration*, S. 62–71.
345 Die vorherigen Kapitel haben entgegen dieser Annahme versucht, zu zeigen, dass es keine
singuläre Volkseinheit, sondern plurale, fluktuierende Quellen politischer Autorität gibt und die
Mitgliederzusammensetzung einer Nation bestenfalls das Produkt einer aus moralischer Sicht
unterbestimmten Gruppe an Deliberierenden ist.
346 Für eine Analyse darüber, welche Kriterien erfüllt sein müssen, um korporativen Gruppen
Handlungsfähigkeit zuzuschreiben und diese zur Verantwortung zu ziehen vgl. Philip Pettit.
„Responsibility Incorporated". In: *Ethics* 117.2 (2007), S. 171–201 und Peter A. French. *Collective
and Corporate Responsibility*. New York: Columbia University Press, 1984.

Schließlich wäre der Wert eines solchen Rechtes nur unter Rekurs auf die Interessen oder Diskretion „des" Volkes, der Nation oder des Staates als Gruppe, nicht jedoch unter Rekurs auf einzelne Mitglieder rechtfertigbar. Dies kollidiert jedoch im Fall von Nationen und Völkern mit dem normativen Individualismus liberaler Theorien, da diesen unmittelbar moralischer Status zugeschrieben werden müsste und das Recht nicht etwa unter Rekurs auf die geteilten Interessen oder Diskretion einzelner Individuen rechtfertigbar wäre. Laut normativem Individualismus stellt das Individuum die ultimative moralische Einheit dar, gegenüber welcher Rechte und Pflichten letztendlich rechtfertigbar sein müssen.[347] Der Wert eines moralischen korporativen Gruppenrechtes eines nicht formal organisierten Volkes oder einer Nation wäre jedoch nicht auf die Interessen einzelner Gruppenmitglieder reduzierbar, sondern supervenierte auf deren Interessen und widerspräche damit der Setzung des Individuums als ultimativer moralischer Einheit.

Interpretiert man das für diesen Zweck stipulierte moralische Recht auf kollektive Selbstbestimmung hingegen als kollektives Gruppenrecht eines Volkes, einer Nation oder eines Staates, so folgt hieraus erstens, dass „das" Volk, die Nation oder der Staat in der Funktion als Rechtsträger des Rechts auf kollektive Selbstbestimmung als eine Menge einzelner Mitglieder mit geteilten Interessen verstanden werden kann. Diese Auslegung ist insbesondere dann vorteilhaft, wenn der Rechtsträger im Volk oder der Nation verortet wird, da so ein ontologisch unproblematischer kollektiver Rechtsträger bestimmt werden kann, welcher aus der Menge der Volksmitglieder, *co-nationals* oder Staatsbürgerinnen und Staatsbürger besteht.

Des Weiteren könnte das in Frage stehende Recht nur durch alle Mitglieder des Volkes, der Nation oder des Staates gemeinsam ausgeübt werden. Dies lässt – zumindest bei einem teilweise formal organisierten Kollektiv – die kollektive Ausübung des Rechtes beispielsweise durch demokratische Entscheidungsverfahren zu, sodass das Recht auf kollektive Selbstbestimmung weder analog einem Individualrecht bereits durch einzelne Gruppenmitglieder noch analog einem korporativen Gruppenrecht durch eine (teilweise ontologisch fragwürdige) singuläre Gruppeneinheit ausgeübt werden müsste.

Schließlich lässt sich der Wert dieses Rechtes auf die geteilten Interessen einzelner Mitglieder des Volkes, der Nation oder des Staates reduzieren, wodurch es in der kollektiven Auslegung nicht im Widerspruch zum normativen Individualismus liberaler Theorien steht. Dies hat den Vorteil, dass auch Interessen an

---

347 Für eine Verteidigung des normativen Individualismus vgl. Joseph Raz. *The Morality of Freedom*, S. 198–203.

öffentlichen Gütern problemlos eingeschlossen werden können, ohne ein singuläres (teilweise ontologisch fragwürdiges) Gruppeninteresse voraussetzen zu müssen. Die Kehrseite ist jedoch, dass der moralische Wert eines Gruppenrechts in der kollektiven Auslegung insofern komprimiert wird, als dass der moralische Status des Kollektivs nun von dessen Größe abhängt und die Identität des Rechtsträgers automatisch mit einer wechselnden Mitgliederzusammensetzung bzw. wechselnden Interessen changiert.

Festzuhalten bleibt, dass ein *moralisches* Recht auf kollektive Selbstbestimmung von nicht formal institutionalisierten Völkern oder Nationen nur als kollektives und nicht korporatives Gruppenrecht überzeugen kann, da es ansonsten den moralischen Status sowie die Handlungsfähigkeit einer sozial-ontologisch nicht eindeutig zuzuordnenden irreduziblen Gruppenentität behaupten müsste. Obwohl die kollektive Auslegung des moralischen Rechts in dieser Hinsicht überzeugender ist, definiert sie die Identität von Kollektiven lediglich über die geteilten Interessen ihrer Mitglieder, woraus folgt, dass deren moralischer Status von der Größe des entsprechenden Kollektivs abhängt und der Rechtsträger keine durch die Zeit hinweg beständige Gruppenidentität besitzt, sondern durch konkrete Veränderungen in seiner Mitgliederzusammensetzung, beispielsweise durch Migration oder Reproduktion und Tod bestehender Mitglieder, ständig fluktuiert.

6.2 Unilateraler Ausschluss

In dem hier relevanten politischen Kontext wird das Recht auf kollektive Selbstbestimmung i. d. R. Staaten, Nationen oder Völkern zugeschrieben, wobei anschließend oft unter Rekurs auf deren konstitutive Selbstbestimmung für ein unilaterales staatliches Ausschlussrecht gegenüber potenziellen Migrantinnen und Migranten argumentiert wird.[348] Die Argumentationsstruktur weist stets eine ähnliche Form auf:[349] Es wird argumentiert, dass Staaten, Völker oder Nationen

---

[348] Während Christopher H. Wellman den Rechtsträger im Staat verortet, argumentiert David Miller für den Wert nationaler Selbstbestimmung, ohne hierbei ein korrespondierendes Recht zu behaupten. Sarah Song und Margaret Moore verorten den Rechtsträger hingegen im Volk. Vgl. Christopher H. Wellman. „Immigration and Freedom of Association", David Miller. *Strangers in Our Midst: The Political Philosophy of Immigration*, S. 62–71, Margaret Moore. *A Political Theory of Territory*, S. 188–218, Sarah Song. *Immigration and Democracy*, S. 52–74. Für einen Ansatz, der den Rechtsträger ebenfalls im Volk verortet, aber stärker qualifizierte Ausschlussrechte begründet, vgl. Anna Stilz. *Territorial Sovereignty: A Philosophical Exploration*, S. 187–215.
[349] Für die Rekonstruktion der Argumentationsstruktur vgl. Sarah Fine. „The Ethics of Immigration: Self-Determination and the Right to Exclude". In: *Philosophy Compass* 8.3 (2013), S. 258–259.

ein Recht auf Selbstbestimmung besitzen, welches ein Recht auf die Kontrolle des kollektiven Selbst umfasst. Zusammengenommen folge daher, dass Staaten, Völker oder Nationen als Teil ihres Selbstbestimmungsrechtes ein Recht hätten, ihre eigene Mitgliederzusammensetzung durch Ausschlussrechte zu kontrollieren. Die Argumentation setzt dabei die, in Kapitel 4 verteidigte, demokratische Prämisse voraus, welche besagt, dass dauerhafte Anwohnerinnen und Anwohner eines Staatsgebietes schlussendlich politische Mitgliedschaftsrechte in diesem erhalten müssen, da nur so aus dem Recht auf kollektive Kontrolle der politischen Mitgliedschaft territoriale Ausschlussrechte gegenüber Migrantinnen und Migranten folgen.[350]

Würde ein solches moralisches Recht auf kollektive Selbstbestimmung generische unilaterale Ausschlussrechte begründen, welche die in Kapitel 5 verteidigten egalitaristischen Territorialrechtsansprüche trumpften, produzierte dies jedoch ein Demokratiedefizit, da die territorialrechtlichen Externalitäten demokratischer Inklusion nicht länger eingefangen werden könnten. Um aufzuzeigen, weshalb aus einem moralischen Gruppenrecht auf kollektive Selbstbestimmung sowohl in der korporativen als auch in der kollektiven Variante kein generisches moralisches Ausschlussrecht folgt, werde ich weiter unten zwischen zwei unterschiedlich starken Auslegungen kollektiver Selbstbestimmung unterscheiden, welche sich auf unterschiedliche Interessen beziehen, die Individuen an politischen Entscheidungen besitzen können.

Hierfür ist es wichtig, Korrespondenzinteressen von Einflussinteressen zu unterscheiden:[351] Während *Korrespondenzinteressen* befriedigt werden, sofern politische Ergebnisse mit der Präferenz von Individuen übereinstimmen, werden *Einflussinteressen* befriedigt, sofern politische Ergebnisse responsiv zu den Entscheidungen von Individuen sind. Interessen an *absolutem* Einfluss werden dabei umso stärker befriedigt je stärker politische Ergebnisse responsiv in Bezug auf die Entscheidungen von Individuen sind. Interessen an *relativem* Einfluss werden hingegen dadurch befriedigt, dass politische Ergebnisse nicht weniger responsiv in Bezug auf die Entscheidung eines Individuums, als in Bezug auf die Entscheidungen anderer Individuen sind.

Beide Arten von Einflussinteressen können sich darüber hinaus auf unterschiedliche Formen von Einfluss beziehen: *Entscheidender* Einfluss liegt dann vor, wenn das politische Entscheidungsergebnis anders wäre, wäre die eigene Ent-

---

350 Vgl. ebd., S. 259.
351 Ich stütze mich in den folgenden konzeptuellen Unterscheidungen auf Niko Kolodny. „Rule Over None I: What Justifies Democracy?". In: *Philosophy & Public Affairs* 42.3 (2014), S. 199 – 200.

scheidung anders ausgefallen.[352] *Kontrollierender* Einfluss liegt vor, wenn die eigene Entscheidung das politische Entscheidungsergebnis auch dann beeinflusst hätte, sofern die Entscheidungen Anderer teilweise anders ausgefallen wären.[353] *Beitragender* Einfluss liegt schließlich vor, wenn die eigene Entscheidung im Zusammenspiel mit den Entscheidungen Anderer analog einem Kraftvektor, mit festem Betrag und Richtung, in dem Entscheidungsergebnis berücksichtigt wurde.[354]

6.2.1 Erweiterung individueller Autonomie

Keiner der in der Forschungsliteratur vorherrschenden Argumentationstypen beschränkt das moralische Gruppenrecht auf kollektive Selbstbestimmung auf demokratisch organisierte Staaten, Nationen oder Völker,[355] weshalb sich die Frage stellt, wie stark oder schwach das Konzept kollektiver Selbstbestimmung ausgelegt werden muss oder kann, um moralische unilaterale Ausschlussrechte zu begründen. Würde man das Konzept kollektiver Selbstbestimmung in einer starken Auslegung als Erweiterung individueller Selbstbestimmung verstehen, so

---

352 Während ein Interesse an absolut entscheidendem Einfluss beispielsweise dadurch befriedigt wird, dass die Entscheidung eines Individuums das Entscheidungsergebnis verursacht, wird ein Interesse an relativ entscheidendem Einfluss beispielsweise dadurch befriedigt, dass ein Individuum die entscheidende Stimme bei Stimmgleichheit in einer Mehrheitswahl besitzt.
353 Ein Interesse an absolut kontrollierendem Einfluss wird beispielsweise dadurch befriedigt, dass ein Individuum mit einer Stimme in einer ungleich gewichteten Wahl – analog einem *stakeholder* in einem Unternehmen – auch dann das Ergebnis bestimmen würde, wenn diverse Individuen anders entschieden hätten. Ein Interesse an relativ kontrollierendem Einfluss wird beispielsweise desto stärker befriedigt, desto kleiner die Menge der beteiligten Entscheider in einer demokratischen Wahl ist.
354 Während ein Interesse an absolut beitragendem Einfluss beispielsweise dadurch befriedigt wird, dass die Stimme eines Individuums überhaupt berücksichtigt wird, wird ein Interesse an relativ beitragendem Einfluss beispielsweise dadurch befriedigt, dass ein Individuum mit einer gleich gewichteten Stimme an einer demokratischen Wahl partizipiert.
355 Vgl. Sarah Song. *Immigration and Democracy*, S. 55, Margaret Moore. *A Political Theory of Territory*, S. 60, Anna Stilz. *Territorial Sovereignty: A Philosophical Exploration*, S. 127–131. Wellman beschränkt das Recht auf kollektive Selbstbestimmung lediglich auf legitime Staaten, d. h. auf Staaten, welche die Menschenrechte ihrer Mitglieder wahren. Vgl. Christopher H. Wellman. „Freedom of Association and the Right to Exclude", S. 16–18. Miller beschränkt den Wert kollektiver Selbstbestimmung zwar nicht auf demokratisch organisierte Nationen, gesteht jedoch zu, dass insbesondere demokratische Institutionen soziales Vertrauen erfordern, welches durch Immigration reduziert würde. Vgl. David Miller. *Strangers in Our Midst: The Political Philosophy of Immigration*, S. 62–65.

würde die Selbstbestimmung des Kollektivs eine Funktion der individuellen Selbstbestimmung seiner Mitglieder darstellen.[356] Das Gruppenrecht auf kollektive Selbstregierung würde in dieser starken Auslegung also bereits dann verletzt, wenn einzelne Mitglieder der Gruppe oder des Kollektivs durch andere Mitglieder fremdregiert würden.[357]

Bedingungen, in denen politische Entscheidungen absolut responsiv in Bezug auf Individuen wären, würden zwar die individuelle Selbstbestimmung des jeweiligen Individuums ermöglichen, schlössen sich in kollektiver Hinsicht jedoch gegenseitig aus. Um kollektive Selbstbestimmung unter pluralistischen Bedingungen als Erweiterung individueller Autonomie verstehen zu können, scheint sich diese somit nicht auf absolute, sondern vielmehr relative Einflussinteressen beziehen zu müssen. Doch auch in dieser Auslegung wird schnell offensichtlich, dass die fortwährende und konstitutive Selbstbestimmung einer minimal heterogenen Gruppe nicht verwirklichbar wäre, da demokratische Entscheidungen ihren Beteiligten keinen relativ entscheidenden Einfluss gewähren:[358] Demokratische Entscheidungen wären nach dieser Auffassung mit der individuellen Selbstregierung aller Beteiligten unvereinbar, da jedes Mitglied einer Gruppe aus n-Mitgliedern nur einen $1/n$ großen Anteil an der kollektiven Entscheidungsfindung besitzt und sich eine Gruppe in der starken Auslegung daher nur dann selbstregieren könnte, wenn jedes Mitglied die ausschlaggebende Stimme bei Stimmgleichheit besitzen würde, was nicht möglich ist. Demokratische Entscheidungsverfahren ermöglichen den Beteiligten darüber hinaus kaum relativ kontrollierenden Einfluss, da politische Entscheidungen aus individueller Perspektive von unkontrollierbaren Mehrheitsverhältnissen abhängig sind.[359] Selbst die schwächere These, dass deliberative demokratische Entscheidungsverfahren nach reichlicher Diskussion in einem Konsens münden, welcher bestehende Meinungsverschiedenheiten und Interessenkonflikte vollständig und dauerhaft auflöst und so die Korrespondenzinteressen aller Mitglieder der Gruppe ver-

---

356 Christopher H. Wellman diskutiert diese Auslegung und verwirft sie, da sie nicht imstande ist, ein moralisches Recht auf kollektive Selbstbestimmung für legitime Staaten, geschweige denn Nationen zu begründen. Vgl. Christopher H. Wellman. „The Paradox of Group Autonomy". In: *Social Philosophy & Policy* 20.2 (2003), S. 276–282.
357 Die individuelle Selbstbestimmung einzelner Mitglieder könnte dieser starken Auslegung zufolge nur in Kombination mit einem uneingeschränkten Austrittsrecht begrenzt werden, was jedoch eher im Falle der Mitgliedschaft in einer freiwilligen Vereinigung als in Staaten, Völkern oder Nationen vorstellbar ist.
358 Vgl. Thomas Christiano. *Rule of the Many: Fundamental Issues in Democratic Theory*, S. 15–46.
359 Vgl. ebd., S. 25.

wirklichen, ist unter pluralistischen Gesellschaftsbedingungen unrealistisch, da in der Realität stets auf ein Mehrheitsprinzip zurückgegriffen werden muss.[360]

Darüber hinaus würden unilaterale Ausschlussrechte in dieser starken Auslegung keine hinreichende Bedingung für die konstitutive Selbstbestimmung einer Gruppe darstellen, da sogar absolute Diskretion in Immigrationsfragen einzelnen Mitgliedern weder relativ entscheidenden noch relativ kontrollierenden Einfluss über das kollektive Selbst ermöglichen würde. So ist aus individueller Perspektive kein relativ entscheidender oder kontrollierender Einfluss über das kollektive Selbst möglich, da nicht nur der eigene Mitgliedschaftsstatus unfreiwillig zugeschrieben wurde, sondern die ursprüngliche Mitgliederzusammensetzung selbst unter Voraussetzung unilateraler Ausschlussrechte der kollektiven Kontrolle entzogen bliebe. Tatsächlich kann die ursprüngliche Zusammensetzung eines Volkes nicht einmal demokratisch durch dieses legitimiert werden, wie die Analyse des Demos-Problems in Kapitel 1 zu zeigen versucht hat. In der empirischen Realität ist die Mitgliederzusammensetzung von Staaten, Völkern und Nationen oft lediglich das Produkt gewalttätiger Grenzkonflikte, weshalb die Genese des kollektiven Selbst aus demokratischer Perspektive keine Instanziierung kollektiver Selbstbestimmung, sondern vielmehr ein politisch nicht legitimierter Gewaltakt ist.

An dieser Stelle könnte eingewendet werden, dass sich die fortwährende und konstitutive kollektive Selbstbestimmung in der Auslegung als Erweiterung individueller Autonomie lediglich auf ein höherstufiges Korrespondenzinteresse bezieht.[361] So könnte behauptet werden, dass kollektive Selbstbestimmung als Erweiterung individueller Autonomie keiner inhaltlichen Übereinstimmung in Bezug auf politische Entscheidungen bedarf, solange eine signifikante Mehrheit der Mitglieder einen faktischen Willen zu politischer Kooperation teilt.[362] Die politische Partizipation in Territorialstaaten würde so trotz Meinungsverschiedenheiten die individuelle Autonomie der Mitglieder ermöglichen, sofern die meisten Anwohnerinnen und Anwohner den faktischen Willen teilten, sich gemeinsam institutionell zu assoziieren und dabei die höherstufigen Werte annähmen, welche diesen Institutionen zugrunde liegen.[363]

---

360 Vgl. ebd., S. 37–42.
361 Vgl. Anna Stilz. *Territorial Sovereignty: A Philosophical Exploration*, S. 108.
362 Vgl. ebd., S. 152.
363 Stilz zieht hier Parallelen zu der Mitgliedschaft in Unternehmen und Universitäten. Vgl. ebd., S. 108–109.

Moderne Territorialstaaten sind jedoch unfreiwillig entstandene, in ihren Grenzen moralisch unterbestimmte Institutionen mit hohen Austrittskosten.[364] Es bleibt daher in dieser starken Auslegung kollektiver Selbstbestimmung unklar, wie die entsprechende Minderheit, welche einen solchen höherstufigen Willen faktisch nicht teilt, ihre politische Autonomie individuell verwirklichen können soll, da sie politische Institutionen weder mitbegründet hat, noch diesen freiwillig beigetreten ist oder sie (bei verhältnismäßigen Kosten) verlassen kann. Versteht man kollektive Selbstbestimmung als Erweiterung individueller Autonomie scheint somit mindestens ein einstimmig geteilter faktischer höherstufiger Wille zu der Existenz konkreter politischer Institutionen mit höherstufigen Werten notwendig. In der Realität dürfte dieser jedoch, wenn überhaupt, bei stark homogenen Gemeinschaften vorliegen, deren Mitglieder unter anderen institutionellen Bedingungen stets permanente Minderheiten bilden würden.

Zusammenfassend lässt sich daher festhalten, dass ein moralisches Gruppenrecht auf kollektive Selbstregierung unter realistischen, pluralistischen Bedingungen in dieser starken Auslegung mit demokratischen Entscheidungsmechanismen unvereinbar ist und nicht bereits durch staatliche Ausschlussrechte verwirklicht würde. Selbst die Abstraktion von einer inhaltlichen Übereinstimmung zu einem höherstufigen, faktisch geteilten Willen zu politischer Kooperation kann dieses Problem unter realistischen Bedingungen ohne faktische Einstimmigkeit nicht auflösen.

6.2.2 Geteilte Ko-Autorenschaft

Einer schwächeren Auslegung zufolge beinhaltet das moralische Gruppenrecht auf kollektive Selbstregierung lediglich, dass alle Mitglieder eines Kollektivs zu einem gewissen, mitunter ungleichen Grad als Ko-Autorinnen und Ko-Autoren an kollektiven Entscheidungen beteiligt werden müssen.[365] Das Gruppenrecht auf

---

364 Stilz antizipiert diesen Einwand, welchen sie mit einem Analogieargument zu familiären Beziehungen zu entkräften versucht, nach welchem höherstufige Werte zu einer Institution auch ohne freiwillige Zustimmung zu der eigenen Mitgliedschaft frei geteilt werden könnten. Dieser Vergleich ist jedoch asymmetrisch, da Familien sozial und nicht territorial strukturierte Gruppen ohne Jurisdiktionsrechte sind, welche über das gesamte Leben einer Person hinweg niedrigschwelligere Austrittsoptionen zulassen als Territorialstaaten. Vgl. ebd., S. 123.
365 Hiervon ist theoretisch eine demokratische Variante unterscheidbar, nach welcher Mitglieder zum gleichen Grad an kollektiven Entscheidungen beteiligt werden müssen und daher relativ beitragenden Einfluss besitzen sollten. Wie oben bereits angedeutet, stimmen jedoch alle Ansätze darin überein, dass demokratische Entscheidungsverfahren keine notwendige Bedingung für kollektive Selbstbestimmung darstellen.

kollektive Selbstbestimmung setzt in dieser schwachen Auslegung somit lediglich voraus, dass Mitglieder einen absolut beitragenden Einfluss auf kollektive Entscheidungen besitzen.

In dieser Auslegung kann das moralische Gruppenrecht eines Staates, Volkes oder einer Nation auf kollektive Selbstbestimmung jedoch erstens kein generisches unilaterales Ausschlussrecht begründen, da die absolute kollektive Kontrolle des Selbst nun nicht länger eine notwendige Bedingung für die Verwirklichung kollektiver Selbstbestimmung darstellt. So benötigt der Rechtsträger dieser schwachen Auslegung zufolge analog einem Individuum keine vollständige kollektive Kontrolle über das Selbst, um sich selbst regieren zu können.[366] In der Folge erscheint jedoch begründungsbedürftig, warum die kollektive Kontrolle eines Aspektes der Mitgliederzusammensetzung, die aus individueller Perspektive vollständig und aus kollektiver Perspektive weitgehend ungewählt ist, wertvoll genug sein sollte, um ein generisches moralisches Recht zu begründen, das nicht nur Nicht-Mitgliedern, sondern auch Mitgliedern Pflichten auferlegt.[367] Hierfür müsste begründet werden, dass das Interesse der Mitglieder an absolut (nicht relativ) beitragendem (nicht kontrollierendem oder entscheidendem) Einfluss auf Einwanderungsbeschränkungen rechtfertigt, dass Immigration nicht zu den anderen Aspekten des kollektiven Selbst gehört, die der kollektiven Kontrolle entzogen bleiben können.

Wird dies konsequentialistisch begründet, so wird i. d. R. argumentiert, dass die wirtschaftlichen, politischen und kulturellen Folgen von Migration derart gravierend sind, dass eine Gemeinschaft Kontrolle über insbesondere diesen Aspekt des kollektiven Selbst benötigt, wenn sie sich selbst regieren können soll.[368] Eine kollektive Regelung von Immigrationsbewegungen muss jedoch nicht notwendigerweise stärkere Konsequenzen für die Mitgliederzusammensetzung eines Kollektivs aufweisen, als andere migrations- und familienpolitische Maßnahmen, die der Kompetenz von Staaten gemeinhin entzogen bleiben. Hierzu zählt beispielsweise das international anerkannte Recht auf Auswanderung[369]

---

366 Vgl. Sarah Song. *Immigration and Democracy*, S. 71–72.
367 So wird sowohl Nicht-Mitgliedern als auch Mitgliedern untersagt, sich frei mit anderen Personen ohne Ansehen ihres Mitgliedschaftsstatus zu assoziieren.
368 Vgl. Sarah Song. *Immigration and Democracy*, S. 65 und David Miller. *Strangers in Our Midst: The Political Philosophy of Immigration*, S. 63–64.
369 Vgl. United Nations. *Universal Declaration of Human Rights*, Artikel 13.2 und sowie United Nations. „International Covenant on Civil and Political Rights", Artikel 12.2.

sowie das Recht auf Familiengründung und Erwerb einer Nationalität nach Geburt.[370]

So kann die Auswanderung hochausgebildeter und stark nachgefragter
Fachkräfte ähnlich drastische wirtschaftliche Konsequenzen für den Herkunftsstaat bedeuten, wie die massenweise Einwanderung von Menschen ohne wirt-
schaftlich relevante Fachkompetenzen für einen Zielstaat.[371] Darüber hinaus
bleibt eine kollektive Regelung der Reproduktionsrechte bestehender Mitglieder
trotz der Tatsache, dass hierdurch eine stärkere kollektive Kontrolle über die
demographische Zusammensetzung und Größe des kollektiven Selbst möglich
wäre,[372] der Entscheidungskompetenz einer sich selbst regierenden politischen
Gemeinschaft weitgehend entzogen. Obgleich also sowohl die politische Inklusion zukünftiger Generationen als auch die Emigration hochqualifizierter Mitglieder ebenso relevante Konsequenzen für das kollektive Selbst besitzen können,[373] sind sie einer kollektiven Kontrolle durch den international anerkannten
Katalog der Menschenrechte entzogen und stellen moralische Rahmenbedingungen für eine legitime Praxis kollektiver Selbstbestimmung dar.

Eine konsequentialistische Rechtfertigung hebt daher schlussendlich oft
darauf ab, dass die Inklusion von Immigrantinnen und Immigranten, anders als
beispielsweise die Inklusion von Nachkommen bestehender Mitglieder, weniger

---

370 Vgl. United Nations. *Universal Declaration of Human Rights*, Artikel 16.1 sowie United Nations. „International Covenant on Civil and Political Rights", Artikel 23.2 und 24.3.
371 Im Zusammenhang mit dieser *brain-drain*-Debatte wird beispielsweise oft auf die schädli-
chen Konsequenzen der massenweisen Emigration afrikanischen Medizinpersonals verwiesen.
Vgl. Gillian Brock u. Michael Blake. *Debating Brain Drain: May Governments Restrict Emigration?*
New York: Oxford University Press, 2015, S. 38 und Anna Stilz. „Is There an Unqualified Right to
Leave?". In: *Migration in Political Theory: The Ethics of Movement and Membership*. Hrsg. von
Sarah Fine und Lea Ypi. New York: Oxford University Press, 2016, S. 66 – 67.
372 So scheint Chinas „Ein-Kind-Politik" zu erheblichen demographischen Veränderungen ge-
führt zu haben. Für einen Überblick über die chinesischen Maßnahmen vgl. Russell Goldman u.
Patrick Boehler. „China's One-Child Policy". In: *New York Times* (2015). URL: https://www.nyti
mes.com/interactive/2015/10/29/world/asia/china-one-child-policy-timeline.html (letzter Zugriff:
21. 02. 2021).
373 Bei einer konsequentialistischen Abwägung der demographischen Konsequenzen familien-
und migrationspolitischer Maßnahmen sollte beachtet werden, dass internationale Migrantinnen
und Migranten mit 3, 5 % der gesamten Weltbevölkerung im Jahr 2019 einen zwar steigenden, aber
vergleichsweise überschaubaren Anteil der Weltbevölkerung ausmachten. Vgl. International Organization for Migration. *Total number of international migrants at mid-year 2019*. 08.11.2020.
URL: https://migrationdataportal.org/?i=stock_abs_&t=2019 (letzter Zugriff: 09.11.2020). Ein
Wegfall staatlicher Ausschlussrechte würde diesen, ungleich auf Staaten verteilten, Anteil jedoch
womöglich steigen lassen.

kulturelle Kontinuität ermöglichen würde.[374] Doch ein moralisches Recht auf kollektive Selbstbestimmung würde, egal in welcher Auslegung, kein generisches Recht auf kulturelle Kontinuität beinhalten: Im Falle eines korporativen Gruppenrechtes würde der Rechtsträger zwar eine durch die Zeit hinweg beständige Identität mit eigenem moralischen Status besitzen, diese würde sich aufgrund ihrer korporativen Natur jedoch auf institutionelle – und nicht vorpolitisch-kulturelle Kriterien – beziehen müssen, sodass die Inklusion von Personen anderer Kulturen nicht notwendigerweise einen Kontinuitätsbruch darstellte. Im Falle eines kollektiven Gruppenrechtes wäre die Identität des Rechtsträgers hingegen zeitlich unbeständig sowie ohne eigenen moralischen Status und würde sich unter pluralistischen Bedingungen nicht nur durch die politische Inklusion von Migrantinnen und Migranten, sondern auch von Nachkommen bestehender Mitglieder mit anderen Interessen in qualitativer Hinsicht stetig verändern.[375]

In stark homogenen Gemeinschaften – und sofern basale, territorialrechtlich fundierte Interessen von Nicht-Mitgliedern befriedigt sind – hätte die konsequentialistische Begründung staatlicher Ausschlussrechte jedoch einen Punkt, wenn sie unter Bedingungen, in denen die Inklusion von Nicht-Mitgliedern breit geteilte, ortsbezogene Stabilitätsinteressen gegenwärtiger Anwohnerinnen und Anwohner verletzen, aus moralischer Perspektive zwar kein generisches, dafür jedoch qualifiziertes staatliches Ausschlussrecht forderte, um die ortsbezogenen Lebenspläne faktischer Mitglieder zu schützen.[376] Diese Abwägung würde jedoch weitgehend von kontextspezifischen Faktoren, wie dem Inhalt und der Resilienz ortsbezogener Lebenspläne sowie dem Umfang und zeitlichen Rahmen der je-

---

374 David Miller argumentiert für den Wert nationaler Selbstbestimmung, ohne ein korrespondierendes Recht zu behaupten, und begründet staatliche Ausschlussrechte unter Rekurs auf besondere, assoziative Verpflichtungen der *co-nationals* untereinander. Laut Miller haben *co-nationals* ein Interesse an kollektiver Selbstbestimmung, welches der eigene Staat stärker als das korrelierende Interesse von Migrantinnen und Migranten berücksichtigen dürfe, um die intrinsisch wertvollen, partikulären Beziehungen der *co-nationals* in Anbetracht wirtschaftlicher, politischer und kultureller Veränderungen zu schützen. Darüber hinaus reduziere Migration laut Miller das soziale Vertrauen unter den Bürgerinnen und Bürgern demokratischer Nationalstaaten, wodurch die Implementierung sozialstaatlicher Institutionen erschwert werde. Vgl. David Miller. *Strangers in Our Midst: The Political Philosophy of Immigration*, S. 62–71. Für eine ausführlichere Diskussion Millers Ansatzes vgl. Abschnitt 2.1.3.

375 Samuel Scheffler bezeichnet die Nachkommen bestehender Bürgerinnen und Bürger als „immigrants from the future" und hebt hervor, dass sich die Mitgliederzusammensetzung einer Gesellschaft unabhängig von Immigrationsbewegungen in 150 Jahren komplett erneuert, was eine stark preservationistische Haltung in Bezug auf die nationale Kultur fehlgeleitet erscheinen lässt. Vgl. Samuel Scheffler. „Immigration and the Significance of Culture". In: *Philosophy & Public Affairs* 35.2 (2007), S. 104.

376 Vgl. Anna Stilz. *Territorial Sovereignty: A Philosophical Exploration*, S. 208–214.

weiligen Migrationsbewegungen abhängen. Zusammenfassend kann im vorliegenden Kontext daher festgehalten werden, dass eine konsequentialistische Begründung staatlicher Ausschlussrechte unter Rekurs auf das Konzept kollektiver Selbstbestimmung zu schwach ist, um generische moralische Ausschlussrechte für alle empirischen Kontexte zu etablieren.

Wird die Notwendigkeit unilateraler Ausschlussrechte für das moralische kollektive Gruppenrecht auf kollektive Selbstregierung hingegen deontologisch begründet, so könnte insistiert werden, dass ein Kollektiv das Recht auf unilateralen Ausschluss, unabhängig von den potenziellen Konsequenzen, welche Migration verursacht, beispielsweise als Teil des Rechts auf territoriale Jurisdiktion[377] oder freiwillige Assoziation[378] besitzt. Auch eine deontologische Begründung kann jedoch erstens nicht erklären, weshalb ausschließlich unilaterale Ausschlussrechte für die schwache Auslegung kollektiver Selbstbestimmung notwendig sind. So würde das territoriale Jurisdiktionsrecht als Voraussetzung eines moralischen Gruppenrechts auf kollektive Selbstregierung, wenn überhaupt, ein Recht auf beidseitige Grenzschließungen implizieren, d. h. ein Recht, Mitglieder an der Ausreise und Nicht-Mitglieder an der Einreise zu hindern. Darüber hinaus müsste aus dem Recht auf Assoziationsfreiheit ebenfalls ein Recht folgen, sich als Kollektiv nicht mit den Nachkommen bestehender Mit-

---

377 Sarah Song und Margaret Moore verorten den Rechtsträger im Volk und argumentieren für staatliche Ausschlussrechte unter Rekurs auf kollektive Besetzungsrechte. Laut Song und Moore besitzt ein historisch verwurzeltes Volk, welches fähig ist, politische Institutionen zu errichten und nach kollektiver Selbstbestimmung strebt, ein moralisches Recht, sich kollektiv selbst zu regieren. Weist ein solches Volk kollektive Besetzungsrechte an seinem Aufenthaltsort auf und wird durch einen Staat, der fundamentale Rechte achtet, repräsentiert, so besitzt es dieser Ansicht nach territoriale Jurisdiktionsrechte, welche Ausschlussrechte gegenüber potenziellen Migrantinnen und Migranten konzeptuell implizieren. Vgl. Sarah Song. *Immigration and Democracy*, S. 52–74 und Margaret Moore. *A Political Theory of Territory*, S. 188–218.
378 Christopher H. Wellman verortet den Rechtsträger des moralischen Rechts auf kollektive Selbstbestimmung im Staat und begründet staatliche Ausschlussrechte unter Rekurs auf das liberale Konzept individueller Assoziationsfreiheit. Laut Wellman besitzen legitime Staaten ein Recht auf politische Selbstbestimmung über ihre eigenen Belange, da eine äußere Einmischung in ihre Jurisdiktion die kollektive Autonomie der jeweiligen Staatsbürgerinnen und Staatsbürger verletze. Dieses präsumtive Recht auf politische Selbstbestimmung impliziere laut Wellman notwendigerweise ein Recht auf Assoziationsfreiheit, welches die Freiheit umfasse, sich nicht mit potenziellen Migrantinnen und Migranten zu assoziieren. Vgl. Christopher H. Wellman. „Immigration and Freedom of Association" und Christopher H. Wellman. „Freedom of Association and the Right to Exclude". Für Kritik an diesem Ansatz vgl. Sarah Fine. „Freedom of Association Is Not the Answer". In: *Ethics* 120.2 (2010), S. 338–356, Michael Blake. „Immigration, Association, and Antidiscrimination". In: *Ethics* 122.4 (2012), S. 748–762, auch Michael Blake. *Justice, Migration, and Mercy*, S. 64–66 und David Miller. *National Responsibility and Global Justice*, S. 210–211.

glieder zu assoziieren und sich von bereits bestehenden Mitgliedern zu dissozi-
ieren.[379]

Des Weiteren haben beide Begründungsstrategien Schwierigkeiten, territorialrechtlich fundierte Ausschlussrechte zu rechtfertigen. So implizieren territoriale
Jurisdiktionsrechte Ausschlussrechte nicht ohne Weiteres konzeptuell, da erstere
eine territorial begrenzte und letztere eine universale Jurisdiktion voraussetzen.
Doch selbst wenn territoriale Jurisdiktionsrechte Ausschlussrechte bereits konzeptuell implizierten, sind die Grenzen territorialer Jurisdiktionsrechte moralisch
unterbestimmt und sollten daher in Kombination mit *pro tanto* symmetrischen
Ansprüchen auf natürliche Ressourcen responsiv gegenüber einer egalitaristi-
schen Verteilung von Residenzrechten sein. Aus der freiwilligen Assoziation von
Staatsbürgerinnen und Staatsbürgern oder der politischen Kooperation der
Volksmitglieder allein, d. h. ohne eine Rechtfertigung territorialer Jurisdiktionsrechte über klar umgrenzte, partikuläre Gebiete, welche die territorialrechtlichen
Externalitäten der politischen Exklusion von Nicht-Mitgliedern einfangen, folgen
daher noch keine territorialen Ausschlussrechte gegenüber Migrantinnen und
Migranten.[380]

Schließlich müsste ein moralisches Recht auf kollektive Selbstbestimmung in
der schwachen Auslegung unter pluralistischen Bedingungen als korporatives
Gruppenrecht verstanden werden, wenn es imstande sein soll, gewichtige individuelle Freiheiten, die durch staatliche Ausschlussrechte verletzt werden, ge-
nerisch zu trumpfen. Da Mitglieder lediglich einen absolut beitragenden – also
nicht entscheidenden, kontrollierenden oder gleichen – Einfluss auf kollektive
Entscheidungen besitzen, sind kollektive migrationspolitische Entscheidungen
mit der individuellen Selbstregierung einzelner Mitglieder unvereinbar und stellen keine unmittelbare Erweiterung individueller Autonomie dar. Klammert man
den Fall stark homogener Gemeinschaften aus, würde ein solches, absolut bei-
tragendes Interesse an Einfluss aus der Perspektive eines Individuums unter
pluralistischen Bedingungen stets von dem Interesse, sich mit Personen ohne
Ansehen ihres Mitgliedsstatus frei assoziieren zu dürfen, getrumpft werden.[381]

379 Vgl. Jan Bretzger u. Andreas Cassee. „Debate: Immigrants and Newcomers by Birth – Do
Statist Arguments Imply a Right to Exclude Both?". In: *Journal of Political Philosophy* 24.3 (2016),
S. 367–378.
380 Für eine ähnliche Kritik an Wellmans Ansatz vgl. auch Sarah Fine. „The Ethics of Immigration: Self-Determination and the Right to Exclude", S. 262.
381 Zur Abwägung der Interessen von Mitgliedern auf kollektive Selbstbestimmung einerseits
und den Interessen von potenziellen Migrantinnen und Migranten auf Einreise andererseits vgl.
auch ebd., S. 262–264 und Sarah Fine u. Andrea Sangiovanni. „Immigration". In: *The Routledge*

Der moralische Wert eines absolut beitragenden Einflusses auf die Verabschiedung unilateraler Einwanderungsbeschränkungen würde aus individueller
Perspektive unter pluralistischen Bedingungen vielmehr nur dann stärker als der
moralische Wert individueller Assoziationsfreiheit wiegen, wenn die Gemeinschaft als eine zusammenhängende Einheit mit einem eigenen moralischen Status behandelt werden könnte. Nur ein korporatives Gruppenrecht mit einem institutionalisierten Rechtsträger könnte unter pluralistischen Bedingungen daher
ausschließen, dass ein von den Mitgliedern geteiltes individuelles Interesse an
Assoziationsfreiheit ein geteiltes Interesse an absolut beitragendem Einfluss
trumpft, da dessen moralischer Status nicht in den geteilten Einflussinteressen
der Mitglieder, sondern dem Wert ihrer politischen Organisation in minimal gerechten institutionalisierten Einheiten bestünde. Die Annahme eines moralischen
korporativen Gruppenrechts des Staates auf kollektive Selbstbestimmung würde
in Ermangelung einer politischen Autorisierung durch eine in normativer Hinsicht
relevant begrenzte Menge partikulärer Staatsbürgerinnen und Staatsbürger im
vorliegenden Kontext jedoch wieder die Ausgangsfrage nach der politischen Legitimität der politischen und territorialen Grenzen dieser institutionalisierten
Einheit aufwerfen.

Zusammenfassend kann daher auch die schwache Auslegung kollektiver
Selbstregierung kein generisches, moralisches Recht auf unilateralen Ausschluss
begründen, da erstens weitgehendere kontraintuitive Rechte aus dem Recht auf
kollektive Selbstbestimmung folgen würden, zweitens ein territoriales Jurisdiktionsrecht auf partikuläre Gebiete ad hoc stipuliert werden müsste und drittens nur
ein korporatives Gruppenrecht des Staates gewichtigere konträre Interessen von
Individuen trumpfen könnte, was aus moralischer Sicht jedoch erneut die Frage
nach der politischen Legitimität institutionalisierter Grenzen aufwerfen würde.

6.3 Gewohnheitsrechtliche Selbstregierung

Stimmt die vorangegangene Analyse, so begründen sowohl die starke als auch die
schwache Auslegung des Rechts auf kollektive Selbstbestimmung keine generischen moralischen unilateralen Ausschlussrechte gegenüber Migrantinnen und
Migranten, da konstitutive Selbstbestimmung in der starken Auslegung unmöglich und in der schwachen Auslegung auch ohne unilaterale Einwanderungsbeschränkungen umsetzbar wäre. Vor dem Hintergrund der vorherigen Kapitel

---

Handbook of Global Ethics. Hrsg. von Darrel Moellendorf und Heather Widdows. New York:
Routledge, 2015, S. 194–198.

plädiere ich daher dafür, die Standardauffassung kollektiver Selbstbestimmung, nach welcher ein vorpolitisches Volk Kontrolle über seine kollektive Konstitution besitzt und die ultimative Quelle politischer Autorität in einem begrenzten Territorium bildet, im Falle von demokratischen Territorialstaaten durch eine endogene und pluralistische Volksauffassung zu korrigieren.

So liegt die ultimative Quelle politischer Autorität in demokratischen Territorialstaaten erstens nicht in einer vorpolitischen Gemeinschaft, welche unabhängig von rechtlichen Institutionen identifizierbar ist, da eine vorpolitische Setzung des Demos ein Demokratiedefizit bezüglich der Mitgliederzusammensetzung des Volkes produziert. Die Quelle politischer Autorität wird vielmehr erst durch rechtliche Institutionen gestiftet und die Mitgliederzusammensetzung des Volkes ist nur durch strukturelle, teilweise gewohnheitsrechtliche Kriterien legitimierbar, nämlich durch die Inklusion aller faktischen Mitglieder mit sozialen oder ortsabhängigen Bindungen qua territorialen Aufenthalt in bereits bestehende Territorialstaaten.[382] Darüber hinaus gibt es zweitens mehr als eine ultimative Quelle politischer Autorität, da das Subjekt demokratischer Territorialstaaten in Zurechnungs-, Aktiv- und Adressatenvolk differenzierbar ist. Obwohl Zurechnungs-, Aktiv- und Adressatenvolk idealiter extensionsgleich sind, bleibt „das" eine Volk als ultimative Quelle politischer Autorität daher eine Konstruktion.[383] Statt also lediglich die Selbstregierung einer Mehrheit des Aktivvolkes zu bezeichnen, fordert das Konzept der Volkssouveränität im demokratischen Kontext vielmehr, allen faktischen Mitgliedern mit sozialen oder ortsabhängigen Bindungen einen gleichen Anspruch auf Autorität an elektiven Entscheidungsprozessen zu gewähren und dabei die Interessen der Adressatinnen und Adressaten dieser Entscheidungen deliberativ zu berücksichtigen.

Obwohl ein vorpolitisches Volk entgegen der Standardauffassung kollektiver Selbstbestimmung kaum Kontrolle über seine kollektive Konstitution besitzt, konnten in den letzten Abschnitten zwei moralisch relevante Interessen identifiziert werden, die dafürsprechen, der kollektiven Selbstbestimmung politischer Gemeinschaften einen moralischen Wert zuzuschreiben: Erstens ein selbst unter pluralistischen und nicht-demokratischen Bedingungen von allen Mitgliedern einer politischen Gemeinschaft teilbares Interesse an absolut beitragendem Einfluss in Bezug auf politische Entscheidungen. Zweitens ein Korrespondenzinteresse an politischen Entscheidungen, welches verletzt wird, sofern faktische Mitglieder Teil einer permanenten Minderheit würden, deren Präferenzen dauerhaft in allen Belangen frustriert werden. Beide Interessen sprechen, sofern sie von den

---

382 Vgl. Kapitel 4.
383 Vgl. Kapitel 1.

faktischen Mitgliedern einer politischen Gemeinschaft breit geteilt werden, dafür, der kollektiven Selbstbestimmung dieser Gemeinschaft – vorausgesetzt, dass sie sich durch minimal gerechte Institutionen[384] regiert – einen moralischen Wert zuzuschreiben. Dieser Wert ist jedoch unter pluralistischen Bedingungen aus moralischer Sicht zu schwach, um konträre Interessen und Freiheiten der eigenen Mitglieder, wie beispielsweise die Assoziationsfreiheit mit Nicht-Mitgliedern, einzuschränken, da er sich seiner eigenen moralischen Grundlage beraubte, sofern er sich unverhältnismäßig gegen die Interessen der Anwohnerinnen und Anwohner richtete. Gleichzeitig reicht das breit geteilte, aber schwache Interesse an beitragendem politischem Einfluss nicht aus, um egalitaristische Territorialrechtsansprüche und später demokratische Inklusionsansprüche von Nicht-Mitgliedern mit symmetrischen Ansprüchen auf natürliche Ressourcen zu trumpfen. Hierzu zählt insbesondere der Anspruch auf die Befriedigung basaler Grundbedürfnisse durch natürliche Ressourcen, aber auch die Freiheit auf eine proportionale Nutzung natürlicher Ressourcen, sofern diese die Autonomie der gegenwärtigen Generation faktischer Mitglieder nicht unterminiert.

Die moralisch wertvollen Korrespondenz- und Einflussinteressen sind daher nicht gewichtig genug, um ein moralisches Recht auf kollektive Selbstbestimmung zu begründen, welches Ausschlussrechte umfasst und konträre Interessen von Migrantinnen und Migranten kategorisch trumpft. Ein moralisches Gruppenrecht auf kollektive Selbstbestimmung begründet meines Erachtens also keine generischen Pflichten auf Seiten einzelner Migrantinnen und Migranten und verhindert damit nicht, die in Kapitel 5 explizierten demokratietheoretischen Externalitäten einzufangen.

Obwohl die Einfluss- und Korrespondenzinteressen faktischer Mitglieder eines kontingent entstandenen, minimal gerechten Territorialstaates meines Erachtens also keine moralischen Trümpfe darstellen, sprechen sie *pro tanto* dafür, der kollektiven Selbstbestimmung ihrer Gemeinschaft einen moralischen Wert zuzuschreiben und institutionelle Bedingungen zu schaffen, welche diese Interessen schützen. So sollten Personen nicht dauerhaft durch Andere beherrscht werden, indem sie unter politischen Institutionen leben müssen, die ihnen keinen politischen Einfluss ermöglichen oder ihre Interessen als Teil einer permanenten Minderheit dauerhaft zurücksetzen. Faktische Mitglieder sollten daher unabhängig von ihrem formalen Mitgliedschaftsstatus einen absoluten – und in Demokratien darüber hinaus relativen – beitragenden Einfluss auf diejenigen Normen besitzen, denen sie durch physische Präsenz in der territorialen Jurisdiktion

---

[384] Dies bezeichnet mindestens einen rechtstaatlich organisierten Staat mit Gewaltenteilung, welcher fundamentale liberale Grundrechte achtet.

eines Staates de facto und dauerhaft unterworfen sind. Darüber hinaus sprechen Korrespondenzinteressen dafür, permanenten Minderheiten, deren Interessen dauerhaft in allen Belangen frustriert werden, in rechtlicher Hinsicht ein gewisses Ausmaß an teilautonomer Selbstverwaltung innerhalb der Staatsgrenzen zu ermöglichen.[385]

Da Migration die Einflussinteressen der faktischen Mitglieder einer politischen Gemeinschaft nicht zurücksetzt und deren Korrespondenzinteressen nur in äußerst seltenen Fällen qualifizierte Ausschlussrechte erforderlich machen, sind keine generischen Pflichten auf der Seite von Migrantinnen und Migranten notwendig, um die kollektive Selbstbestimmung dieser Gemeinschaft zu schützen. Anders verhält sich dies im Fall von institutionalisierten Gruppen und Staaten: Im Vergleich zu natürlichen Individuen bergen institutionalisierte Gruppen ein größeres Risiko, die Einfluss- und Korrespondenzinteressen faktischer Mitglieder eines Territorialstaates beispielsweise durch unilaterale Sezessionen[386] mit anschließender Annexion oder institutionell gesteuerte Siedlungspolitiken zu verletzen. Dies spricht dafür, die Interessen faktischer Mitglieder durch ein juridisches korporatives Gruppenrecht des Staates auf kollektive Selbstregierung zu schützen, welches anderen institutionalisierten Territorialstaaten, nicht jedoch deren Anwohnerinnen und Anwohnern direkt, Pflichten auferlegt. Indem ein solches Recht das Verhältnis von Staaten untereinander und nicht das Verhältnis von institutionalisierten Gruppen und natürlichen Individuen adressiert, kann es eine Immunität vor disruptiven, externen Eingriffen in die Souveränität minimal gerechter politischer Institutionen formulieren.

Ich plädiere somit dafür, dass der vorhandene, aber begrenzte moralische Wert der Einfluss- und Korrespondenzinteressen faktischer Mitglieder kein generisches moralisches Recht auf kollektive Selbstbestimmung begründet, sondern durch ein juridisches korporatives Gruppenrecht des Staates auf kollektive Selbstregierung berücksichtigt werden kann. Ein solches juridisches Recht be-

---

385 Da Konflikte, welche die Konstitution des kollektiven Selbst verhandeln, in der empirischen Realität oft blutig enden, teile ich die Ansicht von Allen Buchanan und Anna Stilz, nach welcher es destabilisierend wäre, permanenten Minderheiten ein juridisches Recht auf unilaterale Sezession zuzuschreiben. Ein solches Recht würde Konflikte aller Voraussicht nach befeuern und selbst bei gelingenden Sezessionen neue ethnische oder nationale Minderheiten innerhalb abtrünniger politischer Einheiten produzieren, die erneut Sezessionsansprüche erheben könnten. Vgl. u. a. Allen Buchanan. *Justice, Legitimacy, and Self-Determination: Moral Foundations for International Law*, S. 373, 393 und Anna Stilz. *Territorial Sovereignty: A Philosophical Exploration*, S. 137–138.
386 Eine unilaterale Sezession bezeichnet die politische Abspaltung eines Teils des Staatsgebietes ohne das Einverständnis des betreffenden Staates oder ein in seiner Verfassung verankertes Recht hierzu.

schreibt kein überpositives, moralisches Naturrecht, welches unabhängig von seiner Positivierung universelle Gültigkeit beansprucht, sondern lediglich einen gewohnheitsrechtlich erwachsenen Anspruch legitimer existierender Staaten darauf, ihre Belange ohne externe Einmischung anderer Staaten selbst zu regeln. Obwohl ein juridisches korporatives Gruppenrecht des Staates auf kollektive Selbstbestimmung selbst kein moralisches Recht ist, können moralisch wertvolle geteilte Interessen für seine Implementierung sprechen und es können moralische Pflichten aus seiner Implementierung folgen.[387]

Ein so verstandenes Recht auf kollektive Selbstbestimmung hat den Vorteil, dass es Ressourcen liefert, um imperialistische Annexionen selbst im Falle einer anschließenden demokratischen Inkorporation der annektierten Einheit als illegitim verurteilen zu können,[388] da der gewohnheitsrechtliche Charakter kollektiver Selbstbestimmung die Beweislast im Einklang mit dem internationalen Rechtsprinzip *uti possidetis* zugunsten bestehender politisch-territorialer Einheiten verschiebt und jede Form des unilateralen Eingriffs in diese Einheiten als illegitim verurteilt. Während Kriegsverbrechen und Verbrechen gegen die Menschlichkeit, welche völkerrechtswidrige Annexionen begleiten können, nicht verjähren,[389] stellt sich nun jedoch die Frage, ob ursprünglich verletzte Territorialrechtsansprüche durch eine andauernde Praxis staatlicher Duldung irgendwann politische Legitimität erlangen können. Obwohl die Frage nach der Verjährung völkerrechtswidriger Annexionen dem vorliegenden Ansatz nach eine juridische Frage internationalen Rechts wäre, die hier nicht abschließend geklärt werden kann, könnte aus moralischer Perspektive beispielsweise für einen Kompromiss plädiert werden, welcher das Jahr 1945, in welchem imperialistische Angriffskriege laut internationalem Recht ausdrücklich verboten wurden, als

---

387 Dass moralische Interessen für ein kontingentes positives Recht sprechen können, aus welchem moralische Pflichten resultieren, lässt sich an folgendem Beispiel verdeutlichen: Die moralisch wertvollen geteilten Interessen von Verkehrsteilnehmerinnen und Verkehrsteilnehmern, sich auf der Straße zu koordinieren, können für die juridische Implementierung eines Rechtsfahrgebots sprechen, obwohl es kein moralisches Rechtsfahrgebot gibt. Aus der Positivierung eines Rechtsfahrgebots können jedoch moralische Pflichten, wie beispielsweise eine Pflicht zur Kooperation für einen sicheren Verkehrsablauf, entstehen. Für eine Analyse, wie die geteilten Einfluss- und Korrespondenzinteressen faktischer Mitglieder auf ähnliche Weise an ein korporatives Gruppenrecht auf Selbstregierung gekoppelt werden können vgl. Peter Jones. „Group Rights and Group Oppression", S. 373.
388 Für dieses Problem vgl. Anna Stilz. *Territorial Sovereignty: A Philosophical Exploration*, S. 102.
389 United Nations. „Convention on the Non-Applicability of Statutory Limitations to War Crimes and Crimes Against Humanity". In: *United Nations Treaty Series* 754.10823 (26.11.1969), S. 73–128.

Verjährungsfrist bestimmt, aber gleichzeitig Ausnahmen, welche durch eine internationalen Rechtskörper bestätigt werden, erlaubt.[390]

Festzuhalten bleibt jedoch, dass der moralische Wert kollektiver Selbstbestimmung unter Rekurs auf geteilte Interessen faktischer Mitglieder demokratischer Territorialstaaten rekonstruiert und durch ein juridisches korporatives Gruppenrecht geschützt werden kann, ohne die Genese und den Charakter politischer Gemeinschaften zu romantisieren oder unverhältnismäßige moralische Pflichten auf Seiten der eigenen Mitglieder oder der Mitglieder anderer Gemeinschaften abzuleiten. Ein juridisches korporatives Gruppenrecht auf kollektive Selbstbestimmung untersagt dieser Auffassung nach disruptive Eingriffe von institutionellen Gruppen, begründet jedoch kein generisches moralisches Ausschlussrecht gegenüber Migrantinnen und Migranten, welches territorialrechtlich fundierte Inklusionsansprüche trumpft. Dies hat zur Folge, dass die territorialrechtlichen Externalitäten politischer Exklusion, welche aus der demokratietheoretischen Verschränkung von politischer und territorialer Inklusion entstehen, nicht mit der kollektiven Selbstbestimmung politischer Gemeinschaften kollidieren. Aus demokratietheoretischer Perspektive kann somit in normativer Hinsicht sowohl daran festgehalten werden, dass territoriale und politische Inklusion auf Dauer zusammenfallen sollten, als auch, dass diese Verschränkung territorialrechtliche Externalitäten gegenüber Migrantinnen und Migranten produzieren, die mit der Zeit demokratische Inklusionsansprüche in eine sich kollektiv selbstregierende Gemeinschaft kreieren. Obwohl sich im Verlauf dieser Untersuchung gezeigt hat, dass nicht alle der hier untersuchten Herausforderungen mittels moralphilosophischer Reflexion auflösbar sind, konnte somit ein normativer Minimalkonsens identifiziert werden, in dessen Rahmen die Legitimation der Grenzen demokratischer Einheiten als andauernde politische und rechtliche Aufgabe verstanden werden kann.

6.4 Fazit

Zusammenfassend müsste ein moralisches Recht auf kollektive Selbstbestimmung von nicht formal organisierten Nationen oder Völkern als kollektives Gruppenrecht verstanden werden, welches lediglich durch die geteilten Interessen der jeweiligen Mitglieder begründet wird, während ein formal institutionalisierter Rechtsträger prinzipiell ein korporatives Gruppenrecht zuließe, welches

---

[390] Vgl. Allen Buchanan. *Justice, Legitimacy, and Self-Determination: Moral Foundations for International Law*, S. 356–357.

einen durch die Zeit hinweg beständigen Rechtsträger mit moralischem Status voraussetzte. Beide Varianten begründen jedoch sowohl in einer starken Ausle-gung kollektiver Selbstbestimmung als Erweiterung individueller Autonomie als auch in einer schwachen Auslegung kollektiver Selbstbestimmung als geteilte Ko-Autorenschaft keine generischen moralischen unilateralen Ausschlussrechte ge-genüber Migrantinnen und Migranten, da konstitutive Selbstbestimmung in der starken Auslegung unmöglich und in der schwachen Auslegung auch ohne uni-laterale Einwanderungsbeschränkungen umsetzbar wäre. Trotzdem können die moralisch relevanten, geteilten Einfluss- und Korrespondenzinteressen der fak-tischen Mitglieder demokratischer Territorialstaaten ein gewohnheitsrechtlich-juridisches korporatives Gruppenrecht des Staates auf kollektive Selbstbestim-mung begründen, welches verhältnismäßige Pflichten auf Seiten korporativer Gruppen beinhaltet. Dieses minimalistische Konzept kollektiver Selbstbestim-mung setzt kein moralisches staatliches Ausschlussrecht voraus und ermöglicht somit, die im zweiten Teil dieser Untersuchung formulierten politischen und territorialrechtlichen Externalitäten demokratischer Territorialstaaten einzufan-gen.

Schluss

Die vorliegende Untersuchung hat mit dem Fall von Jose Antonio Vargas begonnen, einem philippinisch-stämmigen Journalisten, Autor und Filmemacher, der seit seinem zwölften Lebensjahr ohne Aufenthaltsgenehmigung irregulär in den USA lebt. Dieser Fall hat die Fragen aufgeworfen, ob ein demokratischer Territorialstaat einen Teil seiner dauerhaft ansässigen Bevölkerung politisch exkludieren darf, wer aus demokratischer Perspektive zum Volk gehört und an demokratischen Entscheidungen beteiligt werden muss und wie sich dies bei migrationspolitischen Entscheidungen verhält, welche die Zusammensetzung des Volkes selbst verändern.

Zusammengenommen widmete sich diese Untersuchung daher der Frage, ob und wenn ja, unter welchen Bedingungen unilaterale Einwanderungsbeschränkungen ein Demokratiedefizit darstellen. Hierfür habe ich im ersten Teil der Untersuchung versucht zu zeigen, dass ein Demos nicht allein unter Rekurs auf demokratische Ideale gegründet werden kann und es aus demokratischer Perspektive daher keine idealtheoretische Lösung für das Gründungsparadox demokratischer Territorialstaaten gibt. Kapitel 1 hat zwei vorherrschende Rechtfertigungsansätze für den intrinsischen Wert demokratischer Entscheidungsprozesse rekonstruiert und aufgezeigt, dass beide einen blinden Fleck bezüglich der Konstitution des politischen Entscheidungssubjektes aufweisen, was diesen Wert zu unterminieren droht. Der anschließende Versuch, das politische Subjekt standardmäßig im Volk zu verorten, hat offenbart, dass es logisch unmöglich ist, einen Demos unter Rekurs auf demokratische Mittel zu gründen, und die Frage aufgeworfen, ob das politische Subjekt demokratischer Entscheidungsprozesse eine externe Beschränkung demokratischer Autorität darstellt oder unter Rekurs auf demokratische Ideale begründet werden kann. Um dies untersuchen zu können, wurde daher die Frage, wie ein Demos unter Rekurs auf demokratische Ideale gegründet werden kann, von der Frage, wer in einen bestehenden Territorialstaat aus demokratischer Perspektive inkludiert werden muss, unterschieden.

Kapitel 2 hat dafür argumentiert, dass Konstitutionsprinzipien, welche das Demos-Problem unter Rekurs auf Kriterien für die innere Zusammensetzung eines Demos zu lösen beanspruchen, kein klar umrissenes politisches Subjekt konstituieren können. So oszillieren Vorschläge, die den Demos vorpolitisch setzen, dazwischen, entweder den intrinsischen Wert demokratischer Entscheidungsprozesse durch eine historisch-kontingente Setzung des politischen Subjektes zu unterminieren oder aber den kulturellen Wert einer nationalen Identität auf idealtheoretischer Ebene überzubewerten. Vorschläge, die das Demos-Problem hingegen zu lösen versuchen, indem sie auf die Entscheidungskompetenz der De-

https://doi.org/10.1515/9783110788884-010

mos-Mitglieder abheben, müssen die Wertfrage nach der politischen Identität eines Kollektivs hingegen auf eine Sachfrage reduzieren. Vorschläge, die das Demos-Problem zu lösen beanspruchen, indem sie auf die gegenseitige Akzeptanz der Demos-Mitglieder abheben, scheinen auf den ersten Blick weitgehend plausibel, verletzen bei genauerer Betrachtung jedoch die moralische Gleichheit der Personen im Naturzustand oder stellen die gegenseitige Akzeptanz aller Personen untereinander als Rationalitätsgebot dar und führen somit die zugrundeliegende Logik freiwilliger Assoziation, welche die Legitimität und nicht Rechtfertigung einer Mitgliederzusammensetzung verbürgen soll, ad absurdum.

Kapitel 3 hat dafür argumentiert, dass auch Lösungswege, welche die Demos-Konstitution nicht unter Rückgriff auf interne Eigenschaften des Demos, sondern unter Bezugnahme auf dessen externe Wirkungen bestimmen, kein klar umrissenes politisches Subjekt konstituieren können. Sowohl Vorschläge, welche die Mitgliederzusammensetzung des Demos in Anlehnung daran bestimmen, wer durch seine Entscheidungen faktisch oder möglicherweise betroffen ist, konnten nicht überzeugen, da sie entweder zirkulär oder prinzipiell unfähig waren, ein handlungsfähiges Entscheidungssubjekt zu konstituieren und darüber hinaus keinen Mitgliedschafts-, sondern vielmehr einen Rechtfertigungsanspruch begründeten. Doch auch Vorschläge, welche die Mitgliederzusammensetzung des Demos in Anlehnung daran bestimmten, wer durch die Gesetzesentscheidungen des Demos unterworfen bzw. einem Zwang ausgesetzt wird, konnten das Gründungsparadox demokratischer Territorialstaaten nicht lösen, da sie entweder lediglich Implikationen für die In- bzw. Exklusion in bzw. aus bereits bestehenden Rechtsgemeinschaften aufgezeigt haben oder den Wert politischer Gleichheit nicht angemessen berücksichtigten und jede lokale Frage im globalen Maßstab expandierten.

Der zweite Teil der Untersuchung hat versucht zu zeigen, dass die Abwesenheit einer Lösung für das Gründungsparadox die Fragen aufwirft, wer in bestehende Territorialstaaten aus demokratischer Perspektive inkludiert werden muss und welche Kompetenzen demokratische Territorialstaaten über ihre eigene Mitgliedschaftspolitik besitzen sollten. Dabei wurde dafür argumentiert, dass unilaterale Einwanderungsbeschränkungen kein Demokratiedefizit darstellen, solange Staaten nach innen inklusiv sind und nach außen eine egalitaristische Verteilungsstruktur territorialer Rechte berücksichtigen. Kapitel 4 hat in diesem Zusammenhang dafür argumentiert, dass ein bestehender Territorialstaat in einer globalisierten internationalen Ordnung mit Migrationsaufkommen aus demokratischer Perspektive dann inklusiv ist, wenn er erstens alle faktischen Mitglieder mit sozialen oder ortsabhängigen Bindungen zu der politischen Gemeinschaft oder dem infrage stehenden Lebensraum durch eine Kombination aus der Institution der Geburtsstaatsbürgerschaft und einem Verbundenheitsprinzip in das

Zurechnungsvolk inkludiert, zweitens die Interessen der Normadressatinnen und Normadressaten extraterritorialer Gesetze in diesen Gesetzesanliegen ex ante deliberativ berücksichtigt und drittens die politische Partizipation aller faktischen Mitglieder vorzugsweise durch Regularisierung und Einbürgerung ermöglicht.

Kapitel 5 hat die territorialrechtlichen Externalitäten politischer Exklusion untersucht und dafür argumentiert, dass eine moralische Rechtfertigung territorialer Jurisdiktionsrechte über klar umgrenzte, partikuläre Gebiete unter realistischen Bedingungen ein Boundary-Problem auf höherer Ebene produziert. So produzierten konsenstheoretische Positionen unter nicht-idealen, realen Bedingungen keine praktisch anwendbaren Ergebnisse, da sie weder territoriale Jurisdiktionsrechte existierender Staaten begründeten noch klare Prinzipien rektifikatorischer Gerechtigkeit aufzeigen konnten. Funktionalistische Positionen konnten die partikulären Grenzen territorialer Jurisdiktion hingegen nicht angemessen erklären und produzierten im Konfliktfall kaum handlungsleitende Empfehlungen. Kollektivistische Positionen konnten die spezifische Konstitution des kollektiven Rechtsträgers schließlich nicht als normativ relevant aufweisen, da sie in der exogenen Auslegung zirkulär oder unverhältnismäßig konservativ erschienen und in der endogenen Auslegung wieder in den konsenstheoretischen oder funktionalistischen Ansatz kollabierten. So wurde anschließend versucht zu zeigen, dass *pro tanto* symmetrische Ansprüche aller Personen auf vorfindliche und begrenzte natürliche Ressourcen dafürsprechen, die territorialen Externalitäten politischer Exklusion vor dem Hintergrund einer egalitaristischen Verteilung des Wertes natürlicher Ressourcen zu beurteilen. Dabei wurde dafür argumentiert, dass Personen einen Anspruch auf die Befriedigung basaler Grundbedürfnisse sowie die Freiheit haben sollten, natürliche Ressourcen durch Residenz proportional zu nutzen, solange dies die ortsbezogenen Stabilitätsinteressen der gegenwärtigen Generation faktischer Mitglieder nicht unterminiert.

Kapitel 6 hat schließlich untersucht, wie die explizierten territorialrechtlichen Inklusionsansprüche mit einem (potenziellen) Wert kollektiver Selbstbestimmung in Einklang gebracht werden können. Dabei wurde dafür argumentiert, dass sich unilaterale Einwanderungsbeschränkungen nicht unter Rekurs auf das moralische Gruppenrecht eines Staates, Volkes oder einer Nation auf kollektive Selbstbestimmung begründen lassen, da staatliche Ausschlussrechte unter pluralistischen Bedingungen in einer starken Auslegung kollektiver Selbstbestimmung nicht hinreichend und in einer schwachen Auslegung kollektiver Selbstbestimmung nicht notwendig für konstitutive Selbstbestimmung sind. Anschließend wurde daher vorgeschlagen, aus einer endogenen und pluralistischen Konzeption der Volkssouveränität ein juridisches korporatives Gruppenrecht des Staates auf kollektive Selbstregierung abzuleiten, welches durch die geteilten Einfluss- und Korrespondenzinteressen seiner faktischen Mitglieder begründet ist und Pflichten auf Seiten korporativer Gruppen impliziert. Dieses minimalistische Konzept kollektiver Selbstbestimmung setzte kein moralisches staatliches Ausschlussrecht voraus und ermöglichte daher, die territorialrechtlichen Externalitäten demokratischer Herrschaft einzufangen, indem es potenziellen Migrantinnen und Migranten nicht nur die Befriedigung basaler Grundbedürfnisse, sondern auch die proportionale Nutzung natürlicher Ressourcen unter Berücksichtigung ortsbezogener Stabilitätsinteressen der gegenwärtigen Generation faktischer Mitglieder gewährt.

Die Fragen, welche durch Jose Antonio Vargas Fall aufgeworfen wurden, habe ich daher zusammenfassend wie folgt zu beantworten versucht. Ein demokratischer Territorialstaat sollte erstens danach streben, keinen Teil seiner permanent ansässigen Bevölkerung, also auch nicht irreguläre Migrantinnen und Migranten, auf Dauer politisch zu exkludieren. Da sich das Volk nicht demokratisch gründen kann, bleibt es zweitens eine andauernde politische Aufgabe, alle faktischen Mitglieder mit sozialen oder ortsabhängigen Bindungen zu inkludieren und elektiv zu repräsentieren. Migrationspolitische Entscheidungen kreieren drittens extraterritoriale Normadressatinnen und Normadressaten sowie territorialrechtliche Externalitäten, was zusätzlich für deliberative politische Repräsentationsformen und eine egalitaristische Verteilung des Wertes natürlicher Ressourcen spricht. Abschließend möchte ich daher vorschlagen, die Titelfrage dieser Untersuchung damit zu beantworten, dass unilaterale Einwanderungsbeschränkungen ein Demokratiedefizit darstellen können, sofern sie faktische Mitglieder eines demokratischen Territorialstaates politisch, Nicht-Mitglieder mit territorialrechtlichen Ansprüchen territorial sowie extraterritoriale Normadressatinnen und Normadressaten deliberativ exkludieren.

Literatur

Abizadeh, Arash. „Democratic Theory and Border Coercion: No Right to Unilaterally Control Your Own Borders". In: *Political Theory* 36.1 (2008), S. 37–65.

Abizadeh, Arash. „Democratic Legitimacy and State Coercion: A Reply to David Miller". In: *Political Theory* 38.1 (2010), S. 121–130.

Abizadeh, Arash. „On the Demos and Its Kin: Nationalism, Democracy, and the Boundary Problem". In: *American Political Science Review* 106.4 (2012), S. 867–882.

Ahlhaus, Svenja. *Die Grenzen des Demos: Mitgliedschaftspolitik aus postsouveräner Perspektive*. Frankfurt a. Main: Campus Verlag, 2020.

Aleinikoff, T. Alexander. „Comments on the Rights of Others". In: *European Journal of Political Theory* 6.4 (2007), S. 424–430.

Anaya, S. James. *Indigenous Peoples in International Law*. New York: Oxford University Press, 1996.

Anderson, Elizabeth S. „What Is the Point of Equality?". In: *Ethics* 109.2 (1999), S. 287–337.

Applbaum, Arthur Isak. „Legitimacy without the Duty to Obey". In: *Philosophy & Public Affairs* 38.3 (2010), S. 215–239.

Armstrong, Chris. „Resources, Rights and Global Justice: A Response to Kolers". In: *Political Studies* 62.1 (2014), S. 216–222.

Arrhenius, Gustaf. „The Boundary Problem in Democratic Theory". In: *Democracy Unbound: Basic Explorations I*. Hrsg. von Folke Tersman. Stockholm: Filosofiska institutionen, Stockholms Universitet, 2005, S. 14–28.

Arrhenius, Gustaf. „The Democratic Boundary Problem Reconsidered". In: *Ethics, Politics & Society* 1.1 (2018), S. 89–122.

Arrow, Kenneth J. „Some Ordinalist-Utilitarian Notes on Rawls's Theory of Justice". In: *The Journal of Philosophy* 70.9 (1973), S. 245–263.

Bauböck, Rainer. „Migration and Citizenship: Normative Debates". In: *Oxford Handbook of the Politics of International Migration*. Hrsg. von Marc R. Rosenblum und Daniel J. Tichenor. New York: Oxford University Press, 2012, S. 594–613.

Bauböck, Rainer. „Political Membership and Democratic Boundaries". In: *The Oxford Handbook of Citizenship*. Hrsg. von Ayelet Shachar, Rainer Bauböck u. a. New York: Oxford University Press, 2017, S. 60–82.

Bauböck, Rainer. „Democratic inclusion: a pluralist theory of citizenship". In: *Democratic Inclusion: Rainer Bauböck in dialogue*. Hrsg. von Rainer Bauböck. Manchester: Manchester University Press, 2018, S. 3–102.

Bauböck, Rainer. „Response to critics". In: *Democratic Inclusion: Rainer Bauböck in dialogue*. Hrsg. von Rainer Bauböck. Manchester: Manchester University Press, 2018, S. 227–284.

Beckman, Ludvig. „Citizenship and Voting Rights: Should Resident Aliens Vote?". In: *Citizenship Studies* 10.2 (2006), S. 153–165.

Beckman, Ludvig. *The Frontiers of Democracy: The Right to Vote and its Limits*. Basingstoke: Palgrave Macmillan, 2009.

Beitz, Charles R. „Rawls's Law of Peoples". In: *Ethics* 110.4 (2000), S. 669–696.

Benhabib, Seyla. *The Rights of Others: Aliens, Residents and Citizens*. Cambridge: Cambridge University Press, 2004.

Bergström, Lars. „Democracy and Political Boundaries". In: *The Viability and Desirability of Global Democracy: Studies in Democratic Theory, Vol. 3*. Stockholm Studies in Democratic

https://doi.org/10.1515/9783110788884-011

Theory, 2007, S. 1–25. URL: http://www.diva-portal.org/smash/record.jsf?pid=diva2%
3A186894&dswid=2050 (letzter Zugriff: 23.02.2021).

Black, Duncan. *The Theory of Committees and Elections.* Cambridge: Cambridge University
Press, 1958.

Blake, Michael. „Distributive Justice, State Coercion, and Autonomy". In: *Philosophy & Public
Affairs* 30.3 (2001), S. 257–296.

Blake, Michael. „Immigration, Association, and Antidiscrimination". In: *Ethics* 122.4 (2012),
S. 748–762.

Blake, Michael. „Immigration, Jurisdiction, and Exclusion". In: *Philosophy & Public Affairs* 41.2
(2013), S. 103–130.

Blake, Michael. *Justice, Migration, and Mercy.* New York: Oxford University Press, 2020.

Blake, Michael u. Risse, Mathias. „Migration, Territoriality and Culture". In: *New Waves in
Applied Ethics.* Hrsg. von Jesper Ryberg, Thomas S. Peterson und Clark Wolf. New York:
Palgrave Macmillan, 2007, S. 153–181.

Bretzger, Jan u. Cassee, Andreas. „Debate: Immigrants and Newcomers by Birth – Do Statist
Arguments Imply a Right to Exclude Both?". In: *Journal of Political Philosophy* 24.3 (2016),
S. 367–378.

Brock, Gillian u. Blake, Michael. *Debating Brain Drain: May Governments Restrict Emigration?*
New York: Oxford University Press, 2015.

Brunkhorst, Hauke. *Solidarität: Von der Bürgerfreundschaft zur globalen
Rechtsgenossenschaft.* Frankfurt a. Main: Suhrkamp, 2002.

Buchanan, Allen. „Political Legitimacy and Democracy". In: *Ethics* 112.4 (2002), S. 689–719.

Buchanan, Allen. „The Making and Unmaking of Boundaries: What Liberalism Has to Say". In:
States, Nations, and Borders: The Ethics of Making Boundaries. Hrsg. von Allen Buchanan
und Margaret Moore. New York: Cambridge University Press, 2003, S. 231–261.

Buchanan, Allen. *Justice, Legitimacy, and Self-Determination: Moral Foundations for
International Law.* New York: Oxford University Press, 2004.

Carens, Joseph. *The Ethics of Immigration.* New York: Oxford University Press, 2013.

Cassee, Andreas. *Globale Bewegungsfreiheit: Ein philosophisches Plädoyer für offene Grenzen.*
Berlin: Suhrkamp, 2016.

Celikates, Robin. „Demokratische Inklusion: Wahlrecht oder Bürgerschaft". In: *Migration und
Ethik.* Hrsg. von Andreas Cassee und Anna Goppel. Münster: Mentis, 2012, S. 291–305.

Cheneval, Francis. „Constituting the dêmoi democratically". In: *Challenges to Democracy in the
21st Century.* 50. National Centre of Competence in Research, 2011, S. 1–23.

Cheneval, Francis. *The Government of the Peoples: On the Idea and Principles of Multilateral
Democracy.* New York: Palgrave Macmillan, 2011.

Christiano, Thomas. *Rule of the Many: Fundamental Issues in Democratic Theory.* Boulder:
Westview Press, 1996.

Christiano, Thomas. *The Constitution of Equality: Democratic Authority and its Limits.* New
York: Oxford University Press, 2008.

Christiano, Thomas. „An Instrumental Argument for a Human Right to Democracy". In:
Philosophy & Public Affairs 39.2 (2011), S. 142–176.

Christiano, Thomas. „Self-Determination and the Human Right to Democracy". In:
Philosophical Foundations of Human Rights. Hrsg. von Rowan Cruft, Matthew S. Liao und
Massimo Renzo. New York: Oxford University Press, 2015, S. 459–480.

Cohen, Joshua. „Democracy and Liberty". In: *Deliberative Democracy*. Hrsg. von Jon Elster. Cambridge: Cambridge University Press, 1988, S. 185–231.

Cohen, Joshua. „Deliberation and Democratic Legitimacy". In: *The Good Polity: Normative Analysis of the State*. Hrsg. von Alan Hamlin und Philip Pettit. New York: Basil Blackwell, 1989, S. 17–34.

Cohen, Joshua. „Is there a Human Right to Democracy?". In: *The Egalitarian Conscience: Essays in Honour of G. A. Cohen*. Hrsg. von Christine Sypnowich. New York: Oxford University Press, 2006, S. 226–250.

Cole, Phillip. „Open Borders: An Ethical Defense". In: *Debating the Ethics of Immigration: Is There a Right to Exclude?* Hrsg. von Christopher H. Wellman und Phillip Cole. New York: Oxford University Press, 2011, S. 157–313.

Condorcet, Marquis de. *Essai sur l'application de l'analyse à la probabilité des décisions rendues à la pluralité des voix*. Paris: De L'Imprimerie Royale, 1785.

Condorcet, Marquis de. „Essay on the Application of Mathematics to the Theory of Decision-Making (1785)". In: *Condorcet: Selected Writings*. Hrsg. von Marquis de Condorcet und Keith Michael Baker. Indianapolis: The Bobbs-Merrill Company, 1976, S. 33–70.

Condorcet, Marquis de. „From An Essay on the Application of Analysis to the Probability of Decisions Rendered by a Plurality of Votes, 1785". In: *Classics of Social Choice*. Hrsg. von Iain McLean und Arnold B. Urken. Ann Arbor: University of Michigan Press, 1995, S. 91–112.

Dahl, Robert A. *After the Revolution? Authority in a Good Society*. New Haven: Yale University Press, 1970.

Dahl, Robert A. *Democracy and Its Critics*. New Haven: Yale University Press, 1989.

Dahl, Robert A. *A Preface to Democratic Theory*. Expanded Edition. Chicago: The University of Chicago Press, 2006. (Ersterscheinung 1956).

Dworkin, Ronald. „What is Equality? Part 2: Equality of Resources". In: *Philosophy & Public Affairs* 10.4 (1981), S. 283–345.

Dworkin, Ronald. *Sovereign Virtue: The Theory and Practice of Equality*. Cambridge: Harvard University Press, 2000.

Erman, Eva. „The Boundary Problem and the Ideal of Democracy". In: *Constellations* 21.4 (2014), S. 535–546.

Estlund, David. „Opinion Leaders, Independence, and Condorcet's Jury Theorem". In: *Theory and Decision* 36.2 (1994), S. 131–162.

Estlund, David. „Beyond Fairness and Deliberation: The Epistemic Dimension of Democratic Authority". In: *Deliberative Democracy: Essays on Reasons and Politics*. Hrsg. von James Bohman und William Rehg. Cambridge: The MIT Press, 1997, S. 173–204.

European Union. „Treaty on European Union, Treaty of Maastricht". In: *Official Journal of the European Communities* C 325/5 (07.02.1992).

Feinberg, Joel. „The Problem of Personhood". In: *Contemporary Issues in Bioethics*. Hrsg. von Tom L. Beauchamp und LeRoy Walters. 2. Aufl. Belmont: Wadsworth Publishing Company, 1982, S. 108–116. (Ersterscheinung 1978).

Fine, Sarah. „Avery Kolers. Land, Conflict, and Justice: A Political Theory of Territory. Cambridge: Cambridge University Press, 2009. Pp. 238. $99.00 (cloth)". In: *Ethics* 120.3 (2010), S. 609–614.

Fine, Sarah. „Freedom of Association Is Not the Answer". In: *Ethics* 120.2 (2010), S. 338–356.

Fine, Sarah. „The Ethics of Immigration: Self-Determination and the Right to Exclude". In: *Philosophy Compass* 8.3 (2013), S. 254–268.

Fine, Sarah u. Sangiovanni, Andrea. „Immigration". In: *The Routledge Handbook of Global Ethics*. Hrsg. von Darrel Moellendorf und Heather Widdows. New York: Routledge, 2015, S. 193–210.

Fraser, Nancy. *Scales of Justice: Reimagining Political Space in a Globalizing World*. New York: Columbia University Press, 2009.

French, Peter A. *Collective and Corporate Responsibility*. New York: Columbia University Press, 1984.

Goldman, Russell u. Boehler, Patrick. „China's One-Child Policy". In: *New York Times* (2015). URL: https://www.nytimes.com/interactive/2015/10/29/world/asia/china-one-child-policy-timeline.html (letzter Zugriff: 21.02.2021).

Goodin, Robert E. „Inclusion and exclusion". In: *European Journal of Sociology* 37.2 (1996), S. 343–371.

Goodin, Robert E. *Reflective Democracy*. New York: Oxford University Press, 2003.

Goodin, Robert E. „Enfranchising All Affected Interests, and Its Alternatives". In: *Philosophy & Public Affairs* 35.1 (2007), S. 40–68.

Gosepath, Stefan. „Globale Gerechtigkeit und Subsidiarität: Zur internen Beschränkung einer subsidiären und föderalen Weltrepublik". In: *Weltrepublik: Globalisierung und Demokratie*. Hrsg. von Stefan Gosepath und Jean-Christophe Merle. München: Beck, 2002, S. 74–85.

Gosepath, Stefan. *Gleiche Gerechtigkeit: Grundlagen eines liberalen Egalitarismus*. Frankfurt a. Main: Suhrkamp, 2004.

Gould, Carol C. *Rethinking Democracy: Freedom and social cooperation in politics, economy and society*. New York: Cambridge University Press, 1988.

Gould, Carol C. „Self-Determination beyond Sovereignty: Relating Transnational Democracy to Local Autonomy". In: *Journal of Social Philosophy* 37.1 (2006), S. 44–60.

Grofman, Bernard. „A Comment on Democratic Theory: A Preliminary Mathematical Model". In: *Public Choice* 21.1 (1975), S. 99–103.

Grotius, Hugo. *The Rights of War and Peace*. Hrsg. von Richard Tuck. Bd. 1. Indianapolis: Liberty Fund, 2005. (Ersterscheinung 1625).

Habermas, Jürgen. „Der europäische Nationalstaat – Zu Vergangenheit und Zukunft von Souveränität und Staatsbürgerschaft". In: *Die Einbeziehung des Anderen: Studien zur politischen Theorie*. Hrsg. von Jürgen Habermas. Frankfurt a. Main: Suhrkamp, 1996, S. 128–153.

Habermas, Jürgen. „Der demokratische Rechtsstaat – eine paradoxe Verbindung widersprüchlicher Prinzipien?". In: *Zeit der Übergänge: Kleine Politische Schriften IX*. Hrsg. von Jürgen Habermas. Frankfurt a. Main: Suhrkamp, 2001, S. 133–151.

Habermas, Jürgen. *Faktizität und Geltung: Beiträge zur Diskurstheorie des Rechts und des demokratischen Rechtsstaats*. 5. Aufl. Frankfurt a. Main: Suhrkamp, 2014. (Ersterscheinung 1998).

Habermas, Jürgen. „Nachwort". In: *Faktizität und Geltung: Beiträge zur Diskurstheorie des Rechts und des demokratischen Rechtsstaats*. Hrsg. von Jürgen Habermas. 5. Aufl. Frankfurt a. Main: Suhrkamp, 2014, S. 661–680. (Ersterscheinung 1998).

Habermas, Jürgen. „Volkssouveränität als Verfahren (1988)". In: *Faktizität und Geltung: Beiträge zur Diskurstheorie des Rechts und des demokratischen Rechtsstaats*. Hrsg. von

Jürgen Habermas. 5. Aufl. Frankfurt a. Main: Suhrkamp, 2014, S. 600–631. (Ersterscheinung 1998).

Harsanyi, John C. „Can the Maximin Principle Serve as a Basis for Morality? A Critique of John Rawls's Theory". In: *American Political Science Review* 69.2 (1975), S. 594–606.

Held, David. *Democracy and the Global Order: From the Modern State to Cosmopolitan Governance*. Stanford: Stanford University Press, 1995.

Hobbes, Thomas. „Leviathan". In: *Leviathan: With selected variants from the Latin edition of 1668*. Hrsg. von Edwin Curley. Indianapolis: Hackett Publishing Company, 1994, S. 1–497. (Ersterscheinung 1651).

Höffe, Otfried. *Vernunft und Recht: Bausteine zu einem interkulturellen Rechtsdiskurs*. 2. Aufl. Frankfurt a. Main: Suhrkamp, 1998. (Ersterscheinung 1996).

Höffe, Otfried. *Demokratie im Zeitalter der Globalisierung*. München: Beck, 1999.

Hohfeld, Wesley Newcomb. „Some Fundamental Legal Conceptions as Applied in Judicial Reasoning". In: *The Yale Law Journal* 23.1 (1913), S. 16–59.

International Organization for Migration. *Total number of international migrants at mid-year 2019*. 08.11.2020. URL: https://migrationdataportal.org/?i=stock_abs_&t=2019 (letzter Zugriff: 09.11.2020).

Jellinek, Georg. *System der subjektiven öffentlichen Rechte*. 2. Aufl. Tübingen: Mohr, 1905. (Ersterscheinung 1892).

Jellinek, Georg. *Allgemeine Staatslehre*. 3. Aufl. Berlin: O. Häring, 1914. (Ersterscheinung 1900).

Jensen, Karsten Klint. „Future Generations in Democracy: Representation or Consideration?". In: *Jurisprudence* 6.3 (2015), S. 535–548.

Jones, Peter. „Group Rights and Group Oppression". In: *The Journal of Political Philosophy* 7.4 (1999), S. 353–377.

Kant, Immanuel. „Metaphysik der Sitten". In: *Kant's gesammelte Schriften*. Hrsg. von Königlich Preußische Akademie der Wissenschaften. Bd. 6. Berlin: Georg Reimer, 1914, S. 203–494. (Ersterscheinung 1797).

Kant, Immanuel. „Zum ewigen Frieden: Ein philosophischer Entwurf". In: *Kant's gesammelte Schriften*. Hrsg. von Königlich Preußische Akademie der Wissenschaften. Bd. 8. Berlin: Walter de Gruyter & Co, 1923, S. 341–386. (Ersterscheinung 1795).

Karlsson, Johan. *Democrats without borders: A critique of transnational democracy*. Göteborg: University of Gothenburg, 2008.

Karlsson Schaffer, Johan. „The boundaries of transnational democracy: alternatives to the all-affected principle". In: *Review of International Studies* 38.2 (2012), S. 321–342.

Kersting, Wolfgang. *Die politische Philosophie des Gesellschaftsvertrags*. Darmstadt: Wissenschaftliche Buchgesellschaft, 1994.

Kinzer, Stephen. „Germany's Young Turks Say 'Enough' to the Bias". In: *New York Times* (1993). URL: https://www.nytimes.com/1993/06/06/world/germany-s-young-turks-say-enough-to-the-bias.html (letzter Zugriff: 11.11.2020).

Kolers, Avery. *Land, Conflict, and Justice: A Political Theory of Territory*. New York: Cambridge University Press, 2009.

Kolodny, Niko. „Rule Over None I: What Justifies Democracy?". In: *Philosophy & Public Affairs* 42.3 (2014), S. 195–229.

Kolodny, Niko. „Rule Over None II: Social Equality and the Justification of Democracy". In: *Philosophy & Public Affairs* 42.4 (2014), S. 287–336.

Kymlicka, Will. *Multicultural citizenship: A Liberal Theory of Minority Rights.* Oxford: Clarendon Press, 1995.

Kymlicka, Will u. Donaldson, Sue. „Metics, members and citizens". In: *Democratic Inclusion: Rainer Bauböck in dialogue.* Hrsg. von Rainer Bauböck. Manchester: Manchester University Press, 2018, S. 160–182.

Lincoln, Abraham. „Volume 7". In: *The Collected Works of Abraham Lincoln.* Hrsg. von Roy P. Basler. New Brunswick: Rutgers University Press, 1953.

List, Christian u. Goodin, Robert E. „Epistemic Democracy: Generalizing the Condorcet Jury Theorem". In: *The Journal of Political Philosophy* 9.3 (2001), S. 277–306.

Locke, John. „Two Treatises of Government". In: *The Works of John Locke.* Hrsg. von John Locke. Bd. 5. London: Thomas Tegg, 1823, S. 207–485. (Ersterscheinung 1762).

López-Guerra, Claudio. „Should Expatriates Vote?". In: *The Journal of Political Philosophy* 13.2 (2005), S. 216–234.

Mansbridge, Jane. „Rethinking Representation". In: *American Political Science Review* 97.4 (2003), S. 515–528.

Miller, David. *On Nationality.* Oxford: Clarendon Press, 1995.

Miller, David. „Immigration: The Case for Limits". In: *Contemporary Debates in Applied Ethics.* Hrsg. von Andrew I. Cohen und Christopher H. Wellman. Malden: Blackwell Publishing, 2005, S. 193–206.

Miller, David. *National Responsibility and Global Justice.* New York: Oxford University Press, 2007.

Miller, David. „Democracy's Domain". In: *Philosophy & Public Affairs* 37.3 (2009), S. 201–228.

Miller, David. „Why Immigration Controls Are Not Coercive: A Reply to Arash Abizadeh". In: *Political Theory* 38.1 (2010), S. 111–120.

Miller, David. „Property and Territory: Locke, Kant, and Steiner". In: *Journal of Political Philosophy* 19.1 (2011), S. 90–109.

Miller, David. „Territorial Rights: Concept and Justification". In: *Political Studies* 60.2 (2012), S. 252–268.

Miller, David. *Strangers in Our Midst: The Political Philosophy of Immigration.* Cambridge: Harvard University Press, 2016.

Moore, Margaret. *A Political Theory of Territory.* New York: Oxford University Press, 2015.

Müller, Friedrich. *Wer ist das Volk? Die Grundfrage der Demokratie – Elemente einer Verfassungstheorie VI.* Berlin: Duncker & Humblot, 1997.

Näsström, Sofia. „The Challenge of the All-Affected Principle". In: *Political Studies* 59.1 (2011), S. 116–134.

Nine, Cara. „A Lockean Theory of Territory". In: *Political Studies* 56.1 (2008), S. 148–165.

Nine, Cara. „Territory is Not Derived from Property: A Response to Steiner". In: *Political Studies* 56.4 (2008), S. 957–963.

Nozick, Robert. *Anarchy, State, and Utopia.* New York: Basic Books, 1974.

Oberman, Kieran. „Immigration as a Human Right". In: *Migration in Political Theory: The Ethics of Movement and Membership.* Hrsg. von Sarah Fine und Lea Ypi. New York: Oxford University Press, 2016, S. 32–56.

Owen, David. „Constituting the polity, constituting the demos: on the place of the all affected interests principle in democratic theory and in resolving the democratic boundary problem". In: *Ethics & Global Politics* 5.3 (2012), S. 129–152.

Pettit, Philip. „Responsibility Incorporated". In: *Ethics* 117.2 (2007), S. 171–201.

Pevnick, Ryan. „Social Trust and the Ethics of Immigration Policy". In: *Journal of Political Philosophy* 17.2 (2009), S. 146–167.

Pevnick, Ryan. *Immigration and the Constraints of Justice: Between Open Borders and Absolute Sovereignty.* New York: Cambridge University Press, 2011.

Pogge, Thomas W. „An Egalitarian Law of Peoples". In: *Philosophy & Public Affairs* 23.3 (1994), S. 195–224.

Rawls, John. „The Law of Peoples". In: *Critical Inquiry* 20.1 (1993), S. 36–68.

Rawls, John. *Political Liberalism.* New York: Columbia University Press, 1996. (Ersterscheinung 1993).

Rawls, John. *A Theory of Justice.* 2. Aufl. Cambridge: The Belknap Press of Harvard University, 1999. (Ersterscheinung 1971).

Rawls, John. *Justice as Fairness: A Restatement.* Cambridge: The Belknap Press of Harvard University Press, 2001.

Raz, Joseph. *The Morality of Freedom.* New York: Clarendon Press, 1986.

Riklin, Alois. „Ursprung, Begriff, Bereiche, Probleme und Grenzen des Subsidiaritätsprinzips". In: *Subsidiarität: Ein interdisziplinäres Symposium, Symposium des Liechtenstein-Instituts, 23.–25. September 1993.* Hrsg. von Alois Riklin und Gerard Batlinger. Baden-Baden: Nomos, 1994, S. 441–446.

Ripstein, Arthur. *Force and Freedom: Kant's Legal and Political Philosophy.* Cambridge: Harvard University Press, 2009.

Risse, Mathias. *On Global Justice.* Princeton: Princeton University Press, 2012.

Risse, Mathias. „Taking up space on earth: Theorizing territorial rights, the justification of states and immigration from a global standpoint". In: *Global Constitutionalism* 4.1 (2015), S. 81–113.

Rousseau, Jean-Jacques. „Vom Gesellschaftsvertrag oder Prinzipien des Staatsrechts". In: *Politische Schriften.* Hrsg. von Jean-Jacques Rousseau. Bd. 1. Paderborn: Schöningh, 1977, S. 59–208. (Ersterscheinung 1762).

Rubio-Marín, Ruth. *Immigration as a Democratic Challenge: Citizenship and Inclusion in Germany and the United States.* Cambridge: Cambridge University Press, 2000.

Saunders, Ben. „Immigration, Rights and Democracy". In: *Theoria* 58.129 (2011), S. 58–77.

Saunders, Ben. „Defining the demos". In: *Politics, Philosophy & Economics* 11.3 (2012), S. 280–301.

Scheffler, Samuel. „What Is Egalitarianism?". In: *Philosophy & Public Affairs* 31.1 (2003), S. 5–39.

Scheffler, Samuel. „Immigration and the Significance of Culture". In: *Philosophy & Public Affairs* 35.2 (2007), S. 93–125.

Schumpeter, Joseph. *Capitalism, Socialism, and Democracy.* New York: Harper & Brothers Publishers, 1942.

Sen, Amartya. *Development as Freedom.* New York: Alfred A. Knopf, 1999.

Shachar, Ayelet. *The Birthright Lottery: Citizenship and Global Inequality.* Cambridge: Harvard University Press, 2009.

Shacknove, Andrew E. „Who Is a Refugee?". In: *Ethics* 95.2 (1985), S. 274–284.

Shapiro, Ian. *The Moral Foundations of Politics.* New Haven: Yale University Press, 2003.

Sibley, W. M. „The Rational Versus the Reasonable". In: *The Philosophical Review* 62.4 (1953), S. 554–560.

Simmons, A. John. *Moral Principles and Political Obligations*. Princeton: Princeton University Press, 1979.

Simmons, A. John. *The Lockean Theory of Rights*. Princeton: Princeton University Press, 1992.

Simmons, A. John. „Justification and Legitimacy". In: *Ethics* 109.4 (1999), S. 739–771.

Simmons, A. John. „On the Territorial Rights of States". In: *Philosophical Issues* 11.1 (2001), S. 300–326.

Simmons, A. John. *Boundaries of Authority*. New York: Oxford University Press, 2016.

Singer, Peter. *Democracy and Disobedience*. Oxford: Oxford University Press, 1973.

Song, Sarah. *Immigration and Democracy*. New York: Oxford University Press, 2018.

Spiro, Peter J. „Stakeholder theory won't save citizenship". In: *Democratic Inclusion: Rainer Bauböck in dialogue*. Hrsg. von Rainer Bauböck. Manchester: Manchester University Press, 2018, S. 204–224.

Sreenivasan, Gopal. *The Limits of Lockean Rights in Property*. New York: Oxford University Press, 1995.

Steiner, Hillel. *An Essay on Rights*. Oxford: Blackwell, 1994.

Steiner, Hillel. „Territorial Justice". In: *National Rights, International Obligations*. Hrsg. von Simon Caney, David George und Peter Jones. Boulder: Westview Press, 1996, S. 139–148.

Steiner, Hillel. „May Lockean Doughnuts Have Holes? The Geometry of Territorial Jurisdiction: A Response to Nine". In: *Political Studies* 56.4 (2008), S. 949–956.

Stilz, Anna. „Why do states have territorial rights?". In: *International Theory* 1.2 (2009), S. 185–213.

Stilz, Anna. „Is There an Unqualified Right to Leave?". In: *Migration in Political Theory: The Ethics of Movement and Membership*. Hrsg. von Sarah Fine und Lea Ypi. New York: Oxford University Press, 2016, S. 57–79.

Stilz, Anna. *Territorial Sovereignty: A Philosophical Exploration*. New York: Oxford University Press, 2019.

Tännsjö, Torbjörn. „Future People, the All Affected Principle, and the Limits of the Aggregation Model of Democracy". In: *Hommage à Wlodek: Philosophical Papers Dedicated to Wlodek Rabinowicz*, Hrsg. von Toni Rønnow-Rasmussen, Björn Petersson u.a.: Department of Philosophy Lund University, 2007, S. 1–13. URL: http://www.lunduniversity.lu.se/lup/publication/1f14bc1d-bb9d-450b-a5cf-5b9ade6044e2 (letzter Zugriff: 09.11.2020).

The Brookings Institute. *How many undocumented immigrants are in the United States and who are they?* 12.11.2019. URL: https://www.brookings.edu/policy2020/votervital/how-many-undocumented-immigrants-are-in-the-united-states-and-who-are-they/ (letzter Zugriff: 09.11.2020).

Tully, James. *A Discourse on Property: John Locke and his adversaries*. New York: Cambridge University Press, 1980.

United Nations. „Convention on Rights and Duties of States adopted by the Seventh International Conference of American States". In: *United Nations Treaty Series* 165.3802 (26.12.1933), S. 19–31.

United Nations. *Charter of the United Nations*. 1 UNTS XVI, 24.10.1945.

United Nations. *Universal Declaration of Human Rights*. General Assembly resolution 217 A. A/RES/217 (III) A, 10.12.1948.

United Nations. „Convention relating to the Status of Refugees". In: *United Nations Treaty Series* 189.2545 (28.07.1951), S. 137–184.

United Nations. *Declaration on the Granting of Independence to Colonial Countries and Peoples.* General Assembly resolution 1514. A/RES/1514 (XV), 14.12.1960.

United Nations. „International Covenant on Civil and Political Rights". In: *United Nations Treaty Series* 999.14668 (16.12.1966), S. 171–186.

United Nations. „International Covenant on Economic, Social and Cultural Rights". In: *United Nations Treaty Series* 993.14531 (16.12.1966), S. 3–12.

United Nations. „Protocol relating to the Status of Refugees". In: *United Nations Treaty Series* 606.8791 (31.01.1967), S. 267–276.

United Nations. „Convention on the Non-Applicability of Statutory Limitations to War Crimes and Crimes Against Humanity". In: *United Nations Treaty Series* 754.10823 (26.11.1969), S. 73–128.

Vargas, Jose Antonio. „My Life as an Undocumented Immigrant". In: *The New York Times Magazine* (2011). URL: https://www.nytimes.com/2011/06/26/magazine/my-life-as-an-undocumented-immigrant.html (letzter Zugriff: 09.11.2020).

Vargas, Jose Antonio. *Dear America: Notes of an Undocumented Citizen.* New York: Dey Street Books, 2018.

Waldron, Jeremy. *The Right to Private Property.* Oxford: Clarendon Press, 1988.

Waldron, Jeremy. „Superseding Historic Injustice". In: *Ethics* 103.1 (1992), S. 4–28.

Waldron, Jeremy. „Special Ties and Natural Duties". In: *Philosophy & Public Affairs* 22.1 (1993), S. 3–30.

Walzer, Michael. *Spheres of Justice: A Defense of Pluralism and Equality.* New York: Basic Books, 1983.

Wellman, Christopher H. „The Paradox of Group Autonomy". In: *Social Philosophy & Policy* 20.2 (2003), S. 265–285.

Wellman, Christopher H. „Immigration and Freedom of Association". In: *Ethics* 119.1 (2008), S. 109–141.

Wellman, Christopher H. „Freedom of Association and the Right to Exclude". In: *Debating the Ethics of Immigration: Is There a Right to Exclude?* Hrsg. von Christopher H. Wellman und Phillip Cole. New York: Oxford University Press, 2011, S. 11–155.

Wellman, Christopher H. u. Simmons, A. John. *Is There a Duty to Obey the Law?* New York: Cambridge University Press, 2005.

Wenar, Leif. „The Nature of Rights". In: *Philosophy & Public Affairs* 33.3 (2005), S. 223–252.

Wenar, Leif. „The Analysis of Rights". In: *The Legacy of H.L.A. Hart: Legal, Political, and Moral Philosophy.* Hrsg. von Matthew H. Kramer, Claire Grant u. a. New York: Oxford University Press, 2008, S. 251–273.

Whelan, Frederick G. „Prologue: Democratic Theory and the Boundary Problem". In: *Liberal Democracy.* Hrsg. von J. Roland Pennock und John W. Chapman. New York: New York University Press, 1983, S. 13–47.

Young, Iris Marion. *Inclusion and Democracy.* New York: Oxford University Press, 2000.

Ypi, Lea. „A Permissive Theory of Territorial Rights". In: *European Journal of Philosophy* 22.2 (2014), S. 288–312.

Index

https://doi.org/10.1515/9783110788884-012

www.ingramcontent.com/pod-product-compliance
Lightning Source LLC
Chambersburg PA
CBHW030933090426
42737CB00007B/408